진화를 포함하여 존재하는 모든 것의 존재와 행위, 시작과 과정은 선하시고 지혜로우신 하나님의 계획과 창조, 섭리와 통치에 기원을 두고 있다. 창조와 진화, 성경과 과학을, 이것이냐 저것이냐 두 선택지로 설정하여 이것을 받아들이면 저것을 버려야 하고 저것을 수용하면 이것을 거부해야 한다고 생각하는 것은 잘못이다. 이 책이 이 잘못을 바로잡는 일에 큰 도움이 되리라 믿는다.

강영안 미국 칼빈 신학교 철학신학 교수, 서강대학교 철학과 명예교수

성경은 애초에 현대의 우리가 아니라 수천 년 전 고대 사람들을 향해 선포되고 기록된 말씀이다. 당연히 성경은 최소 2천 년 전 세계관으로 가득하다. 성경은 고대의 세계관을 사용해서 하나님의 사랑과 은혜, 하나님과 그 백성의 관계를 증언하는 책이다. 그러나 오늘날 많은 그리스도인들은 '성경은 진리다'라는 명제를, '성경에 기록된 모든 것은 진리다'라는 명제와 혼동한다. 그래서 성경이 하나님을 증언하기 위해 고대의 세계관을 사용한 것조차 영원한 진리라고 여겨 버린다. 성경의 모든 것이 진리라고 주장하며 고대의 세계관까지 진리로 내세워 기독교가 저지르는 대표적인 잘못 중 한 분야가 바로 과학 영역이다. 아울러 철저히 과학에 근거해서 성경의 증언을 무시하고 비과학적인 것으로 비판하는 일각의 과학자들 역시 성경의 성격을 전혀 이해하지 못하고 있다고 할 수 있다.

이 책은 양극단을 차근차근 바로잡으면서 신학과 과학이 어떤 관계인지를 다룬다. 이 문제를 깊이 다루어 온 '바이오로고스'의 오랜 노력과 한국에서 이 문제를 정면으로 다루고자 활동하는 '과학과 신학의 대화'가 만난 결과물이 바로 이 책이다. 한국 교회에는 과학이 하나님을 알지 못하는 이들의 불신앙에서 비롯했다고 여기고 성경의 성격과 의도를 올바로 고려하지 않는 창조론이 널리 퍼져 있다. 그렇기에 과학의 성과와 진전을 충분히 음미하면서도 살아 계신 하나님을 어떻게 경외하고 신뢰하며 살아갈 수 있는지를 차근차근 다루는 이 책은 무척 유용하면서도 중요하다. 이 주제와 관련하여 떠올릴 수 있는 거의 모든 질문과 답변을 다룬 이 책은 과학과 신학을 주제로 대화할 때 가장 기본적인 참고서가 될 것이다.

김근주 기독연구원 느헤미야 구약학 교수, 『오늘을 위한 레위기』 저자

성경과 과학에 대해 궁금한 사람들, 특히 교사에게 매우 유익한 책이다. 많은 학생들이 우주의 나이나 화석, 생물의 진화를 배우며 창세기에 대해 궁금해한다. 가정이나 교회에서 이런 질문을 받는 학부모와 교사들은 난감해한다. 과학 지식과 결과물이 유용하고 익숙하게 사용되는 사회에서 살지만, 과학 지식이 어렵게 느껴지기도 하고 실제로 진화 같은 과학 지식을 접할 때 조심스럽고 두렵기도 하다. 그러나 창조에 관한 다양한 해석을 제대로 들을 기회는 적은 편이다. 이 책은 창세기를 어떻게 해석해야 하는지, 과학에서 말하는 진화가 무엇인지, 과학을 받아들인다면 기적이나 아담은 어떻게 해석해야 하는지 등 성경과 과학에 대한 궁금증을 시원하게 드러내고 그에 대한 답을 친절하게 설명해 준다. 신앙과 과학 사이에서 이제 방황하지 않고, 자연 법칙으로 우주를 만드시고 일하시는 하나님을 알고 믿고 자유롭게 과학을 탐구하기를 바란다.

김예지 인천삼목초등학교 교사

21세기에는 21세기의 창세기가 있다면 얼마나 좋을까. 하지만 그런 것은 없다. 하나님이 주신 또 하나의 책, 자연을 통해 성경을 해석해야 한다. 정답은 없다. 하지만 답을 찾는 노력은 해야 한다. 그 첫 단계는 문자주의에서 벗어나는 것이다. 우리는 성경 문자주의와 과학 문자주의에서 벗어나 마음의 문을 활짝 열어야 한다. 복음에 대한 신뢰가 있다면 이것은 전혀 두려워할 일이 아니다. 두려움을 확실히 거두어 줄 38개의 질문과 답이 이 책에 있다. 이 책을 통해 많은 그리스도인들의 믿음의 밭에 진화적 창조의 씨앗이 널리 퍼지기 바란다.

이정모 국립과천과학관장

이 책은 서문의 제목과 같이 '과학 시대를 살아가는 모든 그리스도인'이 꼭 한 번은 검토하고 생각해야 할 과학과 신학의 주제들을 다룬다. 특히 고등학교에서 생명과학을 가르치는 교사로서, 또한 교회에서 진화와 과학을 가르치는 주일학교 교사로서 이 주제에 대한 지침서를 찾던 나에게 이 책은 선물과도 같다. 과학과 신학을 다룬 여러 책들로부터 도움을 받았지만, 현장에서 다양한 질문을 마주할 때, 어떤 내용을 어느 정도 범위에서 가르쳐야 하는지를 늘 고민했기 때문이다. 이 책은 과학과 신학에 관련된 핵심 주제를 다룰 뿐 아니라, 다양한 질문들에 대한 기본 지침을 제공한다. 또한 과학 분야의 최신 연구 결과를 풍성하게 제시하면서 설명하고, 다양한 신학적 입장을 함께 제시하여, 독자 스스로 충분히 검토할 수 있게 한다. 나와 같은 과학 교사와 주일학교 교사들에게 큰 도움을 줄 뿐 아니라 과학 시대를 살아가는 모든 그리스도인에게 과학과 신학의 올바른 관점을 제시해 준다. 그 결과로 더 크신 하나님을 깨닫고 바라보도록 도와주는 이 책을 적극 추천한다.

윤세진 구현고등학교 과학 교사

과학과 신학의 대화 Q&A

IVP(InterVarsity Press)는
캠퍼스와 세상 속의 하나님 나라 운동을 지향하는
IVF(InterVarsity Christian Fellowship)의 출판부로
생각하는 그리스도인을 위한 문서 운동을 실천합니다.

과학과 신학의 대—화 Q&A

창조와 진화, 인간의 기원에 관해
가장 궁금한 38가지 질문

바이오로고스·우종학 | 김영웅 옮김 | 과학과 신학의 대화 엮음

Ivp

차례

3부

과학적 증거

4부

하나님과 창조의 관계

5부

인간의 기원

6부

현장과 실천

서문

과학 시대를 사는 그리스도인들의 질문

성경이 쓰인 고대 혹은 중세나 근대를 살던 사람들과 달리 현대를 사는 그리스도인들은 새로운 도전에 직면하고 있습니다. 기후 위기나 교회 세속화 같은 다양한 이슈들 가운데 과학이 신앙에 던지는 도전은 종종 커다란 걸림돌이 되거나 깊은 성찰과 고민이 필요한 질문들을 제기합니다.

과학을 통해 드러난 자연 세계는 성경에 반영된 고대인들의 세계관에 담긴 모습과는 판이하게 다릅니다. 그래서 과학과 신앙이 부딪히는 현장에서 많은 그리스도인들이 종종 길을 잃고 방황하거나 심지어 신앙을 버리는 안타까운 길로 접어듭니다. 아니면 반대로 아예 문제를 회피하고 과학에 귀를 닫고 성경 안으로 숨어 버리기도 합니다.

이런 문제들에 직면한 현대의 그리스도인들에게 주어진 과제가 있습니다. 첫째, 과학을 제대로 이해하는 일입니다. 과학이 알려 주는 것과 아직 알려 주지 않는 것, 알려 줄 수 없는 것을 구분하고, 과학을 맹신하지도 무시하지도 않는 건강한 태도를 배워야 합니다. 둘째, 성경을 어떻게 해석할지를 고민하고 배워야 합니다. 성경이 기록된 이후, 성경을 통해 우리에게 주어진 메시지가 무엇인지를 바르게 해석하는 여정은 끝없이 이어져 왔습니다. 특히 현대 과학이 제기하는 질문들 앞에서 우리는 성경을 더욱 균형 있고 바르게 해석해야 합니다. 셋째, 신학적 질문들에 답하는 노력이 필요합니다. 과학으로 드러난 우주의 역사, 다양한 생명 현상에 대한 이해, 기원에 대한 설명, 자연의 작동 방식 등 현대 과학은 고대나 중세의 자연관을 무너뜨렸습니다. 새롭게 등장한 자연 세계에 대한 지식과 관점은 결국 새로운 신학적 질문들을 낳습니다. 잘못된 자연관에 기초한 신학은 새롭게 바뀌어야 합니다. 우리는 과학을 통해 하나님의 창조 세계를 더 깊이 배우는 동시에 창조 세계를 신학적으로 바르게 이해하기 위해 어떤 반성과 변화가 필요한지 묻고 답해야 합니다. 마지막으로 과학과 신학을 통해 풍성해진 창조 신앙을 어떻게 현장에 적용할지 고민해야 합니다. 한편으로는 과학 교육을 받고 과학적 세계관에 익숙한 현대인들에게 어떤 방식의 변증과 대화의 자세가 필요한지 부딪히며 배워 가야 합니다. 다른 한편으로는 여전히 고대의 자연관에서 벗어나지 못해 현대 과학을 거부하고, 그로 인해 과학으로 드러난 창조 세계의 놀라움과 창조주의 지혜와 지식의 풍성함을 누리지 못하는 그리스도인들을 어떻게 도울지 고민해야 합니다. 특히 잘못된 창조 신앙 때문에 과학이라는 걸림돌에 걸려 넘어지는 청소년과 청년을 포함한 그리스도인들을 도울 현실적인 대안을 세우고 노력해야 합니다.

그러나 이런 숙제들을 감당하기가 쉽지는 않습니다. 교회를 다니고 신앙생활을 오래 해 왔지만 막상 성경을 어떻게 읽고 이해해야 하는지 제대로 배운 적이 없는지도 모릅니다. 학교를 오랫동안 다닌 고학력자들이 많지만 대부분 과학을 제대로 알지 못합니다. 더군다나 신학적인 주제들을 꺼내 들면 무척 곤란해합니다. 하나님은 아무 일도 안하고 휴가를 가 버리셨고 자연 법칙이 우주를 지배하고 있는지, 하나님은 기적이 일어날 때만 지구를 방문해서 일하시는 것인지, 하나님의 역사와 자연의 역사는 어떤 관계가 있고 어떻게 이해해야 하는지, 인간의 죄성과 현대 생물학은 어떻게 연결되는지, 신을 과학으로 증명할 수 있는지 등등. 과거 시대 사람들이 별로 고민하지 않았을 질문들이 우리 신앙생활의 한복판에 등장했습니다. 참 어려운 문제들입니다.

이런 상황에 처한 현대의 그리스도인들을 돕기 위해 이 책을 구성했습니다. 이 책은 과학을 품는 신앙이 무엇인지 보여 주는 책이라고 요약할 수 있습니다. 앞에서 언급한 네 가지 과제, 곧 성경 해석과 과학에 대한 이해, 신학적 이해와 현실적 적용을 위한 내용을 질문과 답을 통해 담았습니다. 한 권의 책으로 만족할 만한 답을 얻지 못할 수도 있습니다. 하지만 과학이 던지는 도전 앞에서 누구나 흔히 하는 질문들에 하나하나 답하는 과정을 통해 우리는 과연 올바른 창조관이 무엇인지 배우고 우리의 창조 신앙이 풍성해지는 경험을 할 수 있습니다.

과학의 시대라고 부를 만한 현대를 사는 그리스도인들의 고민 속에서 출발한 단체들이 있습니다. 한국에는 '과학과 신학의 대화'가 있고(단체에 대한 소개는 책의 뒷부분에 있습니다) 미국에는 '바이오로고스'

(BioLogos)가 있습니다. 두 단체는 서로 직접적인 연관은 없지만 과학자들이 시작한 단체라는 공통점이 있습니다. 두 단체 모두 과학을 하나님이 주신 유용한 도구로 여기고, 모든 진리는 하나님의 진리라는 일반 은총의 관점에서 현대 과학을 수용하며, 오히려 과학이 창조를 바르게 이해하는 데 매우 중요한 도구라고 여깁니다.

'바이오로고스'는 그리스도인들이 자주 하는 질문들을 정리하여 답변들을 제공하기 시작했습니다. 홈페이지에서 주제별로 질문과 답변을 찾아볼 수 있습니다. '과학과 신학의 대화'(이하 과신대)는 '바이오로고스'와 협력하여 이 질문과 답변들을 번역하기로 했습니다. 한국의 독자들에게 매우 유용한 내용이고 과신대의 교육 과정에서 이런 질문들을 흔히 받기 때문입니다. '바이오로고스' 대표인 데보라 하스마(Deborah Haarsma) 교수는 과신대가 사용해도 좋다고 흔쾌히 허락해 주었습니다. '바이오로고스'에 감사드립니다. 질문과 답변에 제가 쓴 글 네 편을 추가해서 책을 구성했습니다(차례와 해당 글에 이름을 표기해 두었습니다). '바이오로고스'의 글을 번역하면서 한국 독자들을 위해 일부 추가한 내용도 있습니다. 과신대가 매월 발행하는 웹진, '과신View'에 실렸던 글들을 중심으로 한국 독자들에게 필요한 내용들을 담았습니다(본문에 나오는 "우리"는 일차적으로 바이오로고스를 지칭하지만, '과학과 신학의 대화'를 지칭하기도 하여 포괄적으로 "우리"라고 옮겼습니다).

이 책을 만들기까지 긴 시간이 걸렸습니다. 5-6년 전에 자발적으로 '바이오로고스' 질의응답을 번역하기 시작한 분들도 있었습니다. 특히 몇 년 전부터 '바이오로고스' 글들을 체계적으로 번역해서 초벌 원고를 제공해 주신 김영웅 박사님께 감사드립니다. 꽤 많은 시간과 에너지가 들었을 텐데 기꺼이 참여해 주셨습니다. 이분의 노력이 아니었으면 이 책은 탄생하지 못했을 것입니다. 그뿐 아니라 많은 학자들이 번역 검토와 감수에 참여해 주셨습니다. 과학이나 신학 모두 분야와 주제가 다양하기 때문에 각 분야의 전문가들이 용어와 내용을 검토하여 재번역했습니다. 또한 '과신View' 원고를 편집하고 출판해 온 기자들과 과신대 사무국에 감사를 전합니다. 이 많은 분들의 노력이 모여 한 권의 책으로 태어났습니다. 이 책이 한국 교회 그리스도인들에게 풍성한 답변을 제공하고 그들의 창조 신앙이 새로워지는 데 사용되기를 기도합니다.

2022년 3월

우종학 _과학과 신학의 대화 대표

1부

성경 해석

Q01

창세기는 실제 역사인가?

서론

흙으로부터 나온 남자와 갈비뼈에서 나온 여자. 말하는 뱀. 두 개의 신비한 나무. 거대한 홍수. 언어의 혼란. 우리는 이런 이야기로 무엇을 할 수 있을까요? 창세기 앞 장에서 묘사된 모든 사건이 실제일까요? 창세기는 우리에게 정확한 역사를 제공해 줄까요?

과거의 사건에 대한 설명은 모두 역사로 고려될 수 있습니다. 창세기는 과거의 사건, 곧 하나님이 세상과 인간을 창조하신 것과 같은 사건을 이야기합니다. 이런 의미에서 창세기는 역사입니다. 그러나 창세기는 **신학적 역사**이며, 어떤 부분을 기술할 때는 비유적 언어를 사용합니다. 창세기 저자는 우리에게 하나님의 **창조 방법**(물질적 용어로)이나 **창조에 소요된 시간**을 말해 주는 데 관심이 없습니다.

우리는 창세기가 다른 고대 이야기들처럼 생생한 이미지를 사용해 과거의 사건을 기술한 '진실한' 이야기라고 믿습니다. 그러나 창세기는 우리가 답을 알기 원하는 과학적인 질문에 대해서는 침묵합니다. 창세기를 자세히 읽어 보면 의미가 명백하지 않은 부분을 발견할 수 있습니다. 예를 들어, 창세기 1장에서 해와 달과 별이 없는 세 번의 저녁과 아침이 있다고 하지만, 이것들은 우리가 이해하는 정상적인 날이 아닙니다(본문에서는 정상적인 날로 기능하지만, 그것들은 문학적인 의미의 날입니다).[1] 또 창세기 2:7을 보십시오. 하나님이 아담을 흙으로부터 지으시고 그의 콧구멍 안으로 숨을 불어넣으셨다는 구절이 나옵니다. 이 언어는 다소 비유적인 것임에 틀림없습니다. 우리는 성경의 다른 구절을 통해 하나님은 손이나 폐가 없으신 영이라는 사실을 발견하기 때문입니다.

창세기의 영감과 권위

창세기는 하나님의 감동으로 기록된 말씀입니다. 그러나 세상이 창조될 때 그것을 지켜본 인간은 아무도 없었습니다. 하나님이 창세기 저자에게 현상이나 사건을 단순히 베껴 쓰도록 하시지도 않았습니다. 영감은 그런 식으로 작동하지 않습니다.

창세기 1장에서 우리는 이스라엘 청중에게 하나님의 창조적 행위에 대한 이야기를 전달하는 이스라엘 저자의 설명을 봅니다. 우리는 창세기 내레이터가 이해한 내용을 하나님이 주신 것으로 믿습니다. 그래서 그 이야기가 세상에 대한 권위 있고 진실된 이해를 제공한다고 믿습니다. 그러나 그것은 오늘날 과학적 이해에 따라 창조 사건을 재구성하거나 현대적 세계관의 요구를 충족시킬 수 있게 하려고 의도되지 않았습니다.

창세기의 장르와 문학 양식

역사를 묻는 것은 곧 장르를 묻는 것과 같습니다. 종종 사람들이 창세기를 역사로 파악할 때, 그들은 창세기를 다른 문학 장르(예를 들어, 신화)나 다른 문학 양식(예를 들어, 시)으로 파악하는 것에 반대합니다. 그들은 창세기를 신화나 시로 파악하는 것이 창세기의 진리 주장을 훼손하거나 희석시킨다고 생각할지도 모릅니다. 그러나 진리는 다양한 장르나 문학 양식을 통해 전달될 수 있습니다. 우리는 창세기가 진리 주장을 전달하는 방법—내레이터가 그 방법을 쓴 의도가 무엇인지—에 대해 질문해 볼 필요가 있습니다.

창세기는 진리 주장을 여러 족보와 함께 주로 **내러티브**로 제시합니다. 창세기 1-11장은 인류의 기원을 이야기하며, 이는 아브라함과 맺은 하나님의 언약으로 이어집니다. 창세기 12-50장은 이스라엘의 조상 아브라함의 가족 이야기 중에서 의미심장하게 전개된 사건들을 이야기해 주며, 시내산에서 이스라엘과 맺은 언약의 배경을 제공합니다. 창조(1-2장)와 아담과 하와의 첫 불순종 행위(3장)를 포함하는 초기 사건들은 이스라엘의 이야기로 이끄는 인간 이야기의 시작 에피소드입니다.

우리는 구약성경과 고대 세계의 내러티브가 과거 사건과 관련된 진리를 어떻게 제시하는지를 연구함으로써 유익을 얻을 수 있습니다. 그들의 내러티브가 실제 사건을 다룰지라도 그 사건은 신학적인 목적을 위한 수단으로 기술된 것입니다.

신학적 목적을 위한 수단

고대든 현대든 발생한 사건의 시간 순으로 단순하게 만들어진 내러티브는 거의 없습니다. 예를 들어, 리얼리티 텔레비전 쇼를 생각해 봅시다. 감독은 수많은 카메라들을 이용해 다양한 사건과 대화를 잡아내어 에피소드를 촬영합니다. 그런 다음 쇼의 의도에 맞는 일관된 이야기를 제작하기 위해 원본 자료를 선택하고 배열하며 편집합니다. 감독이나 관객 모두 최종 작품으로부터 원본 자료를 재구성해 낼 수는 없을 것입니다. 상황은 특정한 목적을 달성하기 위해 사건들을 선택적으로 이야기해 주는 역사적인 설명에서도 마찬가지입니다. 창세기와 같은 고대의 내러티브도 같은 경우입니다.

고대의 저자들은 사건의 세부 사항보다는 사건의 의미에 더 관심이 많았습니다. 그런 의미에서 이 내러티브들은 대부분의 현대사 내러티브와는 다릅니다. **우리가 그들이 기록한 사건을 명제적 진리 주장으로 축소시키려고 한다면, 우리는 그 내러티브의 모든 부분을 놓치게 될 것입니다.**

고대의 내러티브가 과거에 대한 해석이라고 할 때, 그것은 보통 단순히 과거를 **기술하기** 위해 쓰이지 않았습니다. 오히려 그것들은 **현재**를 위한 것입니다. 고대의 내러티브는 실제 사건과 실제 인물을 기초로 하지만, 현대의 독자가 기대하는 스타일에 맞는 '실제로 일어난 일'을 다루지 않습니다. 오히려 고대의 내러티브는 내레이터 시대의 세상을 기술하고, 그 세상을 설명하며, 청중이 포용할 수 있는 시각을 제공합니다. 내레이터가 청중에게 전달하고자 한 것은 과거의 사건을 재구성하는 데 쓰일 세부 사항이 아니라, 바로 이러한 세계관입니다.

사례: 창세기 6-9장의 홍수 사건

창세기에서 가장 유명한 이야기 중 하나에 이러한 접근 방법을 적용해 봅시다. 창세기 6-9장에는 노아와 홍수 이야기가 나옵니다. 창세기의 홍수 이야기는 고대 근동 지역에서 실제로 발생한 재앙인 국지적 홍수 사건에 관한 훨씬 더 오래된 이야기들을 토대로 한 것 같습니다. 이 오래된 전설은 창세기가 기록된 문화적 배경의 일부였습니다. 영감을 받은 창세기 저자는 죄의 심각성과 창조에 대한 하나님의 자비로운 사랑을 가르치기 위해 고대의 문학 관습을 사용하여 이 오래된 이야기를 재구성하고 있습니다. 과거의 홍수 사건을 바탕으로 한 이 이야기는 신학적 요점을 제공하기 위해 과장법이 사용되었습니다.

창세기의 모든 부분에서처럼 홍수 이야기는 인간에 대한 하나님 계시의 일부입니다. 그것은 하나님이 창조물과 그분의 택하신 백성 이스라엘과의 관계에 대해 이스라엘 사람들이 이해한 바를 알려 줍니다. 이것은 이스라엘 백성에 대한 하나님의 계시이지, 과학이나 자연사의 사실에 대한 계시가 아닙니다. 많은 사람들이 '실제로 일어난 일'의 세부 사항을 재구성하려다 이야기의 신학적 요점을 놓쳐 버렸습니다.

창세기의 이야기

창세기의 내러티브는 갈등과 해결에 초점을 맞춥니다. 처음부터 하나님의 목적은 지구 전체에 그분의 임재가 있게 하는 것입니다. 인간은 하나님을 드러내고 땅을 정복해야 합니다. 다시 말해, 창조계 안에 질서와 결실을 가져와야 합니다(창 1:2). 인간이 하나님께 반역했을 때(창 3장) 갈등이 이야기로 들어옵니다. **샬롬**은 흩어지고 지구는 저주를 받습니다. 하나님이 심판과 자비를 베푸실 때까지(창 6-9장) 더 크게 타락합니다(창 4-6장). 그런 다음 인간은 하나님이 그분의 임재(언약)를 다시 시작하시기 전에 그분의 임재를 회복하려고 시도합니다(창 11장).

창세기 1-11장은 인류의 첫 이야기이며 위기로 끝이 납니다. 이 내러티브는 하나님의 처음 목적과 인간의 처지에 대한 실제적이고 진실한 평가를 내립니다. 창세기 12-50장은 시내산에서 언약을 맺을 나라가 시작되는 이야기입니다. 언약은 아브라함과 그 자손들과의 관계를 세우고, 하나님의 임재 안에서 살기 위한 구조를 제공하며, 지상에 세워질 하나님의 임재를 위한 기초를 놓습니다.

결론

모든 내러티브에는 목적과 관점이 있습니다. 창세기는 고대 내러티브의 모음집이며, 고대 세계의 문화와 문학 양식을 공유하는 사람들에 의해 쓰이고 엮였습니다. 창세기의 내러티브는 고대 근동 지역의 내러티브처럼, 내레이터가 자신의 특별한 목적을 위해 메시지를 구체화하는 데 중요하다고 생각하는 것을 제외하고는 모든 세부 사항을 제거합니다.

창조 내러티브가 성경에 포함된 것은 인간 이전의 역사에 대해 하나님으로부터 직접 전달받을 수 있도록 하려는 의도가 아닙니다. 창조 내러티브가 존재하는 이유는, 영감을 받은 저자가 과거의 사건을 통해 자신의 현재 상황에 대한 해석을 내놓는 것이 하나님과 그분의 목적에 대한 진리를 드러낸다고 보기 때문입니다.

창세기의 진리는 우리가 그것을 창조의 '분명한 사실'을 재구성하기 위해 사용할 수 있는지 여부에 달려 있지 않습니다. 저자는 과거의 사건을 기록했지만(예를 들어, 우주와 인류의 창조, 최초 인류의 무죄함과 반역), 과거의 기억을 떠올리게 하는 이미지를 사용했습니다. 모든 그리스도인이 성경을 유익하게 읽을 수 있지만, 창세기의 원 청중과 문화적 맥락에 대해 더 배운다면 신학적 이해는 더욱 풍성해질 것입니다. 나아가, 우리는 우리 자신의 삶에 대한 창세기 본문의 관련성과 중요성을 지속해서 볼 수 있을 것입니다.

Q02

다윈 이전, 창조에 대한 창세기의 해석은 어떠했는가?

서론

많은 사람들은 진화와 6일 창조 개념 사이에는 뚜렷한 차이점이 있기 때문에 다윈의 이론이 기독교 신앙의 기초를 흔들 것이라고 추측합니다. 사실 창세기 1-2장의 문자적 6일 해석은 1859년 『종의 기원』(*The Origin of Species*, 사이언스북스)이 출간되기 전에도 기독교 사상가들이 지지하는 유일한 관점은 아니었습니다. 초기의 많은 기독교 신학자와 철학자의 작품들은 다윈의 이론과 양립할 수 있는 창세기의 해석을 보여 줍니다.

초기 기독교 사상

고대의 위대한 지식인들의 집결지 중 하나인 이집트 알렉산드리아 출신으로 3세기에 활동한 철학자이자 신학자 오리게네스(Origenes)는 창조에 대한 초기 기독교 사상의 예를 보여 줍니다.

『원리론』(*On First Principle*, 아카넷)과 『켈수스를 논박함』(*Against Celsus*, 새물결)으로 잘 알려진 오리게네스는 기독교 핵심 교리들을 제시했고, 이교도들의 비난으로부터 그 교리들을 지켜 냈습니다. 오리게네스는 창조 이야기가 어떻게 하나님이 세상을 창조하셨는지에 대한 문자적이고 역사적인 설명으로 해석되어야 한다는 생각에 반대했습니다. 오리게네스 이전에 창조 이야기에 대한 상징적인 해석을 옹호한 다른 사람들도 있었습니다. 오리게네스의 견해는 그를 따르는 초기 교회 사상가들에게도 영향을 끼쳤습니다.[1]

초기 5세기 동안 북아프리카의 주교였던 히포의 성 아우구스티누스(St. Augustinus)는 그 시대의 또 다른 중요한 인물이었습니다. 그는 『고백록』(*Confessions*)으로 잘 알려져 있지만 그 외에도 수십 편의 작품을 썼으며, 그중 몇몇은 창세기 1-2장에 초점을 맞추고 있습니다.[2] 『창세기의 문자적 의미』(*The Literal Meaning of Genesis*)라는 책에서 아우구스티누스는 창세기의 앞 두 장은 그 시대 사람들의 이해에 맞춰서 쓰였다고 주장합니다.[3] 누구나 이해할 수 있는 방식으로 소통하기 위해서 창조 이야기는 더 단순하고 비유적인 형식으로 들려진 것입니다. 또한 아우구스티누스는 하나님이 세상을 발전 가능성을 염두에 두고 창조하셨다고 믿습니다. 이는 생물 진화와 양립하는 견해입니다.[4]

역사에서는 창세기 1-2장에 대한 비문자적인 해석이 많습니다. 13세기 저명한 철학자이자 신학자였던 성 토마스 아퀴나스(St. Thomas Aquinas)는 아우구스티누스의 강력한 영향 아래 있었고, 특히 과학과 종교의 만남에 관심이 많았습니다. 아퀴나스는 창세기의 창조 이야기와 과학적 발견 사이에 일어날 수 있는 갈등을 두려워하지 않았습니다.

『신학대전』(*Summa Theologica*)에서 그는 창조의 모든 6일이 실제로는 하루를 말하는 것이 아니냐는 질문(아우구스티누스가 제안했던 이론)에 답변을 합니다. 아퀴나스는 하나님이 모든 것을 가능성을 가지도록 창조하셨다는 견해에 동조합니다.

> 하늘과 땅을 창조하신 날, 하나님은 실제로는 아니지만 "땅에 나타나기 전에" 밭의 모든 식물을 창조하셨습니다. 그러나 사실은 "땅에 식물들이 생겨나기 이전에", 다시 말해, 잠재적으로…모든 것은 구별되지 않고 함께 창조되었습니다. 그것은 마치 하나님의 능력이 모자라 하나님이 일하실 시간이 필요해서가 아니라, 세상이 창조될 때 필요한 적당한 질서 때문이었습니다.[5]

아우구스티누스의 창조 관점은 다윈이 『종의 기원』을 출간하기 직전인 18세기 말 존 웨슬리(John Wesley)의 작업에서도 볼 수 있습니다. 영국 성공회 성직자이자 감리교 운동의 초기 지도자였던 웨슬리는 아우구스티누스처럼 성경은 청중에게 적합한 관점에서 쓰였다고 생각했습니다. 그는 다음과 같이 썼습니다.

> 이 역사(창세기)에서 영감을 받은 필자는…먼저 유대인을 위해 썼습니다. 유아와 같은 교회의 수준에 그의 내러티브를 맞추면서 사물을 그 드러난 대로 지각할 수 있는 모양에 따라 묘사합니다. 그리고 우리가 하나님의 빛에 대해 더 알아 감에 따라 그 겉모양 아래 놓여 있는 신비를 이해하는 데로 나아갈 수 있게 했습니다.[6]

또한 웨슬리는 성경은 "우리의 호기심을 충족시키려고 쓰인 게 아니라, 우리를 하나님께 인도하도록 쓰였다"고 주장했습니다.[7]

19세기 프린스턴 신학교는 보수적인 칼빈주의와 성경의 절대적인 권위를 견고하게 수호했다고 알려져 있습니다. 아마도 그 시대의 가장 유명한 프린스턴 신학자 워필드(B. B. Warfield)는 진화를 인간의 기원에 대한 적절한 과학적 설명을 제공하는 것이라고 받아들였을 것입니다. 그는 성경에서 하나님의 음성과 확고한 과학적 연구 결과가 서로 조화로울 수 있다고 믿었습니다. 역사가 마크 놀(Mark Noll)은 다음과 같이 말했습니다. "성경 무오성에 대한 신학적으로 보수적인 교리의 가장 현대적인 수호자였던 워필드 역시 진화론자였다."[8]

결론

기독교 사상사에서 창세기의 문자적인 해석을 지지하는 사람들이 계속해서 군림하지는 못했습니다. 현대 과학의 발견은 성경에 대한 신뢰를 저버리는 선동으로 여겨져서는 안 됩니다. 성경을 반대하는 것이 아니라 성경을 올바로 이해하기 위한 도우미로 간주되어야 합니다.

아우구스티누스는 이런 조언을 했습니다.

> 우리의 시야를 훨씬 벗어나는 매우 불분명한 사안들에서, 우리는 우리가 받은 믿음을 침해하지 않으면서도 성경이 매우 다른 방식으로 해석될 수 있다는 사실을 압니다. 그러한 경우, 우리는 한 가지 입장만을 고수하는 성급함을 보이지 말아야 합니다. 진리 탐구에 진전이 이루어져 우리가 고수한 입장이 전복될 경우 우리도 같이 무너질 것이기 때문입니다. 성경의 가르침이 우리의 가르침과 일치하기를 바란다면 그것은 성경의 가르침이 아니라 우리 자신을 위한 전투가 될 것입니다. 그러나 우리는 우리의 가르침이 성경의 가르침과 일치하기를 바라야 합니다.[9]

Q03

어떻게 성경을 해석해야 하는가?

서론

우리는 성경이 창세기부터 요한계시록까지 하나님의 영감으로 기록된 권위 있는 말씀이라고 믿습니다. 성경은 하나의 중요한 이야기를 해 줍니다. 어떻게 하나님이 세상을 선하게 창조하시고 그분의 형상대로 사람을 만드셨는지, 어떻게 사람들이 하나님을 거부했는지, 어떻게 하나님이 이스라엘 백성과 언약을 맺으셨는지, 어떻게 아들 예수 그리스도의 죽음과 부활을 통해서 하나님이 모든 지파와 언어와 백성과 나라로부터 불완전하고 죄 많은 백성을 은혜로 구속하시고 양자 삼아 주셨는지, 어떻게 하나님 나라가 세상에 침투하여 모든 것을 새롭게 하는지를 말이죠.

성령은 기독교 신자들의 마음과 가슴에 있는 성경의 '큰 이야기' 속

진리를 증거하십니다. 우리는 성령이 말씀을 사용해 죄의 확신과 회개 및 믿음을 주신다고 믿습니다. 성경을 손에 든 모든 사람은 누구나 문화 및 교육 수준과 관계없이 성경을 유익하게 읽을 수 있습니다.

그렇지만 성령은 성경에 대한 명백한 해석을 주시지는 않습니다. 성경을 읽을 때마다 우리는 우리가 읽은 것을 해석해야 합니다. 해석은 단지 본문에 대한 이해를 의미하는 것이지, 어려운 구절을 위한 특별한 기술을 뜻하는 것은 아닙니다. 우리가 성경을 이해하는 방법은 우리의 기준과 문화적 기대에 영향을 받을 것입니다. 가끔 이것들은 성경의 저자가 의도한 바를 이해하는 데 방해가 될 수도 있습니다.

성경을 읽을 때 우리가 명심해야 할 점은, 성경의 기원과 말씀의 전반적인 목적이 우리가 기대하는 바를 조정하는 데 도움을 줄 수 있다는 것입니다. 특정 본문을 읽을 때, 우리는 저자의 의도, 문학 양식과 관습, 언어 및 원 청중의 문화적 배경을 고려해야 합니다.

성경의 기원

개신교 성경의 66권은 다양한 종류의 문헌들을 포함하며, 수 세기 동안 다양한 문화적 배경과 삶의 방식으로 살아온 수십 명의 저자에 의해서 세 가지의 다른 언어(히브리어, 그리스어, 아람어)로 쓰였습니다.[1] 구약성경은 약 1000년이라는 기간 동안 쓰였고 통합되었습니다. 신약성경은 약 100년에 걸쳐 쓰였습니다. 구약의 마지막 책과 신약의 첫 번째 책 사이에는 수백 년의 기간이 존재합니다.

많은 글들이 1세기경 그리스도인들에 의해 권위를 가진다고 이해되었지만, 초기 교회가 그리스도교 운동과 관련된 다양한 문서들을 분류하고 오늘날의 성경을 구성하는 권위 있는 저서들을 완성하기까지는 수백 년[2]이 걸렸습니다(개신교, 가톨릭, 정교회는 성경을 구성하는 문서들이 각각 다릅니다).[3] 오늘날 사용 가능한 성경의 여러 버전과 번역본은 수 세기 동안 다양한 전통을 가진 그리스도인들의 연구와 공동 작업을 반영하고 있습니다.

성경의 목적

성경은 도덕 지침서나 믿어야 할 명제들의 모음집으로 쓰이지 않았습니다. 성경의 목적은 인간의 역사를 통해 하나님의 계획과 목적을 제시하는 것입니다. 사도 바울에 따르면, "모든 성경은 하나님의 감동으로 된 것으로 교훈과 책망과 바르게 함과 의로 교육하기에 유익하니, 이는 하나님의 사랑으로 온전하게 하며 모든 선한 일을 행할 능력을 갖추게" 합니다(딤후 3:16-17). (바울은 여기서 구약성경을 말하고 있지만, 그리스도인들은 이 구절을 신약성경에도 적용된다고 이해하고 있습니다.) 가장 중요한 목적 가운데 무엇보다 성경은 "그리스도 예수 안에 있는 믿음으로 말미암아 구원에 이르는 지혜가 있게" 합니다(15절).

성경 저자들의 의도와 그들이 사용한 문학 양식과 관습

성경 구절을 해석할 때, 맨 먼저 우리는 저자의 의도를 파악해야 합니다. 가끔 저자들은 무슨 일이 생겼다거나 앞으로 생길 것이라 말해 주고 싶어 합니다. 때로는 어떤 것을 설명하거나 묘사하고 싶어 하기도 하며, 또 어떤 것을 어떻게 하는 것인지 지침을 주고 싶어 합니다. 종종 그들은 훈계하거나 명령을 하고 싶어 합니다.

모든 언어와 문화에는 이러한 종류의 의도를 소통하는 방법이 있습니다. 그러나 언어와 문화는 이러한 의도를 각기 다른 문학 양식으로 표현합니다. 이런 문학 양식들은 특정한 관습이나 규칙을 가지고 있는데, 이런 것들은 그 문화와 시대에 해당하는 사람들만이 특별히 깨닫고 쉽게 해석할 수 있습니다. 한 문화에서 다른 문화로, 한 시대에서 다른 시대로, 또는 한 언어에서 다른 언어로 이동하면서 문학 양식과 그 양식에 내재된 관습 모두 우리가 기대하거나 쉽게 깨닫는 것들과는 차이가 있다는 점을 알 수 있습니다.

고대 히브리 시편, 15세기 일본의 하이쿠, 18세기 영국의 소네트 및 21세기 미국의 랩과 연관된 문학 양식과 관습은 모두 시로 분류될 수 있지만, 각각 매우 다릅니다.

묵시 문학처럼 성경에서 우리가 발견한 일부 문학 양식은 다른 문화권에 존재하지 않습니다. 삼행시 구조와 같이 성경에 나오는 일부 언어 관습이나 언어유희와 말장난은 번역 과정에서 모호해지거나 손실될지도 모릅니다. 성경의 일부 문학적인 관습은 숫자를 상징적으로 사용하고, 서사시(작은 단위)로 내러티브를 구성하거나,[4] 강조를 위해 이중 따옴표를 사용하는 것과 같이 우리에게 익숙하지 않을지도 모릅니다.

아무도 성경을 손에 들고 익숙하지 않은 문학 양식을 완벽하게 해석하거나 전체의 의미에 기여하는, 익숙하지 않거나 모호한 관습의 중요성을 즉시 깨달을 것이라고 기대하지는 않습니다. 그러므로 우리는 성경의 문화와 언어를 광범위하게 연구한 학자와 번역자의 전문성을 따집니다. 그들은 문학 양식과 관습에 대한 우리만의 문화적인 기대가 성경 해석을 방해할지도 모르는 부분을 확인하도록 우리를 도울 수 있을 것입니다. 예를 들어, 성경은 역사를 분명히 기록하지만, 성경이 사용하는 문학 양식과 관습은 우리 자신이 언어, 문화 및 시대로부터 역사를 읽어 오면서 기대하는 것과는 다릅니다.[5]

어떤 종류의 언어가 사용되는가?

저자의 목적을 파악하고 그들이 사용하는 문학 양식과 관습을 아는 것 외에도, 해석은 일부분 저자가 사용하는 언어를 어떻게 이해하는지에 달려 있습니다. 우리 인간의 의사소통 중 일부는 매우 단순합니다. 그러나 상당수의 의사소통은 단어의 정의만으로 명시되지 않는 추론을 이끌어 내야 하므로 대부분 청중에게 달려 있습니다.

또한 우리 언어 사용의 많은 부분은 어떤 면에서 비유적입니다. (다시 말하면, '문자 그대로' 받아들이는 것을 의미하지 않습니다). 고등학교 영어 수업으로 돌아가서 어휘를 배울 때 직설법, 은유법, 과장법, 완곡어법, 제유법, 완서법 및 관용적 표현 등을 배워야 했던 것을 생각해 보십시오. 성경은 이러한 모든 종류의 비유법을 많이 사용하고 있습니다.

더 복잡하게 만들어 볼까요? 단어 자체는 비유적 의미가 있을 수 있습니다. 그리스어에서 '포이멘'(*poimen*)의 주된 의미는 목자, '양을 돌보는 사람'입니다. 두 번째 비유적 의미는 '교회 지도자'입니다. 예수님이 "나는 선한 목자"라고 말씀하실 때(요 10:14), 그분은 백성에 대한 사랑에 대해 은유적으로 표현하시면서 목자의 첫 번째 의미('문자적' 의미)를 사용하시고 있습니다. 에베소서 4:11에서 바울은 목자(두 번째 비유적 의미, '목사')를 포함하는 교회 안에서의 역할들을 열거하지만, 그 말을 사용한다고 해서 그 구절을 비유적으로 해석해야 하는 것은 아닙니다(매우 단순한 열거일 뿐입니다).

비유적 언어는 어디서나 나타날 수 있습니다. 문학 양식에 국한되지도 않습니다. 시도 매우 직설적인 언어를 사용할 수 있고, 역사도 다양한 이미지와 비유법을 사용할 수 있습니다. 우리는 언어가 비유적으로 사용되는지, 아니면 단순히 어떤 문학 양식에 기초하지 않고 사용되는지에 대해 딱 잘라서 말할 수 없습니다. 분명한 점은, 해석 과정이 복잡하고 다층적일 수 있다는 것입니다.

원 청중의 문화적 배경은 어떠했는가?

성경을 진지하게 받아들이기 위해서는 저자가 누구를 대상으로 썼는지 고려할 필요가 있습니다. **성경은 우리를 위해서**(for us) 쓰였지, **우리에게**(to us) 쓰인 것이 아닙니다.[6] 문화적 규범, 상징 및 성경에 대한 청중의 친숙함은 모두 성경이 쓰이고 이해되는 방식에 기여할 수 있습니다. 예를 들어, 구약성경에 등장하는 족장들의 긴 수명은[7] 우리가 현재 이해하고 있는 것보다 고대 히브리인들에게 더 큰 상징적 의미를 부여했을 것입니다. 그들의 나이는 모두 5배수이며, 가끔 7이나 14가 추가되어 수사학적인 의미를 나타냅니다.

신약성경에 나오는 문화적 중요성은 그 예로 누가복음 15장에 기록된 탕자의 이야기를 들 수 있습니다. 문맥을 무시하고 그 우화를 그대로 읽으면, 우리는 아들에 대한 아버지의 사랑과 용서, 결과적으로 하나님의 자녀에 대한 사랑을 배우게 됩니다. 그러나 이 이야기는 문화적 틀 안에서 고려될 때, 훨씬 더 심오한 의미를 가집니다.

신약학자 케네스 베일리(Kenneth E. Bailey)에 따르면, 그 유대인의 아들은 유업을 요구하며 수치스럽게 행동했을 뿐 아니라 그것을 탕진하면서 더욱 나락으로 떨어졌습니다.[8] 집으로 돌아왔을 때, 그 아들의 행동은 '케자자'(*kezazah*)라고 하는 단절 의식을 당하기에 충분한 것이었습니다. 이 의식은 마을의 거절과 아버지의 분노 섞인 반대를 동반했을 것입니다. 또한 탕자는 다른 마을에서 일자리를 구하기 위해 구걸해야 하는 신세를 면하지 못했을 것입니다.

그러나 이런 가혹한 냉대 대신 사랑과 자비의 환영이 아들을 기다리고 있었습니다. 아버지는 아들이 돌아오는 모습을 보자마자 그를 만나기 위해 뛰어나갔습니다. 그 아버지 나이의 남자들, 곧 중동 문화 속에서 구별된 남자들은 언제나 천천히 위엄 있게 걸었기 때문에 이 표현은 의미심장한 세부 묘사인 셈입니다. 탕자 아들에게 뛰어감으로써 아버지는 수치와 굴욕을 선택했습니다. 그는 아들에게 입 맞추고, 최고의 옷을 입히며, 살진 송아지를 잡아 잔치를 벌이라고 명령했습니다.

예수님이 원래 이 이야기를 중동의 청중에게 들려주셨을 때, 그들은 아마도 현대 독자들보다 더 깊이 아버지의 사랑을 이해했을 것입니다. 이런 예에서 볼 수 있듯이, 원 청중과 그 문화를 인식하면서 성경을 읽으면 성경을 훨씬 더 깊이 이해할 수 있습니다.

그러면 우리는 창세기를 어떻게 해석해야 하는가?

오늘날 그리스도인들은 창세기의 앞 장들을 읽는 방법에서 강경하게 분열되어 있습니다. 이런 이유로 성경의 거의 모든 부분에서 우리는 우리가 21세기의 생각과 질문을 염두에 두면서 해석하려고 하는 경향이 있음을 인지할 필요가 있습니다.

우리와 함께하는 학자들은 창세기의 앞 장들을 다양한 방식으로 해석하며,[9] 다양한 생각을 드러내는 많은 글을 홈페이지에 올려놓았습니다. 그러나 그들 모두는 창세기의 권위와 영감에 헌신하고, 원 청중이 이해한 방식을 회복하려고 시도하는 창세기의 해석 방법을 공유하고 있습니다.

우리는 창세기 앞 장들을 비유적인 언어를 통해 실제 사건을 묘사하는 것으로 이해합니다. (이는 다른 고대 근동의 문헌들이 사건을 묘사했던 방식과 일치합니다.) 신앙적으로 우리는 창세기가 **진실**이라고 믿습니다. 그 목적이 오늘날 우리가 생각하는 것처럼 과학이나 역사에 관한 지식을 전달하려는 것이 아니라, 하나님과 그분의 인류에 대한 계획을 계시하는 것이라는 사실을 알지만 말입니다.

결론

그리스도인은 구약과 신약이 하나님의 감동으로 권위 있게 쓰였음을 믿습니다. 성경은 단순한 문학 작품이 아닙니다. 믿는 독자들에게 살아 역사하는 글입니다. 성경은 하나님이 그분의 백성에게 말씀하시는 가장 중요한 방법입니다.

성경 읽기를 통해 유익을 얻기 위한 고급 훈련은 없지만(하나님은 우리 모두에게 성경을 통해 말씀하십니다), 그리스도의 몸에는 우리가 더 잘 이해하도록 도와줄 수 있는 전문가가 포함되어 있습니다.

다양한 성경 구절을 가장 잘 해석하는 방법에 대해서는 의견 차이가 크지만, 우리의 구원이 완전한 지식을 얻는 것에 달려 있지 않다는 사실에서 우리는 안심할 수 있습니다. 그리스도인으로서 우리의 신앙은 예수 그리스도에 근거하는 것이지, 성경의 완벽한 해석에 근거하지 않습니다. 그러나 구원은 그리스도인이 경험하는 마지막이 아니라 시작입니다. 성경을 깊게 탐구하는 일은 우리가 하나님의 백성 안에 거하며 창조를 회복하는 하나님의 더 큰 계획과 목적을 보도록 도울 수 있습니다.

Q04

창세기 1장의 날들은 얼마 동안을 의미하는가?

서론

창세기 1장을 기록한 저자는 하나님이 (24시간이 하루인) 6일 동안 모든 것을 창조하셨다는 것을 알리고 싶어 했을까요? 아니면 다른 방법으로 날의 길이가 이해되도록 의도했을까요?

창세기 1장의 "날"(days)을 해석하는 방법에 대한 질문은 기독교 교회 안에서 수백 년 동안 논쟁이 되어 왔습니다. 창세기의 앞 장들은 우주의 기나긴 나이에 대한 과학적 증거가 축적되기 훨씬 전부터 많은 유명한 기독교 사상가들에 의해 (과학적인 주장이 아닌) 신학적인 메시지로 연구되었습니다.[1] 다양하고 정교한 창세기의 전근대적인 관점들에 기초하면,[2] 24시간이 여섯 번 반복되었다는 것은 가장 훌륭한 해석이 되지 못합니다.

수많은 불일치에도, 모든 그리스도인은 창세기 1장이 한 분이신 참 하나님이 만물을 창조하셨고 그 창조 세계를 좋다 말씀하셨다고 가르친다고 믿습니다. 우리는 창세기가 성경의 나머지 부분과 마찬가지로 하나님의 감동하심으로 쓰였고, 권위 있는 하나님의 말씀이라고 확신합니다. 창세기가 기록된 성경의 본문과 문화적 상황에 대한 면밀한 검토를 토대로, 우리는 달력의 날이나 날-시대 관점보다는 **문학적인** 해석을 선호합니다. 7일 패턴은 역사의 연대기에 관한 정보를 전달하기 위한 것이라기보다는 문학적 장치로서 저자의 신학적인 목적을 드러내 주는 것입니다.

창세기 1장에 대한 대조적 견해들

오늘날 대부분의 그리스도인들은 창세기 1-2:3에 나오는 첫 창조의 설명을 다음 세 가지 견해 중 하나로 해석합니다.

첫째, **24시간 견해**(calendar day view)에 따르면 창세기 1장은 현대의 기자들이 글을 쓰는 것과 같은 단순한 역사적 서술입니다. "저녁이 되고 아침이 되니 이는 첫째 날이니라"와 같은 6일간 반복되는 공식과도 같은 서술(창 1:5; 8; 13; 19; 23; 31)은 하루가 24시간이고, 그 하루가 여섯 번 반복된다는 의미라는 것입니다. 이런 결론은 성경 족보에 기록된 햇수의 합계를 결합하면, 하나님이 6천 년 전에서 1만 년 전 어느 일주일 중에 모든 물질적인 우주를 창조하셨다고 믿는 견해를 지지합니다. 이 견해를 지닌 사람들은 젊은 지구 창조론자로 알려져 있습니다.

둘째, **날-시대 이론**(day-age view)을 고수하는 사람들은 창세기 1장의 각 날은 더 오랜 시간을 나타낸다고 주장합니다. 창세기 1장의 날들은 수백만 년이 될지도 모르며, 각 시대들은 겹칠 수도 있다고 합니다. 이 견해를 옹호하는 사람들은 우주의 거대한 나이에 대한 과학적인 증거를 받아들이는 경향이 있습니다. 이들은 오랜 지구 창조론자 또는 진보적 창조론자라고 불립니다.

셋째, ('문자적'이 아닌) **문학적 관점**(literary view)을 선호하는 사람들도 있습니다.[3] 문학적 관점은 문학적인 특징, 신학적인 주제 및 창조를 설명하는 문화적인 상황을 우선시합니다.

한 문학적 접근, 곧 **골격 이론**(framework view)에 따르면, 창세기 1장의 저자는 '정상적인' 한 주, 곧 6일의 노동과 하루의 안식을 하나님의 창조 역사를 설명하는 골격으로 사용합니다.[4] 처음 3일은 거주 공간의 창조를 묘사하는 반면, 이어진 3일은 그 공간의 거주자를 묘사합니다. 예를 들어, 어둠과 빛은 첫 번째 날에 분리됩니다. 그러나 태양과 달과 별은 네 번째 날 이전에는 창조되지 않습니다. 네 번째에서 여섯 번째 날까지의 기초는 첫 번째에서 세 번째 날에 두고 있으며, 여기서 우리는

문제(2절)	준비(첫째 날-셋째 날)	집단(넷째 날-여섯째 날)
어둠	첫째 날: 빛을 창조(낮) 어둠을 나눔(밤)	넷째 날: 해를 창조 달과 별을 창조
심연	둘째 날: 궁창을 창조 궁창 아래의 물과 위의 물로 나눔	다섯째 날: 새들을 창조 물고기를 창조
형체가 없는 땅	셋째 날: 바다와 땅을 나눔 채소를 창조	여섯째 날: 땅의 짐승을 창조 인간을 창조

표1 창세기 1장 개요

하나님의 우주 디자인을 봅니다(표1 참조).

유비적 날 해석(analogical day view)은 다른 문학적인 접근 방법입니다.[5] '유비'라는 말이 암시하듯이, 저자는 정상적인 한 주를 창조가 이루어졌던 주의 비유로 사용하고 있으며, 하나님이 실제로 6일 동안 모든 것을 창조하셨다는 것을 가르치려고 의도하지는 않습니다.

또 다른 문학적 접근 방법, 곧 **우주 성전 해석**(cosmic temple view)에서는 창세기 1장의 7일이 고대 성전 헌납식을 상기시킨다고 말합니다.[6] 고대 근동 지방에서 성전은 일반적으로 7일간의 의식으로 헌납되었는데, 그 의식은 성전이 완성되고 신의 형상이 세워지면 휴식을 취하기 위해 찾아온 신들과 함께 진행되었습니다. 7이라는 숫자만 구약성경의 성막이나 성전에 연관되어 있는 것이 아닙니다. 인간도 하나님의 우주 성전의 공인된 형상입니다. 일곱 번째 날 하나님이 안식하셨다는 것은[7] 그분이 세상을 통치하는 권한을 위임한 인간을 통해 그분이 창조한 세상 안에 임재하시고 그 세상을 다스리신다는 것을 의미할 수도 있습니다(창 1:26-28).

창세기 1장에 대한 문학적인 접근은 진화적 창조론자들뿐 아니라 진화론을 반대하거나 진화를 확신하지 못하는 저명한 학자들조차도 선호하는 접근법입니다.

24시간 이론, 날-시대 이론, 문학적 관점 안에도 다양한 견해들이 존재하며,[8] 학자들은 이를 다양한 방법으로 분류합니다. 그러나 모든 그리스도인은 하나님의 궁극적인 주권, 선하신 창조, 하나님의 독특한 형상을 지닌 인간의 명예로운 지위를 단언합니다.

창세기 1장의 목적에 관한 성경의 단서

성경 본문은 창세기 1장의 가장 훌륭한 해석에 대한 궁극적인 안내자입니다. 본문에서 찾을 수 있는 단서의 대부분은 문학적 견해를 가리킵니다.

날-시대 이론 지지자들은 히브리어로 하루를 의미하는 욤(*yom*)이라는 단어가 때로는 하루보다 더 긴 기간에 사용된다고 지적합니다. 그러나 종종 인용되는 용례는 실제로 '언제'라는 의미를 지닌 전치사구(*beyom*, "그날에"), 혹은 "주님의 날"과 같은 특정한 고정 표현에서 나타납니다(예를 들어, 창 2:4; 레 14:2). 첫 6일간의 "저녁과 아침" 역시 성경 저자가 오랜 시간을 염두에 두지 않았을지도 모른다는 것을 의미합니다.

창세기 1장의 목적에 관한 또 다른 중요한 단서는 창세기 2:4에서 시작되는 두 번째 창조 설명이 1장과 나란히 놓여 있다는 점입니다. 각 설명은 다른 창조 순서와 다른 중점 사항을 제공합니다(표2 참조).[9]

이 문제에 대한 일반적인 접근은 창세기 1장의 6일째 되는 날에 창세기 2장의 사건들을 쥐어짜 넣는 것이었습니다. 그러나 많은 성경학자들은 두 가지 설명(표2 참조) 사이의 수많은 차이점들로 인해 결코 하나의 설명으로 매끄럽게 얽혀 있지 않다는 것을 확신하게 되었습니다. 그 대신 창세기 1:1-2:3은 창세기의 나머지 부분에 대한 서문으로 더 잘 이해되고 있습니다. 성경학자 리처드 미들턴(Richard Middleton)은 다음과 같이 말합니다.[10]

	창세기 1:1-2:3	창세기 2:4하-25
창조의 기간	6일	암묵적 1일(*běyôm*, 2:4하)
최초의 상태	어둠, 심연의 혼돈	사막과 같은 땅
창조의 순서	빛 궁창 땅 식물 궁창의 빛 바다와 하늘의 피조물 땅에 사는 짐승 인간	남자 나무와 강이 있는 동산 땅에 사는 짐승과 새들 여자
창조의 방법	하나님이 말씀하심, 구분하기, 이름 짓기, 축복하기	야웨 하나님이 빚음, 숨을 불어넣음, 자라게 함, 잠들게 하심, 세우심
하나님에 대한 묘사	초월 창조의 주권자 약간 신인동형론적	내재 창조에 활동적으로 관여 상당히 신인동형론적
인간에 대한 묘사	불특정 다수의 남자와 여자를 동시에 창조 하나님의 형상으로 창조 땅의 지배권을 부여	아다마(*'adāmāh*)로부터 한 아담(*'ādām*)을 창조 남자(*'îš*)로부터 한 여자(*'iššāh*)를 창조 두 개를 분리하는 행동 좋은 정원의 관리인으로 만들어짐

표2 창세기 1장과 2장의 창조 설명

창세기 1장에서 우리는 우주(하늘과 땅, 그 안에 있는 모든 것)를 존재케 하는 하나님을 발견합니다. 그런 다음 (창세기 2장부터 시작하는) 창세기의 나머지에서 우리는 무엇이 하나님의 첫 창조로부터 나온 (또는 발전된) 것인지, 어떻게 인간이 세상에서 하나님의 형상으로 부르심에 반응했는지에 대한 설명을 듣습니다.

본문에서 볼 수 있는 이러한 통찰은 창세기 앞 장들에 있는 주목할 만한 문학적 깊이를 말해 줍니다. 서로 연결되지 않는 것처럼 보이는 두 개의 내러티브가 책 전체를 위한 전략적 구성으로 드러나는 것입니다.

하나님이 서로 다른 두 창조 기사가 차례대로 나타나도록 만드신 방식으로 본문에 영감을 불어넣으셨다는 사실은 창조 연대기가 이러한 본문의 쟁점이 아니라는 것을 강력하게 시사해 줍니다. 결론적으로 그 두 이야기는 하나님의 창조 역사에 대한 더욱 풍성한 신학적인 그림을 우리에게 제시합니다.

문화적 맥락은 목적을 더욱 드러낸다

본문 자체 외에, 고대의 문화적 맥락은 저자가 의도한 뜻을 이해하는 데 도움을 줍니다. 지난 세기 동안 성경학자들은 창세기가 쓰인 문맥인 고대 근동 문화를 이해하는 데서 상당한 발전을 이루었습니다. 창세기보다 앞선 바벨론과 이집트의 창조 기사는 창세기가 다신론에 대한 응답으로 쓰였음을 암시하고 있습니다.[11] 땅에 거주하는 사람들이 천체를 숭배하는 문화에 대항하면서 창세기는 천체의 본분은 빛과 날짜를 제공하여 인간들에게 봉사하는 것임을 말해 줍니다.

바벨론의 창조 기사인 에누마 엘리쉬(*Enuma Elish*)에서, 폭풍의 신 마르두크는 방금 정복한 여신 티아마트의 몸으로 하늘과 땅을 만듭니다. 이와 반대로 창세기에서는 오직 신은 한 분이며, 창조는 인간과 다른 피조물들이 번성할 수 있는 좋은 세상을 이루는 자비와 사랑의 행위입니다. 마르두크는 신들을 섬기게 하기 위해 티아마트의 피에서 인간을 창조해 내지만, 창세기의 신은 평화로운 방식으로 인간을 창조하며, 그 인간에게 자신의 형상을 부여하여 자신의 대리자로서 지구를 통치하는 임무를 부여합니다.

그러므로 창세기는 당시 사람들의 마음속에 이미 존재했던 이야기에 대항하여,[12] 부분적으로 하나님의 고유한 모습과 창조 활동을 드러냅니다.

하나님은 세상에 대한 특별한 개념을 가진 특정한 민족에게 자신을 계시하기로 선택하셨습니다. 성경 본문에서 하나님은 이스라엘 사람들이 다른 고대 근동 사람들과 공유한, 과학 발달 이전의 생각들을 교정하는 일에는 전혀 관심이 없으십니다. 예를 들어, 그 당시 고대 근동 사람들은 창세기 1:6-8에 묘사된, 이른바 창공이라는 단단한 돔에 의해 하늘의 물이 분리되어 있다고 이해했을 것입니다.[13] 별들(그리고 아마도 태양과 달)은 돔에 박혀 있다고 믿었을 것이고, 지구는 평평하다고 생각했을 것이며, 물은 모든 곳에(궁창 위와 땅 아래 모두) 있다고 여겼을 것입니다. 모든 고대 근동 사람은 일반적으로 하늘과 땅의 두 층으로 우주론을 이해했으며, 창세기는 이 세계관을 당연하게 여겼습니다.

성경이 세상을 묘사할 때 과학 발달 이전의 방식[14]을 사용한다는 사실이 성경의 메시지를 무효로 만들까요? 아닙니다. 그리스도인들은 하나님이 오랫동안 그들이 이해할 수 있는 방식,[15] 적응(accomodation)이라고 알려진 원리로[16] 성경의 저자들에게 자신을 계시하셨다고 말해 왔습니다. 장 칼뱅(John Calvin)은 『기독교 강요』(*Institutes of the Christian Religion*)에서 다음과 같이 말했습니다(1.13.1).

하나님은 우리에게 말씀하실 때 지능이 높지 않아 이해하지 못하는 사람들을 위해서 엄마가 보통 어린 자녀에게 하는 것처럼 혀짤배기소리를 내주시지 않겠습니까? 우리의 보잘것없는 능력에 그분의 지식을 맞추시는 것입니다. 그러므로 그런 형태는 하나님이 어떤 분이신지 분명하게 표현하지는 못합니다. 우리에게 맞추시기 위해 하나님은 자신의 고귀함을 버려야만 하는 것입니다.

역사상 가장 중요한 신학자 중 하나인 성 아우구스티누스는 창세기 1장에서 하나님의 창조가 묘사되는 "인간과 같은" 방식이 마음에 들지 않았습니다.[17] 그는 왜 무한하신 하나님이 우주를 창조하시는 데 일주일이 꼬박 걸렸는지 이해하기 어려웠습니다. 그는 하나님이 즉각적으로 창조하셨지만, 마치 나중에 성숙한 나무로 성장할 능력을 가진 하나의 작은 씨앗처럼 발전할 수 있는 능력을 가진 채로 창조하셨다고 결론을 내렸습니다.[18] 그의 견해에서 창조는 단순히 인간의 이해에 맞추기 위해 일주일이라는 시간에 걸쳐 일어난 것으로 창세기 1장에 **기록된** 것입니다. 아우구스티누스의 즉각적 창조 주장은 근대에 이르러 거의 지지를 받지 못했지만, 그는 창세기 1장에 관한 중요한 진리를 깨달았던 것입니다. 7일간의 거룩한 노동은 하나님의 창조 역사를 제한하는 것이 아니라 원 청중이 이해할 수 있도록 제시된 것이었습니다.

결론

자, 창세기 1장의 날들이 우리가 아는 정상적인 24시간을 의미하는 것일까요? 그럴 수도 있고, 아닐 수도 있습니다. 7일로 구성된 한 주는 인간이 일하는 정상적인 한 주로서 이해될 수 있습니다. 하지만 그렇다고 해서 창세기 1장이 역사의 연대기에 관한 과학 정보를 밝혀 준다고 볼 수는 없습니다. 창세기 1장이 고대 우주론을 자주 인용한다는 사실은 하나님이 고대 히브리인들에게 현대 과학의 정보를 알려 주고자 하지 않으셨음을 보여 줍니다.

Q05

어떻게 창세기의 홍수 사건을 해석해야 하는가?

창세기 6-9장의 노아와 방주 및 홍수 이야기는 성경 전체에서 가장 유명하면서도 논쟁의 여지가 많은 부분 중 하나입니다. 전 지구적인 대재앙과 물에 떠 있는 동물원 같은 나무 배를 중심으로 한 이 이야기는 수천 년간 사람들의 상상력을 사로잡았습니다. 현대까지 대부분의 그리스도인들은 그 이야기를 비교적 최근에 전 세계적으로 일어난 실제 사건이라고 추정했으며, 이러한 해석은 계속해서 젊은 지구 창조론의 핵심 특징이 되었습니다.

그러나 성경의 고대 세계에 대한 새로운 지식이 폭발적으로 증가함에 따라 현대 과학은 이러한 해석이 그 본문을 읽는 최선의 방법인지의 여부에 도전장을 내밀었습니다. 여기에는 모든 진리가 하나님으로부터 온 것이고, 성경은 영감을 받은 것이며, 하나님의 창조에 대한 간증은 무시되어서는 안 된다고 믿는 많은 기독교 학자들과 과학자들의 업적이 담겨 있습니다. 과학적이고 역사적인 증거는 이제 분명합니다. 지구 전체를 덮는 전 세계적인 홍수는 없었으며, 오늘날의 모든 동물과 인간이 하나의 방주 안에 있었던 승객들로부터 유래된 것도 아닙니다.

과학과 성경 연관시키기

하나님의 창조 세계 안에서의 발견이 하나님 말씀의 해석과 충돌을 일으킬 때, 그리스도인에게는 세 가지의 선택 사항이 있습니다.

1. 과학의 결과를 수용하기 위해 신앙을 버린다.
2. 우리의 성경 해석을 유지하기 위해 과학적 증거를 거부한다.
3. 우리의 성경 해석을 하나님의 창조 증거의 빛 아래서 재고해 본다.

그리스도인은 그리스도인이라는 정체성에 입각해서 1번을 거부합니다. 2번은 끔찍한 역사적 기록을 가지고 있으며, 많은 저명한 역사 신학자들은 그리스도인에게 과학 결과를 무시하거나 묵살해 버리지 말라고 촉구했습니다. 3번은 그리스도인들 사이에서 가장 훌륭한 전통을 대표합니다. 역사적으로 우리는 자연 세계에 대한 많은 지식의 발견을 통해 잘못된 성경 해석을 바로잡아 왔습니다. 예를 들어, 코페르니쿠스와 갈릴레오의 발견(지구가 우주의 중심이 아니다)은 태양계 안에서의 지구 위치를 성경이 어떻게 가르치고 있는지에 대한 교회의 입장을 바꾸었습니다.

우리는 하나님이 '자연의 책' 저자이자 성경책의 신성한 저자임을 믿기 때문에, 홍수 이야기의 적절한 해석이 우리가 자연계에서 발견해 온 것들과 상충하지 않으리라고 믿습니다.

고대의 맥락 안에서의 성경

성경은 전능하신 하나님과 수천 년 전 살았던 평범한 인간과의 만남을 기록한 것입니다. 성경학자 존 월튼(John Walton)이 말했듯이, 성경은 **우리 모두를** 위해 쓰인 것이지, **우리에게** 쓰인 것이 아닙니다. 그러므로 우리가 창세기의 의미를 이해하기 위해서는, 먼저 창세기가 그것을 쓰고 전해 받았던 사람들에게 무엇을 의미했는지를 이해할 필요가 있습니다.

고대 세계에서는 청중에게 메시지를 전달하기 위해 어떤 사건(또는 사건의 기억)을 비유적인 방식으로 다시 들려주는 일이 흔했습니다.[1] 홍수 이야기가 고대 이스라엘의 수사학과 신학에서 구전되어 온 실제 역사적 사건에 대한 해석이라는, 성경적이고 역사적인 좋은 증거가 있습니다. 창세기 기록은 고대 세계에서의 홍수 재앙에 대한 많은 이야기들(홍수 이야기와 뚜렷한 유사점을 가지는 바빌론의 길가메쉬 서사를 포함하여) 중 하나입니다.

그렇다고 해서 창세기 6-9장이 다른 문화 속의 이야기로부터 빌려온 이야기라는 뜻은 아닙니다. 다만 물 재앙에 대한 공통된 문화적인 기억에 근거한다는 것을 의미합니다.

그러나 이 역사적인 홍수 사건의 정확한 본질이나 시기는 창세기의 의미를 이해하는 데 있어 중요하지 않습니다. 성경 이야기의 목적은 사실 목록을 제공하는 것이 아니라, 하나님과 인류에 대한 메시지를 원 청중에게 (그리고 성령의 능력으로 모든 시대 모든 하나님 백성에게) 전달하는 것이기 때문입니다.

홍수 이야기 해석하기

창세기 홍수 이야기는 저자들(및 원 청중)이 일련의 실제 사건들을 이야기해 주기 위한 것이 아니라는 많은 문학적 단서들을 가지고 있습니다. 이야기는 '과장법'이라고 알려진 문학적 장치를 사용하여 '지구상 모든 생물'의 대표들을 태운 거대한 방주와, 세계에서 가장 높은 산꼭대기 위에도 흐르는 홍수를 묘사합니다. 이것들은 독자들에게 그러한 묘사의 사실성을 파악해 내라고 도전하지는 않지만, 고대 저널리즘보다는 신학적인 이야기를 다루는 중요한 단서들입니다.

저자들이 일련의 사건들을 문자적으로 관련지으려 하지 않는다는 단서들이 또 있습니다. 그중 하나는 노아에게 "정결한" 동물을 "부정한" 동물과 다르게 대하라는 명령입니다. 그 범주가 성경 이야기에서 훨씬 나중에 나오는 모세 시대까지 히브리 사람들에게 주어지지 않았지만 말이지요. 홍수 이야기를 해석하는 방법에 대한 또 다른 단서는 창세기와 세부적으로는 창세기 1-11장의 '원시 내러티브' 안에서 찾을 수 있습니다.

거의 모든 성경학자는 창세기 1-11장의 목적이 창세기의 나머지 부분의 목적과 다르다고 봅니다. 원시 내러티브는 우주 역사의 거대한 범위를 포괄하는 동시에 굉장히 비유적인 언어를 사용합니다. 이 내러티브는 창세기 12장에서 아브라함을 부르심으로 시작하는 하나님 백성 이야기에 대한 웅장하고 시적인 '서론' 역할을 합니다. 또한 실제 사건들(예를 들어, 우주의 창조, 인류의 특별한 부르심)을 말하지만, 사실을 단순하게 기술하기보다는 이야기의 목적과 더 관련된 수사학적이면서 신학적인 방식으로 기술합니다. 이 방법은 (이스라엘 사람들을 포함한) 고대 사람들이 역사를 어떻게 기술할 것인지[2]에 대한 ― 특별히 역사가 시작되는 즈음의 '원시 시대'와 관련한 ― 완전히 전형적인 형태입니다.

홍수 이야기 안의 고대 우주론

우리는 홍수 이야기를 고대 문학의 렌즈를 통해서뿐 아니라 고대 우주론을 통해서도 읽을 필요가 있습니다. 고대 이스라엘 사람들에게는 (고대 근동 지역의 모든 사람과 마찬가지로) 망원경이나 위성 및 기타 현대 과학 장비가 없었기 때문에, 자신들이 매일 관찰하는 모습으로 우주를 묘사했을 뿐입니다. 고대 근동 지역의 사람들은 비가 하늘 위에 위치한 바다로부터 내린다고 생각했으며(이는 하늘이 왜 푸른지 알려 줍니다), 그 바다는 지구를 감싸고 있다고 생각했습니다(이는 왜 깊은 우물이 항상 물에 닿는지 알려 줍니다). 또한 그들은 '지구 전체'를 그들이 가지고 있던 지도(오늘날 대부분의 중동 지역을 이루는)의 끝으로 단순하게 여겼습니다.

홍수 이야기들은 이러한 고대 사람들의 세상에 대한 공통된 이해에 의거합니다. "창공"(우주의 바다를 떠받치고 있는 하늘의 견고한 돔)이 붕괴되고 "깊은 샘"이 위로 폭발할 때, 지구는 물로 인한 대재앙을 겪으며 창세기 1:2에 기록된 것처럼 혼돈의 상태로 돌아간 것입니다. 죄로 말미암은 혼돈에 대처하기 위해, 하나님은 지구를 혼돈에 빠뜨리신 뒤 재창조로써 세상을 "다시 시작"하며 질서를 회복하셨습니다.

현대인들은 지구와 우주의 모양에 관해 완전히 다른 시각으로 홍수 이야기를 읽습니다. 예를 들면, 그 이야기가 '전 세계적인' 홍수를 말해 준다고 믿는 사람들은 그 본문을 읽을 때 자신들이 믿는 대로 읽습니다. 원 청중은 지구가 둥글다는 사실을 전혀 몰랐다는 것을 놓쳤기 때문이지요. 이와 비슷하게, 물의 근원, 방주의 부력, 지질학적 효과, 홍수 이후의 동물 이주와 같은 질문들에 대한 추측은 그 이야기의 요점을 잃어버리게 만듭니다.

홍수의 의미

일부 사람들은, 여기에 간략하게 설명된 홍수 이야기에 관한 관점이 성경의 신성한 영감을 부인하면서 그 이야기를 완전히 인간의 창작품으로 치부한다고 여길 것입니다. 그러나 하나님은 평범한 사람들을 통해 자신의 메시지를 전달하는 방법을 선택하셨으며, 그들을 인도하기 위해 하나님 자신을 인간의 제한된 지식에 맞추셨음을 기억하는 것이 중요합니다.[3] 그분은 고대 이스라엘 사람들에게 과학적인 자료를 주시지 않았을뿐더러 새로운 문학 장르를 선사하지도 않으셨습니다.

노아와 방주 및 홍수 이야기는 심판과 은혜에 대한 영감이 깃든 강력한 메시지를 전달합니다. 이 이야기는 여러 세대 동안 하나님의 죄에 대한 증오와 그분이 지은 피조 세계를 향한 사랑에 대해 하나님의 백성을 가르쳤습니다. 무엇보다 중요하게, 우리는 다시는 지구를 파괴하지 않으실 것이라는 하나님의 약속을 마주합니다. 이는 예수 그리스도의 죽음과 부활 안에서 완전히 깨달을 수 있는 것인데, 이 사건은 하나님이 인간이 아닌 하나님 스스로에게 죄에 대해 심판하기로 택하신 사건입니다. 따라서 그리스도의 렌즈를 통해 성경의 홍수 이야기는 하나님의 백성을 위한 은혜와 사랑에 관한 놀라운 소식을 선포합니다.

Q06

진화적 창조는 성경 무오성과 양립하는가?

그리스도인들은 성경이 하나님의 영감으로 쓰였으며 우리의 삶에 권위를 가진다고 믿습니다. 그러나 성경은 무오할까요(즉, 아무런 오류가 없을까요)? 성경 무오성과 창조에 대한 진화적인 이해를 모두 함께 수용할 수 있을까요? 모든 진화적 창조론자가 성경 무오성이라는 용어를 사용하는 것은 아닙니다. 하지만 여전히 그 용어 이면에 있는 생각, 곧 성경이 가르치는 모든 것을 믿고 신뢰해야 한다는 생각에 천착해 있는 사람들이 많습니다. 여기서 우리는 어떻게 성경 무오성과 성경의 권위에 대한 다른 입장들이 진화적 창조와 양립할 수 있는지 살펴보려고 합니다.

하나님의 감동으로 된 것으로 권위를 가지는 성경

그리스도인은 구약과 신약으로 구성된 성경이 **권위를 가진다**고 믿습니다. 성경은 우리의 신앙과 삶을 관장하고 뒷받침합니다. 성경에 계시된 바와 같이 예수 그리스도의 복음은 모든 믿는 자를 구원할 수 있는 힘을 가집니다. 성경은 고대 문헌들의 모음집이지만, 수천 년 전 믿는 자들에게 그랬듯이 오늘날에도 의미를 지니며 권위를 가지고 있습니다. 성령은 계속해서 성경의 의미를 조명하여 성경을 "살아 있고 활력이 있"게 만드십니다(히 4:2).

그리스도인은 성경의 권위에 대해 아주 강력한 입장을 취합니다. 우리는 성경에 포함된 모든 문서가 하나님의 감동으로 된 것이라고 믿기 때문입니다. 다시 말해서, 성경은 기록된 말씀으로, 하나님이 자신을 우리에게 계시하기로 선택하신 방법이라는 뜻입니다. 우리는 성경 전체에 걸쳐 이 신성한 기록이 가지는 권위와 영감에 대한 확실한 증언들을 찾을 수 있습니다. 사도 바울은 이렇게 말했습니다. "모든 성경은 하나님의 감동으로 된 것으로 교훈과 책망과 바르게 함과 의로 교육하기에 유익하니"(딤후 3:16). 사도 베드로는 다음과 같이 말했습니다. "먼저 알 것은 성경의 모든 예언은 사사로이 풀 것이 아니니 예언은 언제든지 사람의 뜻으로 낸 것이 아니요 오직 성령의 감동하심을 받은 사람들이 하나님께 받아 말한 것임이라"(벧후 1:20-21). 예수님은 모세와 모든 선지자의 글이 자신에 관한 것이라고 단언하셨습니다(눅 24:27).

우리가 하나님을 궁극적인 저자라고 여겨도, 성경은 완성된 모양으로 하늘에서 곧장 떨어진 것이 아님을 압니다. 하나님은 메시지를 전달할 저자로서 사람을 택하셨습니다. 그 저자들은 하나님이 그들에게 지시하신 것들을 베껴 쓴 복사기가 아니었습니다. 그들은 그들만의 문화를 가지고 살았으며 그들의 지역 언어와 개념을 가졌던 실제 사람들이었습니다. 예수님(로고스 혹은 하나님의 말씀)이 완전한 하나님이자 완전한 인간인 것처럼 성경도 하나님의 감동으로 된 것이며 사람에 의해 기록된 것입니다.

앞에 언급된 모든 것은 진화적 창조와 일치합니다. 그러나 진화적 창조론 공동체는 성경의 권위와 진실성에 대한 헌신을 가장 잘 표현할 수 있는 용어와 개념을 두고 다양한 입장 차이를 보입니다.

'무오성'은 성경의 신빙성을 확언한다

무오성은 성경적 권위에 대한 역사적으로 중요하고 유력한 입장 중 하나입니다. 여러 시대에 걸쳐 기독교 전통의 많은 갈래들은 성경 무오성을 성경의 본질에 대한 중요한 묘사로 여겨 왔고, 성경의 궁극적인 신뢰성을 확증하는 것이라고 인식해 왔습니다. 성 아우구스티누스는 5세기에 이 개념을 사용했으며, 루터와 칼뱅 모두 성경에 오류가 없다고 주장했습니다. 가톨릭 교리 문답서에는 다음과 같이 나와 있습니다.

> 그러므로 영감을 받은 저자들이 확언한 모든 것을 성령이 확언하신 것으로 간주해야 하기 때문에, 우리는 성경이 확실하고 충실하며 오류가 없이 진리(하나님이 거룩한 성경에 의지하면 구원을 얻을 수 있다)를 가르친다는 것을 인정해야 합니다.[1]

계몽주의 시대 동안 성경 무오성에 대한 도전을 반박한 프린스턴 신학자 핫지(A. A. Hodge)와 워필드는 1881년에 그들의 저서 『영감』(*Inspiration*)에서 무오성을 정의하고 방어했습니다. 그들은 축자영감설을 거부하고 성경의 저자들이 인간이라는 한계를 인정했으며 진실성과 정밀성을 구별했습니다.

> (세부 사항의 철저한 해석을 포함하는) 기록의 정밀성과 (성경이 결코 공언하지 못하는) 절대적인 문자성, 한편으로는 (확인하고자 하는 사실이나 원리에 대한 정확한 기록을 보장하는) 정확성 사이에는 확연한 차이가 있습니다.…교회

의 교리가 예외 없이 성경 원문에 모든 확신을 유지하는 것이 바로 정밀성인데, 정확성은 정밀성과 구별되는 것입니다.[2]

'성경 무오성에 대한 시카고 선언'을 지지하는

진화적 창조론자와 그렇지 않은 진화적 창조론자

'무오성'이라는 용어가 의미하는 바와 내포하는 바는 다양한 그룹과 개인들에 의해서 계속 다듬어집니다. 1978년, 200명이 넘는 복음주의권의 지도자들이 3일 동안 시카고에 머물면서 성경 무오성에 대한 시카고 선언을 작성했습니다.[3] 그 선언에는 요약 진술서,[4] 일련의 기사들(몇몇 확인 및 거부 진술서들) 및 상세한 설명서가 포함되어 있습니다. 도움이 되는 많은 구절들 중에 다음과 같은 것들이 있습니다.

> 우리는 영감이 하나님이 성령으로 인간 저자를 통해 그분의 말씀을 주셨던 일이라는 것을 확언합니다. 성경의 기원은 거룩합니다. 이 거룩한 영감의 방식은 우리에게는 대부분 미스터리로 남아 있습니다. 우리는 영감이 인간의 통찰력 정도나 일종의 고조된 의식 상태 정도로 축소될 수 있다는 것을 부인합니다.[5]
>
> 우리는 하나님이 영감으로 된 그분의 역사 가운데 그분이 선택하시고 준비하신 저자들의 독특한 개성과 문학 양식을 사용하셨다고 확언합니다. 우리는 하나님이 그분이 택하신 단어들을 저자들이 그대로 사용하도록 해서 저자들의 개성을 무시하셨다는 것을 부인합니다.[6]

…반드시 역사는 역사로, 시는 시로, 과장과 은유는 과장과 은유로, 일반화와 유추는 일반화와 유추로 다루어져야 합니다. 성경 시대의 문학 양식과 우리 시대의 문학 양식 사이의 차이점은 분명히 있기 마련입니다. 예를 들어, 비연대기적 내레이션과 부정확한 인용문은 통상적으로 수용될 수 있었습니다. 또한 당시의 어떤 기대에 못 미친 것도 아닙니다. 우리가 성경의 저자들에게서 이런 것들을 발견할 때는 그들의 잘못으로 간주해서는 안 됩니다.…성경은 무오합니다. 그러나 현대적 기준에 의해서 절대적으로 정확하다는 의미에서가 아니라, 성경이 말해 주는 바를 선하게 만들고 저자가 집중하기 원하는 진리의 기준을 달성한다는 의미에서 그렇습니다. 성경의 진실성은 문법이나 철자법의 불규칙성, 자연에 대한 경이로운 묘사, 거짓 진술에 대한 보고서(예를 들어, 사탄의 거짓), 혹은 한 구절과 다른 구절 사이에 존재하는 표면적인 모순으로 인해 부정되지 않습니다. 성경에서의 '현상'을 그 현상 자체에 대한 성경의 가르침에 반하여 설정하는 것은 옳지 않습니다.[7]

이러한 무오성에 대한 표현은 영감의 방식이 이해하기 어렵다는 점을 인정하는 것이고, 성경 저자들의 인간성을 인정하는 것이며, 성경의 문학 양식과 고대 문학 양식의 너비를 인정하는 것입니다. 또한 성경 저자들이 자연 현상에 대해 과학 이전 단계의 이해를 가지고 있었음을 가정하며, 성경 본문의 명백한 어려움을 말끔히 설명하려 들지도 않았음을 가정하는 것입니다.

그러나 전적으로 성경의 진실성을 확인하려는 일부 그리스도인들은 시카고 선언문을 온전히 받아들일 수 없다고 느낄 것입니다. 다음

단락을 한번 봅시다.

> 우리는 성경 무류성과 성경 무오성이 역사와 과학 영역에서의 주장은 배제하면서, 영적·종교적·구속적 주제에만 국한된다는 것을 부인합니다. 또한 우리는 지구 역사에 관한 과학적 가설이 창조와 홍수에 관한 성경의 가르침을 뒤집을 수 있도록 적절하게 사용될 수 있다는 것을 부인합니다.[8]

이러한 주장은 중요한 질문을 야기합니다. 창조와 홍수에 대한 성경의 가르침은 **무엇이며**, 과학은 우리의 성경 이해를 돕기 위해 적절히 사용될 수 있을까요? 성경의 참 가르침은 성경을 잘 아는 신실한 그리스도인들에게조차 논쟁의 문제로 남아 있습니다. 이는 많은 사람들로 성경 자체가 무오하다고 확증하도록 만듭니다. 그들이 지구 나이, 진화 및 노아의 홍수와 관련하여 성경이 가르치는 것에 대해 아주 다른 결론에 이를지라도 말입니다. 시카고 선언은 "창조와 홍수에 관한 성경의 **가르침**"이라는 구절 때문에 젊은 지구 창조론과 입장이 같을까요? 일부 오랜 지구 창조론자들과 진화적 창조론자들은 그렇게 생각합니다. 그 때문에 그들은 이 선언을 긍정하지 않습니다.

무오성은 성경이 확언하는 바를 우리에게 말해 주지 않는다

앞의 예는 우리가 성경의 진실성을 확증하는 것이 주어진 성경 구절의 참된 가르침을 분명하게 표현할 수 있는 능력과 다를 수 있음을 보도록 도와줍니다. 달리 말하면, 무오성은 성경이 가르치는 내용 중 일부가 야기하는 문제를 해결하지 못한다는 것입니다(해결하려고 의도되지도 않았습니다). 신학자 케빈 밴후저(Kevin Vanhoozer)는 다음과 같이 말합니다.

> 성경이 무오하다고 말하는 것은 저자들이 (그들이 증언할 때) 확신하는 모든 것에서 진리를 말하고, (올바른 독자가 올바르게 읽을 때) 그들이 결국에는 진실되게 말한 것처럼 보이리라는 믿음을 고백하는 것입니다.[9]

밴후저의 정의는 우리를 겸손하게 하고 우리를 격려해 줍니다. 무오성은 해석의 도전적인 과제로 나아갈 때 성경이 진실되다고 믿는 자세입니다(또는 자세여야만 합니다). 우리는 긍정적인 태도로 궁극적인 진리가 하나님의 말씀 안에서 발견되기를 소망하면서 명백한 모순이나 해석의 어려움을 해결하는 힘든 일을 시작할 수 있습니다.

성경은 분명히 역사적인 주장(예를 들어, 예수님이 죽은 자 가운데서 살아나시다)이지만 동시에 명백하게 비유적인 언어(예를 들어, 예수님이 말씀하시기를 "나는 포도나무다", "나는 생명의 빵이다")를 가지고 있습니다. 이러한 양 극단 사이에는 신중한 해석이라는 힘든 작업을 요구하는 매우 골치 아픈 (그리고 상당한) 회색 지대가 있습니다. 성경 무오성을 단언하는 그리스도인들 사이에서도 유아가 세례를 받아야 하는지, 또는 여성이 모든 목회 사역을 할 수 있는지, 또는 아담과 하와가 역사적 인물인지에 대해서 의견 일치가 이루어지지 않습니다. 이런 것들은 성경 무오성에 대한 의견 차이가 아니라, 성경의 적절한 해석에 대한 의견의 불일치입니다.

진화적 창조론자들은 성경이 지구가 수천 년밖에 되지 않았다거나, 인간이 나머지 생명체들과 생물학적으로 아무런 연관이 없음을 확언하고 가르친다고 믿지 않습니다. 성경의 인간 저자들은 이런 것들을 믿었을지도 모릅니다. 마치 그들이 지구가 3층 구조의 우주에서 중심에 있으며[10] 감정이 우리의 신장으로부터 온다고[11] 믿었던 것처럼 말이지요. 그들이 살던 시대와 장소를 감안할 때, 우리는 그들이 그런 것들에 대해 다르게 믿었으리라고 기대하지 않을 것입니다. 하나님은 성경을 영감으로 쓰이게 하시면서, 인간 저자들을 그들의 특정 문화로부터 보편적인 관점으로 끌어올리지 않으셨습니다. 그 대신 하나님은 그들을 통해서 가르치셨습니다. 성경이 창조 기록에서 확언하는 바는 하나님이 창조하신 방법에 대한 과학적 설명이 아니라, 오직 한 분이신 참 하나님이 세상을 창조하셨고 그 창조를 좋게 생각하셨다는 것입니다. 그러므로 무오성의 교리는 진화를 포함한 현대 과학을 받아들이는 것과 완전히 같은 문제일 수 있습니다. 신학자 제임스 패커(J. I. Packer)는 다음과 같이 말했습니다.

> 나는 성경 무오성을 믿고 성경을 인쇄본으로 가지고 있지만, 해석상 창세기의 앞 장들과 그 밖의 다른 부분에서 성경이 말하는 어떤 것도 진화의 생물학적인 이론과 어느 쪽으로도 관련되어 있음을 발견할 수 없다.[12]

무오성은 많은 사람들에게 유익한 용어입니다. 그러나 (성경의 권위와 영감에 똑같이 헌신한) 다른 부류의 그리스도인들에게 무오성은 성경의 특정 해석과 연관되어 왔으며 정통성을 시험할 수 있는 리트머스지로 사용되었습니다. 불행하게도 전선(battle lines)은 이미 그려져 있으며, '무오성'이라는 용어가 운반하는 수하물 때문에 많은 사람들이 성경의 신빙성에 대한 그들의 헌신을 설명하는 다른 방법을 선호합니다.

시카고 선언보다 4년 앞선 로잔 언약은[13] "오류 없이"라는 문구를 사용하지만, 과학에 대한 더 강력한 주장을 하지는 않습니다.

> 우리는 구약과 신약 전체의 거룩한 영감, 진실성과 권위를 오직 하나님의 기록된 말씀으로, 성경이 확언하는 모든 곳에서 오류가 없으며, 믿음과 실천의 유일하고 절대적으로 확실한 규칙으로 확언한다.

풀러 신학교는 1970년대 성경에 대한 선언에서 "무오성"을 제거했을 당시 논란의 중심에 있었습니다. 풀러 신앙 고백은 다음과 같습니다.

> 성경은 거룩한 자기 계시에 대한 필수적인 부분이자 신뢰할 만한 기록입니다. 거룩한 감동으로 된 모든 구약과 신약은 기록된 하나님의 말씀이며, 믿음과 실천의 유일하고 절대적으로 확실한 규칙입니다. 그것들은 상황과 목적에 따라, 또한 살아 있는 힘으로 그들에게 말씀하시는 주님에 대한 경건한 순종에 의거하여 해석되어야 합니다.[14]

이러한 명칭은 매우 다양한 방식으로 이해되기 때문에, 그리스도인들은 가끔 동일한 명칭을 사용하는 사람들보다 성경적 권위에 대해 다른 명칭을 사용하는 사람들과 신학적 공통점이 더 많습니다.

이러한 성경 묘사에 헌신한 많은 사람들은 '무오성'을 사용하는 사람들과 똑같은 해석을 합니다.

우리는 무오성을 지지하는가?

우리는 정통성을 지키는 범위 내에서 가능한 한 포괄적인 입장에 남고자 합니다. 그래서 그리스도인이 성경을 묘사하기 위해 '무오성'이라는 용어를 사용해야 하는지 여부에 대해서 특정한 입장을 취하지 않습니다.

이 주제는 종종 과하게 격양되곤 합니다. 우리는 양쪽 사람들에게 반대편 사람들 안에 선한 의지가 있을 것이라는 가정으로 시작하라고 촉구합니다. 누군가가 무오성을 믿는다는 것은 결코 그들이 경직되고 정교하지 않은 성경 해석을 한다는 의미가 아니기 때문입니다. 누군가가 무오론자의 정체성을 선택하지 않는다는 것은 결코 그들이 성경의 온전함과 신뢰성에 대해 타협한다는 의미가 아니기 때문입니다. 우리는 이 중요한 주제를 더 깊이 연구하는 데 관심을 가진 사람들을 위해 자료를 제공하고 직접 대화를 나눌 기회를 제공하는 것을 목표로 삼고 있습니다.

우리는 성경이 하나님의 감동으로 된 것이며 권위 있는 하나님의 말씀이라고 의심 없이 믿습니다. 예수님을 따르는 사람으로서 우리는 우리의 삶을 하나님의 말씀으로 명령하고 우리 마음을 새롭게 함으로써 변화되도록 노력합니다. 이것은 우리가 정기적으로 하나님의 말씀을 읽고 듣고 묵상할 때만이 가능합니다.

2부

기독교와 과학

Q07

과학과 성경은 화합할 수 있는가?

우리가 성경에서 찾는 진리는 우리가 자연에서 찾는 진리와 상충하지 않습니다. 상충은 인간의 해석 차원에서 발생하는 것입니다.

"하늘이 하나님의 영광을 선포하고…여호와의 율법은 완전하여 영혼을 소성시"킵니다(시 19:1, 7).

기독교 신앙에서 **하나님은 성경이라는 기록된 책 안에서도, 자연 세상이라는 창조된 '책' 안에서도 자신을 계시하십니다.** 하나님의 동일하심 때문에 이 두 가지는 상충될 수 없습니다. 그러나 때때로 그것들은 하나님의 창조 모습과 기원에 관해 상충되는 것처럼 보입니다. 과학의 결과가 일반적인 성경 해석과 일치하지 않을 때, 우리는 어떻게 해야 할까요?

한 가지 반응은, 성경이 옳고 과학은 잘못됐다고 말하는 것입니다. 그러나 이런 반응은 종종 특별한 성경 해석을 성경 자체의 권위인 것처럼 만듭니다. **성경은 항상 문화적 맥락 안에서 주어지고 받아들여졌습니다.** 오늘날 우리가 성경을 이해하려고 시도할 때, 그리스도인들은 때때로 특정한 구절의 의미에 동의하지 않습니다. 예수님의 죽음과 부활에 관한 기사와 마찬가지로, 성경에 나오는 몇 가지 가르침은 전 세계에서 수 세기에 걸쳐 교회에 의해 명확하게 확정되었습니다. 성인세례와 유아세례를 비교하는 것과 같은 다른 몇 가지 가르침은 모호하며, 그 해석은 수 세기 동안 논쟁이 되었습니다. 어떤 해석은 그리스도인들이 정경에 비추어 그것들을 재평가하면서 이의가 제기되거나 수정되기도 했습니다(노예의 소유권은 극적인 한 예입니다). 교회의 전통 또한 새로운 역사적·과학적 증거가 제시될 때면 적절하게 이의가 제기되어 왔습니다. 지구 중심의 세계관을 뒤집어 놓고, 시편 93:1과 같은 구절에 대한 해석에 치명타를 입힌 갈릴레오의 과학적 연구를 생각해 보십시오.

성경이 항상 오류를 범하기 쉬운 인간에 의해 해석되는 것처럼, 과학도 자연에 대한 인간의 해석입니다. 따라서 그 이론은 비판과 재고의 대상이 됩니다. 19세기 후반과 20세기 초의 우생학에 대한 인종차별적 주장이 좋은 예입니다. 성경을 믿는 많은 그리스도인들에 의해서 올바른 의문이 제기되었습니다. 그러나 과학도 증거를 검토하고 오류를 제거하는 자정 기능을 합니다(우생학은 결국 주류 과학에 의해 거부되었습니다). **이론이 전 세계 많은 과학자들에 의해 시험되고 정제되면, 그것은 물리적 현실에 대한 더욱 신뢰할 만한 해석을 제공하기도 합니다.** 이는 진화론의 많은 양상에서도 마찬가지인데, 여러 분야의 많은 과학자들에 의해 장시간에 걸쳐 시험되고 확인되어 온 결과이기 때문입니다.

과학적 데이터는 가끔 우리가 성경적 '그림'에 너무 가까워질 때나 잘못된 각도로 접근할 때, 또는 바르지 못한 기대를 가지고 대할 때, 우리를 경고하는 하나님의 방법으로 기능할 수 있습니다. 과학의 목적은 영감받은 성경을 검증하거나 성경에 무엇인가를 더하려는 것이 아닙니다. 그러나 과학은 부적절하게 성경을 읽는 방법을 제거하는 데 도움이 될 수 있습니다. 마찬가지로 그리스도인들은 신중하고 적절하게 과학이 자신의 이론을 시험하고 자신의 가정을 의심하도록 해야 합니다. 특히 과학이 성경과 모순되는 것처럼 보일 때 그렇습니다. 그러나 **과학과 성경 둘 다 하나님이 우리에게 자신을 계시하시는 방법이기 때문에 궁극적인 조화를 향해 함께 가야 합니다.**

Q08

진화적 창조는 무엇인가?

진화적 창조(Evolutionary Creation, EC)는 기원에 관한 기독교의 입장 중 하나입니다. 이 입장은 성경을 하나님의 영감으로 기록된 권위 있는 말씀이라고 진지하게 여기는 동시에, 과학을 하나님이 창조하신 세계를 이해하는 한 가지 방법으로 여깁니다. 이런 입장에서 볼 때, 진화적 창조는 두 가지 기본 전제를 가지고 있습니다. 첫째, 하나님이 하나님 형상인 인간을 포함한 모든 것을 창조하셨다는 것입니다. 둘째, 진화는 지구상 모든 생명체의 다양성과 유사성에 대해 현재 우리가 가지고 있는 최선의 과학적 설명이라는 것입니다.

하나님은 창조주이시고, 진화는 신뢰할 만한 과학이다

그럼 진화적 창조를 정의하는 핵심 사상은 무엇일까요? 진화적 창조는 하나님이 모든 것을 창조하셨고 유지하신다고 믿습니다. 하나님이 우리 삶에서 그러시듯이, 우리는 하나님이 목적을 갖고 창조하신다고 믿으며, 계속해서 적극적으로 창조를 지속하고 유지하신다고 믿습니다. 우리는 삼위일체를 믿으며, 예수 그리스도의 완전한 신성과 인성, 예수 그리스도 몸의 부활도 믿습니다. 우리는 모든 인간이 하나님의 형상으로 지음받았으며, 모든 인간이 죄성을 지니고 있다고 믿습니다. 또한 우리는 오직 그리스도를 믿는 믿음을 통해 은혜로 구원을 받는다고 믿습니다.

진화적 창조는 지구상의 모든 생명체가 시간이 지남에 따라 어떻게 변화해 왔는지에 대한 최선의 과학적 설명으로 진화를 받아들입니다. 생물학에서 진화는 '변이를 동반한 유전'을 의미하며, 이는 모든 종이 여러 세대에 걸쳐 하나의 공통 조상으로부터 유래되었다는 가설을 포함합니다. 그러므로 우리는 인간을 포함한 지구상 모든 생명체가 공통 조상으로 서로 연결되어 있다는 과학적 증거를 받아들이는 것입니다. 그러나 인간이 여기에 포함된다고 해서 우리 안의 하나님 형상이 부인되는 것은 아닙니다.

진화적 창조는 과학에도, 신학에도 속하지 않습니다. 오히려 각 학문으로부터 최고의 지성을 통합하려는 설명 체계라고 할 수 있습니다. 또한 진화적 창조는 신학과 과학이 서로 어떻게 연관되어 있는지에 대한 통찰을 포함하기도 합니다. 진화적 창조가 우주의 기원에 관해 다른 관점과 어떻게 다른지에 대해서는 2부의 Q10 '진화적 창조는 진화론, 지적 설계, 창조론과 어떻게 다른가?'를 보시기 바랍니다.[1]

유신 진화와 구별되는 진화적 창조

'진화적 창조'라는 용어는 아마도 1990년대 초에 처음으로 사용되었을 것입니다.[2] '유신 진화'(Theistic Evolution)는 진화적 창조보다 더 오래, 더 널리 사용된 용어입니다. 많은 사람들은 이 두 용어를 차이 없이 서로 번갈아 가며 사용합니다.[3] 그러나 우리는 적어도 다음과 같은 세 가지 이유로 유신 진화보다는 진화적 창조를 선호합니다.

첫째, 우리는 본질적으로 창조론자이기 때문에 진화적 창조를 선호합니다. 우리는 단순한 유신론자가 아닙니다. 우리는 성부 하나님의 권능에 의해, 성자 하나님을 통해, 성령 하나님의 능력으로 모든 것을 하나님이 창조하셨다고 믿습니다. 하나님과 창조에 대한 우리의 믿음이 무엇보다 우선인 것입니다. '진화적'이라는 단어는 창조를 묘사하며, 단순히 생명의 다양성과 유사성을 과학적으로 가장 잘 설명하기 위해 우리가 진화 과학을 수용한다는 사실을 밝히는 형용사일 뿐입니다.

둘째, 우리는 '유신 화학' 혹은 '유신 물리'라는 말을 사용하지 않습니다. 그러므로 우리는 '유신 진화'라는 말도 사용해서는 안 된다고 생각합니다. 우리는 과학적 사실에 대해 기독교만의 특별한 해석을 제안하지도 않습니다. 과학은 하나님의 창조를 연구하는 강력한 도구입니다. 과학이 제공하는 통찰을 우리가 믿음의 눈을 통해 살펴본다면, 본질에 대한 더 완전한 그림을 그릴 수 있습니다. 요하네스 케플러(Johannes Kepler)가 오래전에 쓴 것처럼, 과학은 세상에 대한 더 깊은 이해를 가능하게 함으로써 하나님과 같은 생각을 하는 것과 같습니다.[4]

셋째, 많은 사람들이 역사적으로 유신 진화를 이신론이라고 비난했습니다. 유신 진화는 종종 하나님이 세상과 모든 자연 법칙을 창조하셨으나 더 이상 적극적으로 우주를 지배하거나 관여하지 않는다는 주장과 연관되어 있습니다. 이것은 대부분의 진화적 창조가 하나님의 간섭하심을 이해하는 방법과 매우 다릅니다. 진화적 창조의 관점은 성경적인 기적(가장 대표적으로 부활)을 인정하고, 하나님이 기도에 응답하신다는 사실을 믿으며, 하나님이 그분의 목적을 성취하시기 위해 그분의 섭리로 모든 자연적인 과정을 **이용하여** 일하신다는 사실을 믿습니다. 자연적인 과정과 초자연적인 기적은 공히 하나님의 작품인 것입니다.

'과학과 신학의 대화' 설립자인 우종학 교수는 유신 진화라는 표현은 진화를 유신적으로 해석하는 것임을 지적했습니다. 그에 반대되는 해석은 무신 진화(Atheistic Evolution)입니다. 이 두 표현은 진화 과학을 해석할 때 기독교의 입장에서 해석할지 혹은 무신론의 입장에서 해석할지에 따라 서로 다른 형용사를 사용합니다. 반면에 진화적 창조의 반대말은 즉각적 창조라고 할 수 있습니다. 이 두 표현은 창조라는 신앙 혹은 신학적 관점을 꾸며 주는 형용사를 가집니다. 창조가 진화의 과정을 통해서 진행되었는지 혹은 즉각적으로 한번에 이루어졌는지에 따라 창조를 다르게 이해하는 것입니다. 다시 말해, 유신 진화는 진화라는 과학에 대해 어떤 형이상학적 입장으로 볼 것인가에 초점이 있다면, 진화적 창조는 창조라는 신앙을 '어떻게' 볼 것인가에 초점을 두며 서로 다른 관점을 드러냅니다.

과신대는 순수하게 자연과학을 연구하는 단체라기보다는 기독교 신앙 운동이며 우리가 믿는 창조를 어떻게 이해할 것인가라는 질문을 던지는 단체입니다. 그렇기 때문에 유신 진화라는 표현보다는 진화적 창조가 더 적합한 표현이라고 생각하며, 적극적으로 진화적 창조의 개념을 사용합니다.

'바이오로고스' 설립자인 프랜시스 콜린스(Francis Collins) 박사는[5] 유신 진화를 대신하여 바이오로고스라는 용어를 처음 제안했습니다.[6] 이 용어는 두 그리스 단어 '*bios*'(생명)와 '*logos*'(말씀, 요 1:1이 하나님의 아들을 묘사하는 방법을 참조)의 합성어입니다. 그는 그의 저서 『신의 언어』(*The Language of God*, 김영사)에서 다음과 같이 썼습니다.[7] "'바이오로고스'는 하나님이 모든 생명의 근원이시고 모든 생명은 하나님의 의지를 반영한다는 믿음을 표현한다." 바이오로고스는 단지 이러한 관점을 나타내는 것만이 아니라 콜린스 박사가 설립한 단체의 이름이기도 합니다.

많은 성경적·과학적 질문에 다양한 견해를 가지는 진화적 창조

한 단체 안에서도 모든 사람이 완전히 똑같은 내용을 믿지는 않습니다. 어떤 믿음은 주요하며 그 단체를 정의하는 데 도움이 되지만, 어떤 믿음은 부차적이며 논쟁의 여지가 있기 마련입니다. 진화적 창조를 수용하는 '과학과 신학의 대화'에도 예외는 없습니다.

'과학과 신학의 대화'의 비전 선언문은 회원으로 참여하는 다양한 사람들의 신앙이 공유되는 핵심 내용을 담고 있습니다. '바이오로고스'의 신앙 선언문도 단체 회원들이 대부분 공유하는 신념을 담고 있습니다.[8] 그러나 우리 단체 안에는 많은 주제에 대한 다양한 견해가 존재합니다. 우리는 그러한 주제에 대해서만큼은 특정한 하나의 견해만을 지지하지 않습니다.

예를 들어, 우리는 모든 인간이 하나님의 형상으로 지어졌음을 믿지만,[9] 그 뜻이 정확히 무엇인지에 대한 견해는 다양합니다. 어떤 이들은 하나님의 형상이 우리의 인지 능력을 대변한다고 생각하는 반면, 다른 이들은 그것이 하나님과의 관계 속으로 들어가는 우리의 고유한 영적 능력이라고 여깁니다. 또 다른 이들은 하나님 형상을 나머지 피조물들을 위해 하나님이 선택하신 대표적인 존재라고 해석합니다.

아담과 하와를 떠올려 봅시다.[10] 진화적 창조는 일반적으로 사람들이 하나님에 의해 창조되었으며 인간은 다른 피조물과 생물학적으로 연관되어 있다는 사실에는 동의하지만, 창세기의 앞 장들을 해석하는 방법에서는 제각각입니다. 일부 진화적 창조론자들은 아담과 하와가 역사적으로 실존했던 부부라고 믿습니다. 한편, 또 다른 일부 진화적 창조론자들은 그 이야기를 이스라엘의 상징적 이야기나 인류 전체에 대한 상징적 이야기로 봅니다. 여태껏 이에 대한 많은 해석이 제안되었으며, 이는 여전히 흥미진진한 연구 분야로 남아 있습니다.

결론적으로, 모든 진화적 창조는 성경이 하나님의 영감으로 기록된 권위 있는 말씀이라고 믿습니다. 그러나 주류 교회와 마찬가지로 우리는 성경의 일부 구절이 반드시 특정한 방식으로 해석되어야만 한다고 생각하지 않으며, 성경 '무오성'[11]이 과연 유용한지에 대해서도 의문을 가지고 있습니다.

과학적인 측면에서는 모든 진화적 창조가 공통 조상[12]의 존재를 사실로 받아들이지만, 어떤 생물학적인 메커니즘이 시간이 지나면서 진화적 변화를 일으키는지[13]에 대해서는 의견이 다를 수 있습니다. 첫 생명체의 기원[14]과 관련해서도 일부 진화적 창조론자들은 초자연적인 기적을 생각하지만, 또 다른 진화적 창조론자들은 하나님의 섭리하에 일어나는 다양한 자연적인 과정으로 설명하려고 합니다.

진화적 창조 단체의 책무

진화적 창조를 수용하는 우리는 진리 추구에 전념합니다. 진리 추구는 공동체, 탐험, 토론을 요구합니다. 여기서 "의심도 괜찮습니다"라는 태도는 언제나 환영입니다. 우리는 성경과 자연 세계, 이 두 가지 모두에 대한 이해를 추구하기 때문입니다. 우리는 과학자, 성경학자, 신학자, 철학자의 전문성을 소중하게 생각합니다. 우리는 기독교 단체 내부에 있는 목회자와 지도자의 민감성과 영적인 이해를 소중하게 생각합니다. 우리는 하나님과 과학을 사랑하는 많고 많은 일반인들의 경험과 재능을 소중하게 생각합니다. 우리는 단순히 기독교의 여러 주장을 탐구하는 사람들도 소중하게 생각합니다. 많은 사람들이 조직화된 종교를 신뢰하지 않거나 그리스도인들로부터 상처를 받고 있습니다. 우리는 여기서 그들에게 치유의 기회를 제공하고자 그들을 환영합니다.

우리의 또 다른 책무는 겸손과 정중한 대화입니다. 물론 우리가 항상 옳지는 않습니다. 그러나 우리는 우리와 다르게 생각하는 사람들을 사랑하려고 애쓸 것입니다. 우리의 주장을 희석시키겠다는 뜻이 아니라 타당한 예의를 갖추겠다는 말입니다. 우리는 모든 사람이 하나님의 사랑을 받고 존중받아야 한다고 생각합니다.

마지막으로, 우리는 모든 분야에서 탁월해야 한다는 목표를 가집니다. 하지만 여기서 우리는 과학이 강력하면서도 동시에 제한적이라는 사실을 인정해야 합니다. 과학은 자연의 역사와 현상을 묘사하는 것에 관한 한 방대한 주석적 가치를 지니고 있습니다. 그러나 과학은 몇 가지 정말 중요한 질문, 이를테면 왜 아무것도 없는 게 아니라 무언가가 있는 것인지, 혹은 우리를 사랑하시는 창조주 하나님이 실제로 존재하는지 등에 답하기에는 적절한 도구가 아닙니다. 우리는 과학적 사실에 대한 기독교만의 특별한 대안 해석을 만들어 내는 것을 목표로 하지 않습니다. 그 대신 과학적 합의가 존재한다면, 우리는 그것을 신뢰해야 한다고 생각합니다. 과학적 합의는 증거, 시험, 동료 심사를 기반으로 하기 때문입니다. 그러나 과학적 합의가 존재하지 않을 때면 우리는 다양한 견해를 수용할 것입니다. 새로운 발견이 기존의 과학적 합의를 뒤집는 경우가 발생한다면, 우리는 열린 마음으로 합리적인 자세를 고수할 것입니다.

성경에 대한 우리의 접근에서 탁월함이라는 타당한 해석 원칙을 염두에 두고 읽어 나가는 것을 의미합니다. 우리는 주어진 구절의 목적과 성경의 첫 청중에게 의미했던 말씀이 무엇인지 이해하려고 노력합니다. 그러한 이해가 우리 시대의 질문에 대해 답하지 않더라도 말입니다. 우리는 성경의 원 저자들도 이해하지 못했을 과학적 사실들을 성경이 밝혀 주기를 기대하지 않습니다. 우리는 성경 시대의 사람들이 과학 발달 이전의 생각과 개념을 가지고 있었다는 성경의 증거를 해명하려고도 하지 않습니다. 우리는 하나님의 말씀을 더욱 깊이 이해할 수 있도록 돕는 성경 교사들과 학자들로부터 배우면서 성령의 인도를 구합니다.

이 모든 것은 때때로 사람들을 과학이나 신앙으로부터 분리시키는 두려움, 냉소, 의심을 우리가 거부할 수 있음을 의미합니다. 우리에게는 경이감, 자신감, 기쁨을 가지고 과학과 성경 모두를 대할 수 있는 자유가 있습니다.

Q09

그리스도인은 왜 진화적 창조를 고려해야 하는가?

"대답하여 이르되 네 마음을 다하며 목숨을 다하며 힘을 다하며 뜻을 다하여 주 너의 하나님을 사랑하고 또한 네 이웃을 네 자신같이 사랑하라 하였나이다"(눅 10:27).

진화는 성경적 믿음에 비추어 고려해야 할 도전적인 주제입니다. 그래서 종종 그 주제에 대한 의미 있는 토론을 하기보다는 그것을 무시하거나 거부하는 편이 더 쉽습니다. 그러나 진화적 창조가 창조주와 우리의 관계 그리고 신자와 비신자 모두를 포함한 다른 사람과의 관계에서 그리스도인에게 중요한 유익을 준다는 것을 고려할 필요가 있습니다.

첫째, 그리스도인은 모든 자연과학과 마찬가지로 진화를 공부해야 합니다. 진화는 하나님의 창조에 대한 공부입니다. **창조 그 자체는 하나님이 성경을 통해 전달하신 것에 대한 보완적인 계시이며, 하나님은 창조된 질서를 통해 오늘날 우리가 보고 있는 생명체가 언제, 어떻게 탄생했는지를 그분의 영광과 존귀로 보여 주십니다.** 우리가 자연 법칙이라고 부르는, 자연에서의 규칙적인 패턴은 하나님의 규칙적이고 신실하신 통치에 뿌리를 두고 있습니다. 따라서 우리는 하나님이 모든 종을 창조하셨고, 우리가 과학적으로 창조 과정을 묘사할 수 있는 방식으로 하나님이 창조하셨다고 믿습니다. 중력 법칙이 행성 통치자로서의 하나님을 대신할 수 없는 것처럼, 진화의 과학적 모델은 창조주로서의 하나님을 대신할 수 없습니다.

둘째, **진화적 창조를 고려하는 것은 젊은 그리스도인들을 믿음 안에서 제자 삼는 일을 포함해 교회와 복음 전도에 도움이 됩니다.** 반진화적 태도는 과학을 추구하거나 믿음을 고수하는 것 사이에서 잘못된 선택을 함으로써 젊은 그리스도인들에게 해가 될 수 있습니다. 최근 한 설문 조사에 따르면, 복음주의 교회가 젊은이들 사이에서 신뢰를 잃어버리는 주요 원인은 사실상 우리가 자연에서 발견한 모든 증거와 모순되는 반진화적 창조 모델을 주장하기 때문이라고 합니다. 이와 같이 진화에 대한 적대적인 태도는 복음 전도를 방해할 수 있습니다. 피전도자들이 그리스도를 따르기 전에 진화 과학을 거절해야 한다고 듣게 된다면 말이지요. 반면 진화를 하나님이 허락하신 과정으로 여기고 공부한다면, 그리스도인들은 과학이 무신론적 세계관을 낳는다는 주장에 반박할 수 있을 것입니다. **진화 과학이 하나님이 일하신 과정을 묘사한 것이고** (무신론을 증명하는) **하나의 세계관이 아니라는 점을 보여 줌으로써, 그리스도인들은 무신론**(적 진화 과학)**을 과학의 일부가 아닌 세속적인 철학으로 접할 수 있게 될 것입니다.**

오늘날 문화는 최신 의사소통 수단을 밝혀낸 새로운 생물의학적인 진보에서부터 기본 입자에 대한 발견에 이르기까지 과학과 기술로 가득 차 있기 때문에 문화를 이해한다는 것은 곧 과학을 이해한다는 뜻이기도 합니다. 진화 과학은 현대 생물학에 필수적인 부분이기 때문에 교회가 공적 영역에서 효과적인 증인이 되기 위해서는 진화의 증거와 그것이 지닌 함축적 의미를 가지고 씨름해야 합니다. 기독교가 이런 논의를 잘 알고 있다면, 줄기세포에 대한 논의라든가 태아·노인·장애인을 돌볼 때 DNA 정보를 사용하는 것에 대한 이슈와 같은 생명윤리적 토론을 이끌어 내는 데 중요한 역할을 할 것입니다. 오늘날 복음주의 그리스도인들은 최첨단 연구에 전폭적으로 참여하고, 무력한 사람들을 괴롭히기보다는 보호하기 위한 도구로서의 과학을 지지함으로써, 우리가 창조 질서 속 하나님의 역사를 사랑한다는 것을 보여 줄 수 있습니다.

과학은 우리 마음으로 하나님을 사랑하는 한 가지 방법입니다. 우리가 과학을 통해 창조 질서를 이해하려고 노력할 때, 우리의 일을 통해 창조주를 증거하고 창조주를 영화롭게 할 수 있습니다.

Q10

진화적 창조는 진화론, 지적 설계, 창조론과 어떻게 다른가?

과학과 신학의 접점에서 자주 등장하는 관점은 **진화적 창조**입니다.[1] 한국 교회의 미래를 위해 신앙과 과학의 문제를 다루고 사역하는 단체인 '과학과 신학의 대화'나 미국에서 활동하는 단체인 '바이오로고스'도 진화적 창조를 수용합니다. 우리는 다른 모든 그리스도인과 마찬가지로 하나님의 형상대로 지음받은 인간을 비롯한 모든 생명의 창조주가 하나님이심을 확고히 믿습니다. **우리는 성경을 하나님의 영감을 받은 권위 있는 말씀으로 분명히 믿습니다. 또한 우리는 하나님이 어떻게 이 땅에서 생명의 다양성을 가능하게 하셨는지에 대한 가장 훌륭한 설명으로 진화 과학을 수용합니다.**

그러나 우리는 진화에 대한 과학적 증거를 받아들이는 반면, 공개 토론에서 번번이 생물학적 진화를 수용한다고 하는 무신론적 세계관, 곧 진화주의(Evolutionism)는 단호하게 거부합니다. 진화주의는 일종의 과학주의로서 모든 실재는 원칙적으로 과학에 의해 설명될 수 있다고 주장합니다. 반면, 진화적 창조의 관점은 과학이 자연 세계만을 설명하며, 기적과도 같은 초자연적인 사건 역시 실재의 일부라고 믿습니다.

젊은 지구 창조론(Young Earth Creationism)에 따르면, 그리스도인들이 성경을 충실하게 읽는다면, 6천 년에서 1만 년 사이의 나이를 가진 젊은 지구를 받아들일 것이라고 합니다. 젊은 지구 창조론은 인간이 지구상의 다른 생명체와 공통 조상을 공유한다고 보는 견해와 성경이 양립할 수 없다고 주장합니다. 대부분의 젊은 지구 창조론자들은 진화가 기독교에 직접적인 위협을 가한다고 생각합니다.

오랜 지구 창조론(Old Earth Creationism)에 따르면, 지구의 나이(46억 년)와 우주의 나이(137억 년)에 대한 과학적인 증거는 확고합니다. 이러한 견해는 창세기 1장에 나오는 6일간의 창조가 실제로는 오랜 기간을 의미한다는 전형적인 주장입니다. 오랜 지구 창조론은 모든 생명 형태의 공통 조상을 받아들이지는 않지만, 종종 생명의 역사에서 중요한 순간에 새로운 종을 하나님이 기적적으로 창조하셨다는 점진적 창조(progressive creation)를 받아들입니다.

진화적 창조의 관점은 공통 조상이나 진화를 배제한다면, 현대 과학의 여러 분야에서의 과학적 증거들은 거의 이해할 수 없을 것이라는 입장을 가지고 있습니다. 우리는 또한 성경이 기록된 문화적·신학적 맥락이 창조 이야기에 대한 최선의 해석으로 이끄는 결정적 열쇠라고 믿습니다.

진화적 창조론, 젊은 지구 창조론, 오랜 지구 창조론과는 달리 **지적 설계론**(Intelligent Design)은 명백하게 기독교와 연결시키지는 않습니다. 지적 설계론은 우주의 지적 원인과 생명 발달의 존재가 시험할 수 있는 과학적 가설이라고 주장합니다. 지적 설계론 논쟁은 종종 의견 일치를 보지 못하는 과학 이론 중 일부를 지적하면서 지적 설계자의 직접적인 행동에 호소하는 것이 최선의 해결책이라고 주장합니다. 우리는 우리의 지적인 하나님이 우주를 설계하셨다고 믿지만, 어떻게 하나님이 자연 현상을 관장하는지에 대한 자연스러운 설명 추구를 포기해야 할 과학적이거나 성경적인 이유는 없다고 생각합니다. **우리는 과학적 설명이 우주의 설계자, 창조자, 유지자 하나님의 역할과 같은 강력한 신학적 이해를 보완해 준다고 믿습니다.**

그리스도인들은 지구의 나이와 진화에 대한 견해가 다를 수 있지만 신앙의 본질에 대해서는 모두 합의를 보고 있습니다. 바로 모든 사람은 죄를 지었으며, 구원은 오직 예수 그리스도의 죽음과 부활을 통해서만 온다는 믿음입니다. 우리는 우리를 구원하신 하나님이 창조주라는 사실에 동의합니다. 우리가 DNA의 복잡성이나 돌고래의 아름다움, 아니면 은하수의 광대함을 상상할지라도, 우리는 그 모든 것을 만드신 신성한 예술가 하나님께 우리의 마음 중심을 높여 함께 찬양드릴 수 있습니다.

Q11

그리스도인들은 다윈의 '종의 기원'에 어떻게 반응해 왔는가?

다윈이 1859년에 『종의 기원』을 출간하기 전에도 많은 그리스도인들은 오래된 지구 개념을 받아들이고 있었습니다. 하버드 대학교의 생물학자 아사 그레이(Asa Gray)는 미국에서 처음으로 진화 과학을 지지했던 사람들 중 하나였는데, 그는 독실한 그리스도인이었습니다. 보수 신학자 워필드 역시 진화론을 수용했으며, 아사 그레이와 함께 진화가 무신론으로 이어진다는 생각을 거부했습니다. 1910-1915년에 출간된 『근본원리들』(*The Fundamentals*)의 저자들조차도 오래된 지구 개념을 받아들였습니다. 그런데 다윈 이후 한 세기도 지나지 않아 수많은 복음주의자들과 근본주의자들은 제칠일안식일예수재림교도들에 의해서 추진된 홍수지리학과 6일 창조의 결합을 수용하기 시작했습니다.

서론

많은 이들이 다윈이 『종의 기원』을 출간한 1859년 이전에는 그리스도인 모두가 지구는 고작 몇 천 년 정도밖에 되지 않았고, 창세기의 6일 창조를 문자적으로만 해석했다고 생각합니다. 그러나 사실 『종의 기원』이 출간되기 반세기 전부터 오랜 지구 창조론은 그리스도인들 사이에서 점점 대중적 인기를 얻고 있었습니다.[1]

또 다른 오해는 다윈의 이론으로 과학과 신학 공동체가 서로 대립하는 입장을 취하게 되었다는 것입니다. 그러나 역사는 다른 사실을 말해 주고 있습니다. 미국 과학계에서 진화론 초기 지지자 중 하나였던 아사 그레이가 독실한 그리스도인이자 식물학자였다는 것입니다.

신학자 중 성경 무오성에 대해 당대의 복음적 이해를 구축한 워필드도 진화의 특정한 형태는 성경의 권위를 인정하는 관점과 양립한다고 믿었습니다.

『종의 기원』에 대한 미국 기독교의 첫 번째 반응

진화라는 개념이나 아이디어는 다윈에 의해 발명된 것이 아닙니다. 『종의 기원』이 출간될 무렵, 많은 자연적 과정에서 진화에 대한 아이디어는 벌써 대중적이었습니다. '발달'(Development)이라는 용어는 사회의 변화 또는 태양계의 역사를 논의하는 자리에서 흔하게 사용되었습니다.[2] 게다가 지구가 사람들이 이전에 생각했던 것보다 훨씬 오래되었다는 것은 널리 수용되고 있었습니다. 이러한 이해를 위한 대부분의 초기 작업은 19세기 초에 이루어진 지질학적 작업에서 비롯된 것이었습니다. 화석 기록에 대한 꼼꼼한 연구를 통해 자연주의자들은 지구가 젊지 않고 오래되었다는 관점을 널리 알리는 데 도움을 주었습니다.

많은 사람들이 진화론에 대한 기독교의 적개심에 초점을 맞추기 원하지만, 역사를 잘 살펴보면 몇 가지 놀라운 사실을 알 수 있습니다. 예를 들어, 다윈의 『종의 기원』을 신중하게 검토한 뒤 공개적으로 이 이론을 지지한 최초의 미국 과학자는 19세기 가장 유명한 미국 생물학자 중 한 사람인 아사 그레이라는 독실한 그리스도인이었습니다. 수줍음이 많던 그레이는 조용히 일했고 정치를 피했습니다. 루이 아가시즈(Louis Agassiz)와 헉슬리(T. H. Huxley, 두 사람은 모두 공개 토론을 탄생시킨 화려한 창시자였습니다)와 같은 과학자들처럼 대중에게 널리 알려진 인물은 아니었습니다. 그러나 그는 하버드 대학교에서 30년간 근무하는 동안 탁월한 연구를 수행하여 미국 근대 생물학 시대를 열었습니다.

아사 그레이는 의대를 졸업하고 몇 년 후인 1835년에 그리스도인이 되었습니다(우리 시대의 프랜시스 콜린스와 흡사합니다).[3] 그리스도인임을 공적으로 숨기지 않았던 그레이는 매사추세츠주 캠브리지 지역 한 교회의 헌신적인 교인이었습니다. 그는 전문 과학자로서 과학은 종교와 형이상학 문제에서 중립적이라고 주장했습니다. 그레이는 진화론이 그의 과학 연구에 엄청난 영감을 주고 있다고 생각했지만, 결코 그의 신앙에 위협이 된다고 생각하지 않았습니다. 그는 『종의 기원』을 읽기 전이나 후나 신앙의 기초를 니케아 신조에 견고하게 두었습니다.[4] 니케아 신조는 그리스도인들이 초기 교회로부터 공유해 왔던 신앙 고백입니다.[5]

『종의 기원』이 불쑥 나타났을 때 어떤 일이 벌어졌을까요? 미국산과 일본산 식물에 관한 그레이의 방대한 연구(찰스 다윈과 교신한 이후에 출간했습니다)는 양국 모두에서 발견된 종과 속은 별도의 창조물이 아니라 공통 조상으로부터 비롯된 것이라는 사실을 이미 확증시켜 주고 있었습니다. 그는 다윈이 책을 출간한 영국이 아닌 미국에서 『종의 기원』에 대해 최초로 주요 리뷰를 쓰면서 다윈의 책에 반응했으며,[6] 1859년과 1860년에 연이어 미국과학진흥협회(American Association for the Advancement of Science) 모임에서 다윈의 과학 이론을 옹호했습니다. 그레이는 『종의 기원』이 과학계로부터 공정하게 읽힐 것이라고 확신했으며, 심지어 1860년 미국에서 『종의 기원』 재판을 찍기 위한 협상에서도 주도적인 역할을 맡았습니다. 미국인들이 가장 정확한 판본을 수중에 넣을 수 있도록 힘쓴 것입니다.

진화의 신학적 함의와 관련해서 그레이는 일부 사람들이 다윈의 이론을 불신앙의 '변명'으로 사용할 것을 알았지만, 다윈의 이론은 무신론이 아니라고 믿었습니다. 이후에 그는 다음과 같이 결론을 지었습니다. "우리는 이제 유기적 형태뿐 아니라 무기적 형태까지도, 또 생물뿐 아니라 무생물까지도 확장된 자연의 연속성에 대한 근본적인 과학적 믿음과 우리의 뿌리 깊은 믿음을 조화롭게 할 수 있는 현명한 방법으로 논쟁을 바꿀 필요가 있습니다." 생명의 진화 여부에 대한 질문은 하나님의 존재 문제와 혼동되어서는 안 됩니다. 그 대신 그레이는 각각의 주제가 조사 대상에 적합한 방법을 사용하여 연구되어야 한다고 생각했습니다. 이 논쟁적인 토론에서 양 극단의 입장을 모두 거부한 그의 주장은 진화가 무신론을 내포한다고 믿고 싶어 하는 반진화론자들과 급진적 과학 대중의 앙심을 불러일으켰습니다.[7]

진화론에 대한 초기 신학적 관심

『종의 기원』이 출간되고 수십 년간, 신학자들은 다윈의 이론과 기독교 교리의 양립 가능성에 대해 숙고했습니다. 그들 중 일부는 진화론이 하나님의 창조 방법이라는 그레이의 견해를 수용했습니다.[8] 반면, 다른 일부는 다윈이 본질적으로 완벽한 설계라는 생각을 해체해 버렸기 때문에 진화론은 오직 무신론과만 양립할 수 있다고 주장했습니다.[9]

일부 학자들은 공통 조상에 대한 다윈의 주장을 수용했지만, 과학적·철학적·신학적인 이유로 자연선택의 아이디어는 거부했습니다.[10] 반면, 또 다른 학자들은 진화가 인간이 하나님의 형상으로 창조되었다는 기독교의 주장과 충돌할 수 있다는 부분적인 우려 때문에 인류의 진화만 특별히 거부했습니다.[11]

그러나 시간이 지나면서 일부 보수 신학자들조차도 진화를 불편하게 여기지 않게 되었습니다. 예를 들어, 워필드는 성경이 아무런 오류 없이 전적으로 하나님의 계시를 전한다는 미국 복음주의의 강건한 유산을 자신의 믿음으로 계승했습니다. 그러나 그가 성경 무오성을 옹호하는 동안, 하나님이 진화를 통해 생명을 창조하셨을 수도 있다는 가능성을 조심스럽게 주장하기도 했습니다. 그의 기본 자세는 하나님이 자연의 과정을 완전히 대체하기보다는, 그 과정 **안에서** 그 과정**과 함께** 역사하신다는 섭리 교리였습니다. 워필드의 마음속에서 성경의 권위를 인정하는 관점은 하나님이 인도하신 진화 과정과 완벽하게 양립할 수 있었습니다.[12]

젊은 지구 창조론의 등장

많은 그리스도인들이 다윈의 진화론에서 발견한 함의에 대해 우려는 하고 있었지만, 19세기 말경 젊은 지구 창조론을 주장하는 이들은 극소수의 기독교 작가들뿐이었습니다. 이에 대한 열정은 주로 안식교의 창단 선지자 엘런 화이트(Ellen G. White)의 글을 따르는 안식교인들에게 국한되었습니다. 그녀는 하나님이 보여 주신 환상에서 지구의 창조를 보았다고 주장했습니다. 또 다른 환상에서 하나님은 그녀에게 노아의 홍수가 화석 기록을 남겼다는 것을 계시하셨다고 합니다.[13] 초기 안식교인들은 창세기 6-8장의 홍수 이야기를 해석하기 위해 19세기 초에 발견된 지질학적 데이터를 설명했습니다.

1910년과 1915년 사이, 한 보수 그리스도인 그룹은 『근본원리들』이라는 제목의 논문집을 편찬했습니다.[14] 그들은 시대의 위협으로부터 신앙을 보존하려고 전념하는 보수 그리스도인들의 믿음을 확고히 해주었습니다. 흥미롭게도 『근본원리들』은 노아의 홍수를 지질학적 데이터에 대한 설명으로 강조하지 않고, 기고자들은 오랜 지구 창조론을 받아들였습니다. 심지어 공립학교에서 진화를 가르치는 것에 반대한 근본주의자 윌리엄 제닝스 브라이언(William Jennings Bryan)조차도 오랜 지구 창조론을 받아들였습니다.

그럼에도 근대 창조론 운동은 수십 년 동안 반진화 운동으로서의 견인력을 얻었습니다. 1959년 『종의 기원』 출간 100주년이 되자 다윈의 이론을 학자들만이 아닌 대중이 더 잘 이해할 수 있도록 하자는 목소리가 여기저기서 나왔습니다. 같은 시기에 연방 정부는 생명과학 교육 과정 연구(Biological Sciences Curriculum Study, BSCS)에 자금을 지원했습니다. BSCS는 조건 없이 진화를 가르치는 일련의 교과서를 제작했습니다. 그 당시 많은 보수 그리스도인들은 이것을 "아이들의 목구멍 밑에까지 진화를 밀어 넣겠다는" 시도로 보았습니다.[15]

마치 이 격렬한 반응에 응답이라도 하듯이 존 휘트컴(John Whitcomb)과 헨리 모리스(Henry Morris)는 1961년에 출간된 책 『창세기 대홍수』(*The Genesis Flood*, 성광문화사)에서 안식교의 홍수지질학 최신 데이터를 갱신했습니다.[16] 휘트컴과 모리스는 노아의 홍수가 어떻게 오래된 지구에 대한 지질학적 증거를 설명할 수 있는지를 밝혀냈습니다. 얼마 후, 보수 그리스도인이자 과학자로 이루어진 소그룹들이 이 연구를 지원하겠다고 나섰습니다. 그들은 젊은 지구 창조론자로 알려지기 시작했고, 홍수지질학을 과학적 창조론이라고 불렀습니다. 그 운동은 계속 커져 갔고, 1970년대까지 '창조론'(Creationism)이라는 용어는 점점 더 하나님이 6일 창조를 행하셨고 지구는 젊다고 믿는 편협한 믿음을 의미하게 되었습니다. 시간의 규모와 상관없이 하나님이 하늘과 땅을 만드신 분이라는 더 크고 본질적인 믿음과는 거리가 확실히 멀어졌습니다.

결론

1859년 『종의 기원』의 출간으로 돌아가서, 우리는 다윈의 이론에 대한 본래 기독교의 수용이 일반적으로는 적대적이지 않았음을 보았고, 심지어 아사 그레이의 경우 그 이론이 가진 과학적인 통찰력을 그가 알아챘다는 사실도 보았습니다. 초기 교회의 신조에 견고하게 뿌리내린 신앙으로 그레이는 훌륭한 과학적 연구를 수행했을 뿐 아니라 그리스도에 대한 헌신도 확고히 했습니다.

20세기 후반이 되어서야 비로소 젊은 지구 창조론은 복음주의 내에서 주류가 되었습니다. 이런 사실을 알고 나서 오늘날 많은 그리스도인들은 과학과의 영속적인 '전쟁'을 그만두기로 결정했습니다. 아사 그레이와 워필드와 같은 저명한 학자들은 성경의 권위를 인정하는 관점을 유지하면서 진화의 과학적 증거를 수용하는 것이 실제로 가능함을 보여 줍니다.

Q12

과학과 기독교는 전쟁 중인가?

어떤 이들은 현대 문화 속에서 리더십을 쟁탈하기 위해 서로 전쟁 중인 과학과 종교를 적으로 간주합니다. 또 어떤 이들은 과학과 종교가 완전히 별개이며 서로 관련이 없는 삶의 양상이라고 봅니다. 그러나 과학은 사실을 밝혀내는 유일한 원천이 아닙니다. 또 종교는 가치와 도덕의 영역을 넘어섭니다. 사실 종교는 현대 의료 윤리학의 발전에서와 같이 과학에 긍정적인 영향을 줄 수 있습니다. 초기의 많은 과학 지도자들은 독실한 그리스도인이었습니다. 오늘날 일부 과학 지도자들도 마찬가지입니다. 또한 과학은 믿는 이들의 영적인 삶을 향상시킬 수 있습니다. 그리스도인들은 창조주 하나님의 영광을 드러내는 과학적 발견을 누리고 있습니다.

법정에서 창조와 진화가 충돌할 때, 일간 뉴스는 과학과 기독교 사이에 심각한 충돌이 있음을 암시하는 이야기들로 가득 채워집니다. 갈릴레오의 역사적인 일화는 항상 언급되는 이야기입니다.[1] 갈릴레오는 1633년 지동설을 가르쳤다는 이유로 이단으로 낙인 찍혔습니다. 갈릴레오에서 교과서 전투까지 성급하게 내리고 있는 결론은 과학과 기독교가 근본적으로 서로 반대하며 끝없는 논쟁 중에 있다는 것입니다.

그러나 갈릴레오 사건과 오늘날의 갈등은 종종 과학이나 신앙의 몇 가지 특정 주장들로 일어나지 않습니다. 인물, 정치 및 문화전쟁과 같은 요소들이 모두 작용합니다. 많은 경우, 과학과 과학자들은 그들 자체로는 기독교 신앙과 충돌을 일으키지 않습니다.[2] 사실 갈릴레오 자신은 "전능하신 하나님의 영광과 위대함이 그분의 모든 일에서 놀라울 정도로 분별되며 하늘의 열린 책 안에서 드러납니다"[3]라고 믿었던 그리스도인이었습니다.[4] 그 당시나 지금이나 많은 과학자들은 그리스도인이며,[5] 그들의 과학 업적과 신앙 사이에서 아무런 충돌을 보지 못합니다. 자연과학을 통해 연구된 대부분의 것, 예를 들면 새들의 이동 패턴이나 원자의 내부 모습은 신학적이거나 성경적인 관심을 불러일으키지 않습니다.

'전쟁' 모델은 처음부터 갈등을 가정하고 있기 때문에, 진화와 기독교를 이해하는 데 별로 도움이 되지 않습니다. 빅뱅과 진화와 같은 과학 연구 중 소수의 특수한 분야는 그리스도인의 관심을 **불러일으키지만**, 대부분은 진화와 기독교가 실제 전쟁 상태에 있지 않습니다. 이 답변의 나머지 부분에서 우리는 과학과 기독교 간의 상호 보완적 관계에 대한 다른 모델을 모색할 것입니다.

기독교와 과학의 분리

과학과 기독교 사이의 갈등을 제거하기 위한 한 가지 방법은, 그것을 다른 목적과 방법, 다른 지식 체계를 가진 완전히 구별된 노력으로 바라보는 것입니다. 이러한 관점은, 과학은 세상과 그 세상이 돌아가는 방식에 관한 지식 시스템인 반면, 종교는 윤리, 신 및 내세에 관한 것임을 강조하게 됩니다. 따라서 기독교와 과학은 서로 다른 종류의 질문을 다루기 때문에 서로 충돌할 수 없는 것입니다.[6]

이 모델은 몇 가지 약점들이 있지만, 관계의 중요한 측면을 이해하기 위해서는 도움이 됩니다. 과학과 종교 사이에 명백하게 많은 갈등은 그것들의 근본적인 차이에 대한 이해가 부족하기 때문에 발생합니다. 누군가는 성경이 과학적 질문에 답한다고 주장하고, 또 누군가는 과학이 하나님에 관한 질문에 답한다고 주장합니다. 이때 갈등은 즉시 나타납니다. 수많은 갈등이 기독교와 과학은 일반적으로 매우 다른 질문을 다루고 있다는 사실을 잊어버리기 때문에 발생합니다.

또한 이 모델은 과학만이 지식의 유일한 원천이 아니라는 것을 상기시켜 줍니다. 세상에는 단순히 과학 영역에 속하지 않는 다양한 종류의 질문들이 있습니다. 존 폴킹혼(John Polkinghorne) 신부의 예화를 빌려 보면, "왜 찻주전자에서 물이 끓는가?"라는 질문에 대한 답은 하나 이상 존재합니다.[7] 과학적인 대답은 "이 온도에서는 액체에서 기체로 상변이가 일어나기 때문에 물이 끓는다"일 것입니다. 비과학적이지만 수용 가능한 또 다른 대답은 "내가 스토브에 주전자를 놓았기 때문에 물이 끓는다"일지도 모릅니다. 세 번째 대답은 "기도의 동역자가 차 마시러 오고 있기 때문에 물이 끓는다"는 것일 수 있습니다. 어떠한 대답도 틀린 것은 아닙니다. 그러나 각 대답은 질문에 대한 다른 시선을 제공해 줍니다. 과학적 대답은 이야기의 전체를 말해 주지는 않습니다. 과학은 "내 친구가 신뢰할 만할까요?" 또는 "이 시는 잘 쓰였나요?"와 같은 질문에 답을 할 수 없습니다. 과학은 물질세계를 이해하는 데는 굉장한 성공을 거두었지만, 그렇다고 해서 우리는 과학으로 삶의 모든 것을 이해할 수 있다고 생각하는 유혹에 빠져서는 안 됩니다.

과학은 "신은 존재합니까?"라는 질문에 답할 수 없습니다. 어떤 이들은, 신의 존재가 화학 반응처럼 시험할 수 있는 과학적 주장이라고 말합니다. 그러나 과학은 초자연적인 세계가 아닌 자연 세계를 연구합니다. 과학적으로 시험하거나 이론화하는 작업은 초자연적인 창조주의 존재를 입증하거나 반증할 수 없습니다. "신은 존재한다"라는 주장은 형이상학적인 것이지, 자연이나 물리 법칙에 대한 것이 아닙니다.

게다가 이 모델은 성경이 지식의 유일한 원천이 아니라는 것을 상기시켜 줍니다. 성경은 양성자, 광합성, 펭귄, 명왕성과 같이 과학자들이 다루는 대부분의 주제에 대해서는 침묵합니다. 성경은 과학 교과서가 아닙니다. 마찬가지로 성경은 기술이나 농업 또는 경제 교과서도 아닙니다. 그 대신 하나님은 창조 질서 안에서 일반 계시를 통해 이러한 것들을 우리에게 가르쳐 주십니다.

그러나 이 모델에는 몇 가지 심각한 약점들이 있습니다. 그것은 종교를 과학으로부터 분리시켜 공적 담론으로부터 종교를 소외시키는 첫걸음이 될 수도 있습니다. 이 모델은 종교와 과학을 분리된 것으로 정의함으로써 우리로 하여금 그것들의 부정적이거나 긍정적인 상호 작용을 이해하도록 돕지 않습니다. 이 모델은 과학을 종교와 별도로 독립된 것으로 설정합니다. 그러나 그리스도인들은 우리 삶의 어떠한 부분도 하나님과 동행하는 삶에서 벗어나지 않는다고 믿습니다.

서로를 교정하고 강화하면서 상호 작용하는 과학과 기독교

많은 질문들이 '과학' 또는 '성경'에 대한 질문으로 명확하게 분류될 수 있겠지만, 둘 사이의 경계에 있는 질문들도 있습니다. 진화, 의료 윤리, 기후 변화와 같은 주제들에 관해서는 하나님의 진리를 찾을 때 과학과 신앙을 모두 고려해야 합니다. 그러한 복잡한 질문을 위해서 우리는 과학만을 바라보거나 성경만을 들여다보면서 스스로를 제한할 게 아니라, 우리가 얻을 수 있는 모든 지식과 지혜를 동원해야 합니다. 어느 한쪽만 보면, 우리는 왜곡된 시각을 갖게 될 것입니다. 교황 요한 바오로 2세(John Paul II)는 다음과 같이 기록했습니다.

> 과학은 오류와 미신으로부터 종교를 정화할 수 있고, 종교는 우상숭배와 거짓 신으로부터 과학을 정화할 수 있습니다. 각각은 서로를 더 넓은 세상, 곧 모두가 번영할 수 있는 더 큰 세상으로 이끌 수 있습니다.[8]

하나님은 성경이라는 책과 자연이라는 책으로 자신을 계시하십니다. 하나님과 그분의 일에 관해 더 많이 배우기 위해 우리는 두 책을 모두 공부합니다. 한 책이 모호하거나 혼란을 줄 경우, 다른 책으로부터 얻은 통찰로 그것을 이해할 수 있습니다. 두 계시에서 우리는 하나님이 누구시며 어떻게 세상을 만드셨는지에 관한 기본 진리를 발견할 수 있습니다. 존 폴킹혼 신부는 다음과 같이 말합니다. "과학과 신학은 모두 동기화된 믿음을 통해 얻은 진리를 찾는 일에 관심을 두기 때문에, 둘은 서로에게 할 말이 많습니다."[9]

신앙은 과학적 발견을 실제적으로 적용할 때 안내자 역할을 하면서 과학에 긍정적인 영향을 줄 수 있습니다. 과학과 기술의 급속한 발전으로 인해 우리 사회는 많은 윤리적 질문들을 마주하고 있습니다. 안전한 핵에너지 개발은 핵무기 개발과 멀리 떨어져 있지 않고, 새로운 의료 영상 기술은 생명을 구하지만 가난한 사람에게는 너무 비싸며, DNA 검사는 그 결과가 오용될 위험이 있지만 유전 질환의 치료를 향상시켜 줍니다.[10] 이러한 복잡한 질문에 대답하기 위해서는 과학과 함께 종교의 도덕적 기초가 모두 필요합니다. 우리는 과학적인 복잡성을 공부하지 않고 성경으로부터 신속한 답을 줄 수는 없습니다. 또한 윤리적 결정을 안내하기 위해 과학만을 바라볼 수도 없습니다. 기독교 및 다른 종교는 과학과 기술의 적절한 사용에 필수적인 도덕적 기준을 위한 토대를 마련하고 있습니다.

또한 과학은 신자의 신앙에 긍정적인 영향을 끼칩니다. 성경은 "하늘이 하나님의 영광을 선포[한다]"고 가르칩니다(시 19:1). 그리스도인은 별을 바라보거나 망원경을 통해 충돌하는 은하를 바라볼 때, 하나님의 영광을 봅니다. 하나님의 영광은 난풍잎의 아름다운 대칭과 잎 속에 있는 각 세포 내부의 복잡한 생화학적 활동에서도 드러납니다. 과학과 기술은 성경의 시대에 알려졌던 것보다 더 하나님의 창조를 보여 왔으며, 점점 더 하나님의 영광을 드러내고 있습니다.

마지막으로 기독교는 과학을 하는 방법과 이유에 대한 믿음의 틀을 제공할 수 있습니다. 그리스도인들은 과학을 하기 위해 신앙을 버릴 필요가 없습니다.

3부

과학적 증거

Q13

진화란 무엇인가?

올바르게 이해한다면, 진화는 생명 발달에 관한 과학적 이론이며 기독교 신학과 일치합니다.

서론

'진화'를 정의하기 까다로운 이유는 이 단어가 다양한 방식으로 사용되기 때문입니다. 우리는 먼저 일부에서 세계관과 결부시키는 진화와 과학 이론으로서의 진화를 구분할 필요가 있습니다.

세계관으로서의 진화

어떤 이들은 진화를 무신론과 같은 의미로 받아들입니다. 진화가 신을 대체한다고 여기거나, 그렇지 않다면 생명의 발달에서 진화가 신의 개입을 배제한다고 여기는 것이지요. 그러나 그것은 철학적이거나 세계관적 입장이지(가끔 '진화주의' 아니면 단순히 '자연주의'로 불리기도 합니다),

엄밀한 과학적 입장은 아닙니다.

우리는 진화주의에 반대하고 대신 기독교적 유신론의 세계관을 고수합니다. 우리는 기원에 관한 우리의 입장을 '진화적 창조'라고 부릅니다. 다시 말해, 우리는 하나님이 창조주임을 믿고 진화가 생명의 발달 과정에 대한 가장 과학적인 설명임을 받아들입니다. 이는 마치 우리가 하나님이 식물의 생장과 발달을 가능케 하시는 것을 믿지만, 그와 동시에 광합성 이론이 그 과정에 대한 가장 과학적인 설명임을 인정하는 것과 같습니다.

과학 이론으로서의 진화

일상에서 '이론'(theory)이라 함은 추측(이를테면, "난 ○○에 대한 '추측' 또는 '짐작'을 해")과 같은 뜻입니다. 그러나 과학적인 맥락에서 '이론'이라 함은 일련의 관찰 혹은 관측에 대한 실험이나 검사를 거쳐 잘 검증된 설명을 일컫습니다. 진화 이론에 의해 설명되는 관찰은 주로 화석 기록, 비교 형태학, 생물지리학을 비롯해 현재 가장 중요한 유전학으로부터 얻습니다. 진화는 생명의 기원에 대한 과학적 설명을 시도하지 않는 반면, 오로지 첫 생명 이후 생명체들의 발달과 분화에 대한 과학적인 설명을 합니다.

진화 이론은 지구에 있는 모든 생명체가 공통 조상으로부터 오랜 세월(현재 약 40억 년)을 거쳐 온 변이와 선택의 결과라고 설명합니다. '변이'는 자손이 부모와 똑같은 복제품이 아니라는 의미입니다. '선택'은 그들 중 오직 몇몇 자손들만이 그들의 자손을 더 많이 생산할 수 있게 합니다. '공통 조상'이란, 오늘날 우리가 보는 종이 상호 간 진화했다는 의미가 아닙니다. 다시 말해, 개는 고양이로부터 진화하지 않았고, 인간은 침팬지로부터 진화하지 않았다는 말입니다. 그 대신 어떤 두 종의 계통을 충분히 거슬러 올라가 보면, 그 두 종이 후손으로 갈라져 나온 같은 '조부모'에 도달할 것이라는 말이지요. 인간과 인간에 가장 가까운 친척인 침팬지의 경우, 이 둘의 공통 조상에 다다르려면 30만 세대 정도를 거슬러 올라가야만 할 것입니다(이 말은 인간과 침팬지의 공통 조상은 299,998번째 증조부라는 말입니다!) 과연 어떻게 이런 일이 일어났을까요?

인간도 침팬지도 아닌 그 고대 집단은 두 그룹으로 나뉘졌고, 그 그룹들은 생식적으로 고립되었습니다. (즉, 환경적 분리 등의 이유로 각 그룹의 구성원들이 같은 그룹 안에서만 짝을 이루어 번식했다는 뜻입니다.) 수많은 세대가 지나면서 다양한 변이들이 각 그룹 안에서 보존되었습니다. 결국 각 그룹의 특징은 과학자들의 눈에 서로 다른 종이라고 보일 만큼 충분히 달라졌습니다. 진화 이론은 어느 두 종의 조상에 대해서도 이와 비슷한 이야기가 가능할 것이라고 주장하는 것입니다.

진화에 관한 논쟁

과학계에서는 이러한 진화의 넓은 정의에 관한 논쟁은 거의 없습니다(그렇지 않다고 주장하는 사람은 보통 문외한이거나 사실을 고의로 호도하려고 하는 자들입니다). 공통 조상에 의해 설명되는 관찰 근거는 넘쳐납니다. 물론 새로운 정보는 과학자들로 몇몇 세부적인 사항(이를테면, 종분화는 얼마나 오래전에 일어났는지, 어떤 종들이 가장 가깝게 연관되어 있는지 등등)을 수정하도록 만들었지만, 절대 다수 분야의 과학자들은 핵심 관점을 온전히 지지하고 동의하고 있습니다.

물론 이 진화 이론의 핵심 관점을 받아들이는 사람들 중에서도 논쟁이나 논란이 없지는 않습니다. 진화 과학자들은 변이 요소가 임의의 유전적 돌연변이에 의해 얼마만큼 설명되는지에 대해 논쟁하며, 다른 선택 방법들이 번식 적합도보다 어느 정도 중요한지에 대해 논쟁합니다. 과학자들은 진화적 변화가 얼마나 점진적인지, 자연선택이 어떻게 작동하는지와 같은 주제들에 다양한 관점을 가지고 있습니다. 또한 우리가 이미 살펴본 것처럼, 다양한 세계관에 따른 진화의 다양한 양상들을 어떻게 해석하는지에 대해서도 굉장히 다른 의견들이 있습니다. 예를 들면, '진화의 총체적인 방향이 있는가?', '진화가 신학에 대해서는 얼마나 의미를 가지는가?'와 같은 것입니다.

우리는 최고의 동시대 과학이 기독교 신학과 일치한다고 믿습니다. 진화에 대한 더 많은 정보와 기원에 대한 내용은 과신대 홈페이지나 바이오로고스 홈페이지의 다른 항목들이나 특정 용어를 입력할 수 있는 검색 상자를 이용하여 찾아보시기 바랍니다.

Q14

진화의 증거는 무엇인가?

진화는 넘치도록 풍부한 증거들에 의해 증명된 과학 이론입니다. 어떤 그리스도인들은 진화 이론을 수용하는 것이 하나님이 창조주임을 거부하는 것이라 여긴 나머지 두려워하기도 합니다. 그러나 그것은 말이 되지 않습니다. 그리스도인들은 하나님이 창조주이자 모든 것을 돌보시는 분임을 인정하면서도 날씨와 산의 형성에 대한 과학 이론은 물론 인간 배아의 형성과 발생에 관한 과학 이론까지도 수용합니다. 즉, 어떤 과정에 대한 과학적 설명은 그 과정에 대한 적절한 신학적 설명을 배제하지 않습니다. 이 글은 진화가 다양한 생명들이 형성되는 과정에 대한 가장 뛰어난 과학적 설명이라는, 다양하고 독립적인 증거들을 요약합니다. 이러한 각각의 증거들은 과거에 대한 단서로서 모든 종이 서로 연관되어 있다는 설득력 있는 그림을 만든다는 점을 고려해 보시기 바랍니다.

공통 조상을 가리키는 형태와 구조

현생 동물들의 몸을 자세히 살펴보면 놀라운 유사성을 발견하게 됩니다. 예를 들어, 과학자들이 "사지동물"(tetrapods)이라고 부르는 네 발을 가진 피조물의 골격은 같은 체제(body plan) 상에서 아주 약간의 변이만 가집니다. 몇몇 동물은 뼈들이 더 길기도 하고, 다른 동물은 어떤 뼈들이 서로 결합되어 있지만, 그 뼈들은 동일한 패턴으로 배치되어 있습니다. 동물들이 기능하기 위해서라면 굳이 골격이 꼭 이렇게 생길 필요는 없습니다. 사실 비효율적인 부분도 있습니다. (얼마나 많은 사람들이 요통이나 무릎 문제로 고생하고 있습니까?) 그러나 이것은 사지동물의 체제가 많은 세대를 거치면서 서서히 변화해 오고 다양화되었을 때 예상할 수 있는 패턴입니다.

현생 동물의 몸을 살펴보면, 다른 동물이 가진 것과 비슷하지만 더 이상 기능은 없는 (또는 다른 기능을 담당하는) 부분을 발견할 수 있습니다. 과학자들은 이것을 **흔적 형질**(vestigial traits)이라고 부릅니다. 몇몇 전형적인 예로 눈먼 동굴어의 기능하지 않는 눈, 고래의 엉덩이뼈, 일부 뱀의 근육에 파묻힌 다리뼈 같은 것이 있습니다. 우리 인간의 몸에도 맹장, 사랑니, 닭살을 비롯해 상당히 많은 것을 찾을 수 있습니다. 이는 바로 오늘날의 동물이 지금과는 상당히 다른 모습의 조상에게까지 거슬러 올라가는 역사를 가지고 있다는 단서가 됩니다.

중간 종의 존재를 드러내 보인 화석 기록

현생 동물의 과거를 거슬러 올라가면 공통 조상이 존재한다는 진화 이론이 옳다면, 화석 기록으로부터 공통 조상의 기록을 찾을 수 있을 것이라는 합리적인 예상을 할 수 있습니다. 진화 이론의 주장을 증명하는 중간 종의 화석이 발견된 적이 없다는 주장은 진화를 부인하는 사람들이 종종 하는 말입니다. 이는 전혀 사실이 아닙니다. 화석으로 한 종이 다른 종으로부터 진화했음을 증명할 수는 없습니다. 하지만 오랜 시간 조금씩 변화해 온 연속적인 기록을 보면, 진화가 실재한다는 것을 부인하기 어렵습니다.

화석에 보존되어 온 고래의 진화 기록을 살펴봅시다. 지난 수십 년간 고생물학자들은 놀랄 만한 연속적인 화석들을 발견했습니다. 약 4천 9백만 년 전에 살았던 파키케투스(Pakicetus)를 포함해 가장 오래되었다고 알려진 고래들은 육지에 사는 포유류와 흡사했지만, 현재 고래의 귀와 비슷한 귀를 가지고 있었습니다. 이는 물속에서 들을 수 있도록 적응되었음을 알려 줍니다. 그 후에 나타난 암불로케투스(Ambulocetus)는 그런 특별한 귀와 함께 헤엄치기 위해 넓어진 발을 가지고 있었습니다. 그 뒤에 나타난 비슷한 종들인 마이아케투스(Maiacetus)나 로드호케투스(Rodhocetus)는 조금 더 특화된 수영 방식을 위해 적응된 두 발과 척추를 가지고 있었습니다. 4천만 년 전에 이르러 나타난 도루돈(Dorudon)이나 바실로사우루스(Basilosaurus) 같은 고래는 좌우로 움직이는 물고기와 달리 위아래로 움직여 헤엄치는 강력한 꼬리를 가지고 있었고, 완전한 형태이긴 하지만 육지에서 더 이상 몸을 지탱할 수 없는 빈약한 뒷다리를 가진 완전한 수생동물이었습니다.

물론 우리는 존재했던 모든 종의 화석을 가지고 있지는 않습니다(화석화는 아주 드문 현상이기 때문입니다). 그러나 현재 고래의 계통만 해도 이러한 패턴을 따르는 수천 개의 화석 표본이 있습니다. 이것들은 서로 다른 60개 이상의 종을 포함합니다. 우리 인간의 계통에서도 화석과 유물들 가운데 네 발에서 직립보행으로의 전환, 뇌 크기의 증가, 그리고 점점 더 정교해지는 연장의 사용을 보여 주는 패턴이 발견됩니다. 스미스소니언 자연사 박물관(Smithsonian Museum of Natural History)의 인류의 기원 전시관은 이러한 '중간' 종에 해당하는 고인류 화석이 지금까지 6천 개 이상 발견되었다고 보고했습니다.

진화에 의해 예측된 생물지리학

진화 이론은 화석 기록에 보이는 시간상의 변화뿐 아니라 현재 지구상에 보이는 종의 분포에서도 종의 패턴을 예측할 수 있습니다. 이러한 연구를 생물지리학(biogeography)이라고 합니다. 대륙과 섬에 사는 종의 차이는 설득력 있는 진화의 예를 제공합니다. 섬은 대륙에 사는 종들과 교배될 가능성이 거의 없는 고립된 서식지이기 때문에, 진화 이론은 두 종의 차이가 누적될 것이고 새로운 종이 진화할 것이라고 예측합니다.

하와이섬은 태평양 중앙에 위치한 화산에서 유래했습니다. 이 섬은 지구상에서 가장 고립된 섬입니다. 사람들이 이주하기 전 이 섬에 존재했던 종들은 아주 드물게 엄청난 거리를 여행해 도착했을 것이 틀림없습니다. 도착 후 그 종들은 많은 세대를 거치며 그들이 기존에 서식했던 대륙과는 다른 조건에 적응해 왔습니다. 이 적응은 진화를 통한 새로운 종의 출현을 촉진시켰습니다. 그래서 오늘날 우리는 하와이에서 이 세상 어디에도 찾아볼 수 없고 대륙에 있는 종과는 먼 사촌간인 다양한 종의 새와 곤충, 식물을 발견할 수 있습니다.

다른 섬들은 한때 대륙에 연결되어 있었으나 판구조의 이동에 의해 분리되었습니다. 마다가스카르섬의 경우, 남아메리카, 아프리카, 오스트레일리아가 될 거대한 땅덩어리에 연결되어 있었습니다. 그때는 종들이 자유롭게 그 안에서 서식할 수 있었습니다. 그러나 마다가스카르를 포함한 인도 대륙이 약 1억 3천 5백만 년 전에 떨어져 나갔고, 마다가스카르는 다시 약 8천 8백만 년 전에 인도해에 위치한 고립된 섬으로 분리되었습니다. 오늘날 우리가 그 섬에서 발견하는 여우원숭이와 같은 종은 이 세상 어디서도 찾아볼 수 없지만, 섬이 고립되기 전 고대 영장류가 건널 수 있을 만큼 육지가 충분히 가까웠을 당시에 존재했던 육지의 공통 조상을 찾을 수 있습니다. 하나님이 섬 그 자체를 자연적인 과정을 통해 창조하신 것처럼, 우리가 그 섬들에서 발견하는 종들 또한 우리가 설명할 수 있는 자연적인 과정을 통해 창조된 것입니다.

이 외에도 현재의 종 분포가 공통 조상의 패턴을 따르는 많은 예들이 있습니다. 또 다른 흥미로운 예인 고리종(ring species)에 대해서도 살펴보십시오.[1]

모든 합리적인 의심을 제거하는 유전학

생물지리학과 화석 기록을 비롯해 오늘날 동물의 형태와 구조로부터 추론된 종들 간의 관계는 최근에 발전된 유전학 분야로부터 가장 확실한 입증을 받았습니다. 우리가 앞으로는 또 다른 화석이나 흔적 형질을 찾지 못한다 하더라도 유전적 증거는 의심의 여지 없이 공통 조상의 존재를 보여 줍니다. 모든 생명체는 동일한 유전자 코드를 가지고 있고, 최근에 발견된 종 간에 공유된 유전자 패턴은 우리가 다른 종류의 증거에서 결론지었던 종 간 관련성과 대부분 일치합니다. 유전학은 우리가 강력한 방법으로 가정을 검증하고 확인할 수 있게 해 줍니다. 이러한 연구의 수많은 예들 중에 한 가지만 살펴봅시다.

많은 다른 동물과 달리 우리 인간은 비타민C를 스스로 만들 수 없습니다. 우리는 이러한 결함을 장거리 항해가 좀더 빈번해졌을 때에야 깨닫기 시작했습니다. 몇 달간의 항해에서 건조된 고기와 건빵 같은 음식만을 먹고 나면 높은 빈도로 괴혈병이 발생하고 많은 사람들이 죽어 나갔습니다. 그러나 같은 항해 도중 말이나 개, 쥐와 같은 동물들은 그 병에 걸리지 않았지요. 이제는 그 이유가 사람은 다른 동물들이 할 수 있는 방법으로 비타민C를 합성하지 못하기 때문이라는 사실을 알고 있습니다. (영국 해군은 함정에 병사들이 마실 레몬 주스를 실어 이 문제를 해결했습니다.)

사람과 동물의 유전자 코드를 비교함으로써 과학자들은 특정한 유전자가 인간에게만 '망가져 있고', 이 결함 때문에 비타민C를 합성하는데 필요한 효소 중 하나가 만들어지지 않는다는 것도 발견했습니다.

또한 침팬지, 고릴라, 오랑우탄, 원숭이에 이르는 다른 영장류들도 비타민C를 스스로 만들지 못한다는 것을 발견했습니다. 그래서 이로부터 아주 구체적인 예측을 할 수 있게 됩니다. 만약 이 영장류들이 우리와 공통 조상을 가지고 있다면, 영장류에게서도 똑같은 유전자가 **똑같은 방식**으로 망가져 있겠지요. 결국 정말 그렇다는 것이 밝혀졌습니다. 이에 가장 좋은 설명은 이 모든 종의 공통 조상에서 그 돌연변이가 생겼고, 그 후손들 모두가 비타민C 합성을 못하게 되었다는 것입니다.

어떤 사람들은 하나님이 이렇게 비타민C 합성을 하지 못하는 종들을 설계하신 이유가 있었을 것이라고 주장하면서 "공통 설계도"(common design plan)라는 말을 사용했습니다. 그러나 문제는 "계통수"의 다른 부분에서도 기니피그와 과일박쥐같이 비타민C를 만들지 못하는 두어 종들이 있다는 사실입니다. 공통 설계도 설명에 의하면, 이 종들에서도 비타민C 합성을 하지 못하는 다른 포유류에서 발견된 것과 똑같은 유전자가 망가져 있을 것이라고 예측할 수 있습니다. 반면, 공통 조상 설명은 그 종들에서는 다른 돌연변이가 발생했을 것이라고 예측합니다. 똑같은 변이가 두 번 일어날 확률은 거의 없기 때문입니다. 기니피그와 과일박쥐의 유전 정보를 조사해 보니, 영장류가 가진 것과는 다른 돌연변이가 발견되었습니다. 이는 공통 조상 설명이 예측했던 바와 일치하는 것입니다.

지난 20여 년간 점점 더 많은 유전 정보가 알려지면서, 이런 식의 종 간 관련성이 더욱 많이 밝혀졌습니다. 공통 조상은 유전적 증거를 아주 잘 설명해 주는 반면, 다른 대안적 설명들은 점점 더 가능성이 없어지고 있습니다.

결론

여러분이 진화에 대한 어떠한 입장을 가지고 있든, 왜 거의 대부분의 생물학 전문가들이 모든 지구 생명체의 진화를 인정하는지 이해하는 것은 중요합니다. 우리는 오늘날 우리가 보는 수많은 종들을 도래시킨 진화의 전 과정을 하나님이 다루시고 주관하신다고 봅니다. 물론 하나님이 초자연적인 방법으로 각 종을 각각 창조하셨을 수도 있지만, 아마도 공통 조상을 강력하게 뒷받침하는 방식으로 하셨을 것입니다. 하지만 자연 질서는 그 질서의 창조주를 증명하지 않습니까? 시편 기자는 그렇게 믿었습니다. "하늘이 하나님의 영광을 선포하고 궁창이 그의 손으로 하신 일을 나타내는도다"(시 19:1). 그래서 우리도 체제, 화석, 생물지리학, 유전자 코드가 모두 하나님이 창조하신 방식을 진실로 증거한다고 믿습니다.

우리는 왜 하나님이 종들을 창조할 때, 손가락 하나로 뚝딱 만들거나 완성된 형태로 만들지 않고, 길고 종잡을 수 없는 방식을 사용하셨는지 정당하게 따질 수도 있습니다. 그러나 우리는 성경에서 하나님이 그분의 계획을 즉각적으로 성취하신 적이 없다는 것은 기억할 필요가 있습니다. 창세기부터 요한계시록까지 하나님은 그분의 피조물과 함께 피조물을 통해 일하시고, 그분의 계획을 느리지만 조심스럽게 성취하십니다. 우리는 성경에서 하나님과 하나님의 방법을—심지어 무엇이 최적이고 무엇이 편리한지에 대한 인간의 제한된 이해를 넘어

설지라도—신뢰하라고 배웁니다. 구원의 역사 못지않게 생명의 체제에서도 우리에게 느리게 보이는 것들이 실은 하나님의 섭리를 반영하고 있습니다.

Q15

열역학은 진화가 틀렸음을 입증하는가?

생물학적 진화에 반하는 흔한 주장 중 하나가 진화 이론이 열역학 제2법칙과 모순된다는 것입니다. 열역학 제2법칙은 시간이 지남에 따라 무질서 또는 엔트로피가 항상 증가하거나 유지된다는 것입니다. 그러면 진화는 어떻게 시간이 지남에 따라 더 복잡한 생명체를 만들 수 있을까요? 그 답은 바로 열역학 제2법칙은 외부로부터의 에너지 공급이 없는 닫힌 시스템 안에서만 유효하다는 사실에 있습니다. 지구는 태양으로부터 지속적인 에너지를 공급받기 때문에 제2법칙은 여기서 적용되지 않습니다.

서론

생물학적 진화에 반하는 흔한 주장 하나가 있습니다. 바로 진화 이론이, 시간이 지남에 따라 무질서 또는 엔트로피가 항상 증가하거나 유지된다는 열역학 제2법칙과 모순된다는 것입니다. 이 법칙에는 아주 많은 예들이 있습니다. 건물은 시간이 지나면 무너지고 음식은 빨리 먹지 않으면 상하기 마련입니다. 두 경우 모두 무질서의 양은 시간에 따라 증가하는데, 그 반대는 절대 불가능합니다. 건물은 스스로 강해지지 않으며, 아무리 기다린다고 해도 상한 음식이 다시 먹을 수 있게 되지는 않습니다. 그러나 진화는 엔트로피의 감소라고 볼 수 있는 질서와 복잡성의 증가를 가져오기 때문에, 일부 반대론자들은 진화가 열역학 제2법칙을 위반한다고 주장합니다.

시스템 정의하기

그러나 이 모순은 열역학 제2법칙을 오해한 데서 비롯된 것입니다. 그 법칙은 고립된 시스템 안에서는 시간이 지남에 따라 총 엔트로피가 증가한다는 것입니다. 고립된 시스템은 외부로부터의 에너지 유입이 없는 시스템을 일컫습니다. 우주는 고립된 시스템이기 때문에 우주의 총 무질서 양은 항상 증가하고 있습니다.

그러나 생물학적 진화를 고려할 때의 시스템은 우주가 아니라 지구입니다. 지구는 고립된 시스템이 아닙니다. 다시 말해, 지구에서는 외부로부터(주로 태양 빛으로부터) 에너지 유입이 있는 한, 질서의 증가가 발생할 수 있다는 뜻입니다. 따라서 태양으로부터의 에너지 유입은 복잡한 분자와 유기체를 포함하여 지구의 질서를 증가시킬 수 있습니다. 동시에 태양은 지구에 에너지를 전달해 줌으로써 점점 더 무질서해집니다. 지구상에서의 질서는 증가할지 몰라도, 태양계와 우주의 총 질서는 여전히 감소하고, 열역학 제2법칙은 여전히 유효합니다.

제2법칙의 잘못된 적용

진화가 열역학 제2법칙을 위반한다는 주장은 그 법칙을 적용하는 대상에 대한 오해에도 근거하고 있습니다. 아무도 생물체에 제2법칙을 적용하는 방법을 알아내지 못했습니다. 개구리의 엔트로피라는 것은 아무 의미도 없습니다. 이 법칙으로 분석할 수 있는 시스템은 훨씬 간단한 것입니다.

살아 있는 유기체는 통일된 전체(unified whole)라기보다는 하위 시스템의 집합입니다. 예를 들어, 생명의 진화 과정에서 발생한 커다란 도약 중의 하나가 특정 돌연변이가 일어난 세포들이 서로 응집하여 다세포 생명체가 가능해진 것이었습니다. 하나의 세포가 다른 세포에 달라붙는 단순한 돌연변이 덕분에 더 크고 복잡한 생명체가 가능해졌습니다. 그러나 그러한 변형이 열역학 제2법칙을 위반하는 것은 아닙니다. 그것은 마치 초강력 접착제가 여러분의 손가락을 부엌 조리대에 붙여 버렸을 때 제2법칙을 위반한다고 말하는 것과 같습니다.

자연에서는 무질서로부터 질서가 발생하는 예가 많이 있습니다. 일리야 프리고진(Ilya Prigogine)을 포함한 여러 사람들에 의해서 수행된 비평형 시스템에 대한 연구는[1] 시스템을 적절히 조절하면 질서가 자발적으로 발생한다는 것을 보여 주었습니다. 살아 있는 시스템은 바로 이렇게 평형에서 멀리 떨어진 상태임이 밝혀졌습니다.

열역학 제2법칙은 우주가 고도로 질서 있는 상태로 시작되었어야 한다고 주장하는 셈이기 때문에, 우주론에 대한 흥미로운 함의도 지닙니다.

Q16

진화는 어떻게 오늘날 지구 생명체의 복잡성을 설명하는가?

상호 작용하는 부분을 많이 가진 복잡한 생물학적 구조는, 일견에는 마치 원래부터 현재의 형태로 만들어져서 모든 구성 요소가 완전히 형성되어 있고, 전혀 손상되지 않은 것처럼 보일지도 모릅니다. 생물학적 진화를 통해 단계적으로 발달해 왔다는 것은 불가능해 보입니다. 마이클 베히(Michael Behe)는 『다윈의 블랙박스』(*Darwin's Black Box*, 풀빛)에서 자신과 더불어 다른 지적 설계 지지자들이 사용하는 용어, '환원 불가능한 복잡성'(irreducible complexity)이라는 개념을 소개합니다.

서론

환원 불가능한 복잡성은, 환원 불가능하게 복잡한 시스템의 어떤 부분도 다른 부분과의 관계를 가지지 않고서는 분명한 기능을 못한다는 것입니다.

베히는 환원 불가능하도록 복잡한 생물학적 구조의 일부는 모두 한꺼번에 출현하지 않는 한 쓸모가 없고, 진화에는 이와 같은 복잡한 구조를 만드는 메커니즘이 없다고 주장합니다. 자연선택은 결과적으로 한 번에 한 단계씩 일어납니다. 게다가 자연선택은 예지력이 없습니다. 간단히 말해서, 변화가 보존되려면 그 변화는 일반적으로 다음 세대까지—아무리 작다 하더라도—추가 이익을 전달해 줄 필요가 있는 것입니다. 베히가 지나치게 단순화시킨 면이 없지는 않습니다.

진화 이론에 따르면 소규모 집단에서는 중립적인 변화가—심지어 약간 해로운 변화조차도—때로는 살아남을 것이라고 예측됩니다. 하지만 여전히 그는 일반적으로는 옳습니다. 예를 들면, 정교하게 복잡한 어느 시스템의 한 부분이 무작위적 변이로 그 기능을 잃어서 그 시스템이 작동할 수 없게 된다면 그 변이는 다음 세대로 전달될 수 없습니다. 그럼 진화 생물학자들이 복잡한 구조가 만들어졌던 방법에 대해 과연 무엇을 믿는지 점검해 보겠습니다.

겉으로 '환원 불가능하도록 복잡한' 시스템

스콧 길버트(Scott Gilbert)가 자신의 교과서 『발생 생물학』(*Developmental Biology*, 제8판)에서 보여 주는 것처럼, 중이도를 이루는 상호 연결된 뼈들의 진화는, 점진적 변화와 자연선택의 순차적인 과정에 의해서 환원 불가능하도록 복잡한 구조가 사실상 어떻게 생성될 수 있는지를 보여 줍니다. 예를 들어, 물고기는 몸의 길이에 따라 뻗어 있어 물속의 진동을 감지할 수 있도록 해 주는 측선 시스템이라는 특별한 시스템을 가지고 있습니다. 또 물고기는 내이를 가지고 있는데, 이것은 균형을 위해 유용하며, 진동을 감지하는 측선 시스템을 보완해 줍니다. 특정 수중 종이 육지로 이동함에 따라 필요했던 것은 물이 아닌 공기의 진동을 증폭시키는 방법이었기 때문에, 측선 시스템은 쓸모없게 되었습니다. 이전에는 두개골을 지탱하는 데 사용되었던 뼈가 등골이 되었습니다. 등골은 두개골을 지탱할 뿐 아니라 두개골과 턱을 통해 부분적으로 들어오는 소리 진동을 내이에 전달했습니다. 어떻게 우리는 그것이 같은 뼈임을 알 수 있을까요? 어류와 파충류의 발생학적 기원을 조사하면 알 수 있습니다. 파충류에는 내이에 공기 진동을 전달하는 뼈가 하나밖에 없습니다. 바로 등골입니다.

우리는 약 2억 3천만 년 전 포유류가 기원했던 시기로부터 화석을 관찰함으로써 또 다른 두 개의 중이뼈, 곧 침골과 추골의 기원을 추적할 수 있습니다. 그 시점까지 두 뼈, 곧 관절골과 방형골은 턱의 경첩 역할을 했습니다. 그러나 연구자들은 그 두 뼈가 두 번째 기능을 수행했다고 믿습니다. 그 두 뼈는 등골 아래 가깝게 위치해 있어서, 등골에 소리 진동을 전달하는 일을 도왔을 가능성이 높기 때문입니다.

이제 특별히 흥미로운 이야기가 시작됩니다. 포유동물이 기원할 즈음, 몇몇—어쩌면 많이(고생물학자들은 모든 전환 종이 화석 기록으로 보존되지 않을 것이라고 확신하기 때문에)—종은 턱에 이중 경첩을 가지고 있었습니다. 관절골과 방형골만 경첩 역할을 했던 것이 아닙니다. 또 다른 쌍의 뼈, 치골과 측두골 역시 같은 역할을 담당했습니다. 그래서 소리를 전달했던 관절골과 방형골은 더 이상 턱관절 역할을 할 필요가 없어졌습니다. 이 두 번째 기능은 동일한 일을 수행하는 다른 일련의 뼈가 있었기 때문에 중첩 기능이 되었던 것입니다.

그 중첩 기능 때문에, 턱의 관절골과 방형골은 자유롭게 중이의 침골과 추골이 될 수 있었습니다. 우리는 전환기의 기록을 가지고 있으며, 이른바 환원 불가능하도록 복잡한 구조를 지니게 된 기록을 가지고 있습니다. 애초에 한 기능을 위해 사용되었던 부분은 일정 기간 동안 두 기능을 위해 유용하게 사용되었습니다. 그런 다음, 다른 기능이 중첩되거나 불필요하게 되면 하나의 기능이 수정되었던 것입니다.

달리 말하면, 애초에 한 가지 용도로 사용된 부분이 다른 용도를 위해 함께 선택된 것입니다. 화석 기록을 통해 돌이켜 보면, 우리는 중간 단계를 볼 수 있습니다.

박테리아 편모

『다윈의 블랙박스』에서 베히는 환원 불가능할 정도로 복잡하다고 여겨지는 세 가지, 곧 박테리아의 편모, 혈액 응고의 순차적 과정 및 면역 계통에 중점을 둡니다. 이러한 시스템 요소는 본질적으로 분자적이므로 진화 중간체는 기록되기가 다소 어렵습니다. 상호 작용을 하는 분자들은 두개골과 중이의 화석 뼈와 같은 역사적인 분석을 위해 보존되지 않습니다. 베히는 그의 책에서 생화학은 이들과 같이 상호 작용하는 복잡한 부분이 어떻게 생겨났는지에 대한 단서를 제공하지 않는다고 주장했으며, 그는 연구자들이 텅 빈 벽에 부딪혔다고 자신 있게 말했습니다.

『다윈의 블랙박스』가 출간된 지 20년이 지났습니다. 베히가 중점을 두었던 구조와 과정은 꽤 광범위하게 연구되었습니다. 과거로 돌아가서 실제 어떤 일이 일어났는지 단계적으로 분석하는 일은 불가능하겠지만, 진화론적인 설명에 대한 많은 증거는 해를 거듭함에 따라 축적되었습니다. 우리가 다른 종을 비교할 때 보는 주어진 구조의 다양성은 그 구조가 어떻게 생겨났는지에 대해 많은 것을 말해 줍니다.

예를 들어, 편모의 기저부를 이용하여 숙주에게 독소를 전달하는 많은 종의 박테리아가 존재합니다. 여러 박테리아 종들은 편모 조직의 일부를 자신들의 목적을 위해 사용합니다. 부크네라(Buchnera) 속의 종은 공생 관계에 있는 진딧물 세포의 보호된 환경 안에서 살고 있습니다. 따라서 이 박테리아는 편모가 필요하지 않습니다. 그러나 각각의 작은 부크네라 세포에는 수백 개의 편모 기저부가 점점이 박혀 있습니다.

「미생물학 동향」(*Trends in Microbiology*)이라는 저널에 실린 최근 논문이 보여 주는 것처럼, 부크네라 편모의 목적은 주위 환경(곧 박테리아가 사는 진딧물 세포)으로 단백질을 비롯한 여러 물질을 내보내는 통로 역할을 하는 것입니다. 그래서 다양한 종류의 편모가 어떻게 발생했는지를 보여 주기 위해 일련의 사건을 단계적으로 따라갈 수는 없지만, 우리는 그것이 이떻게 변화했고, 또 어떤 경우에는 완전히 새로운 기능을 수행했는지는 볼 수 있습니다. 원래 발생했던 것과 다른 목적을 위해 구조를 조정하는 것을 가리켜 '굴절적응'(exaptation)이라고 합니다. 이는 복잡성이 발생하는 한 가지 중요한 방법이 됩니다.

그러나 이것이 전부는 아닙니다. 복잡해지거나 새로운 기능을 수행하려면 개별 부품이 구조에 추가되어야만 하기 때문입니다. 그 부품들은 어디서 온 것일까요? 최근 연구자들은 편모를 회전시키는 분자 모터의 핵심 단백질이 세포 안과 밖으로 마그네슘을 운반할 때 사용되는 또 다른 단백질과 아주 유사한 구조를 가지고 있음을 밝혀냈습니다. 두 단백질 분자는 거의 똑같은 방식으로 접히는 부분을 가지고 있으며, 아미노산의 순서를 분석한 결과 그 둘은 매우 비슷했습니다. 이는 복잡성을 구축하는 데 있어 두 번째 원리를 보여 주는데, 그것은 공동선택에 의해 수행됩니다. 하나의 용도로 사용되는 부품들이 두 번째 기능을 수행하도록 공동으로 선택되는 것입니다. 가끔은 한 부품을 만드는 지침이 복사된 동일한 유전자에 의해 부호화됩니다. 이러한 일이 발생할 때는 공동선택이 특히 간단해집니다. 원래의 부품을 만들기 위한 지침 세트는 보존되고 복사된 지침 세트는 돌연변이와 자연선택을 통해 점진적으로 수정될 수 있으므로, 그 부품은 점점 더 향상된 모습으로 새로운 기능을 수행할 수 있게 됩니다. 이것은 복잡성을 다루는 세 번째 원리(자연선택을 통한 적응)를 보여 줍니다.

좀더 분명히 말하면, 환원 불가능하게 복잡한 박테리아 편모는 결국에는 환원 불가능하지 않은 것으로 드러난 셈입니다. 예를 들어, 편모의 기저부에 ATPase라는 단백질이 있는데, 이 단백질은 편모의 단위 물질인 플라젤린(flagellin)을 내부 코어를 통해 길고 속이 빈 튜브를 통과해서 편모의 길이를 자라나게 합니다. 그러나 플라젤린은 ATPase 없이도 편모의 끝으로 수송될 수 있음이 밝혀졌습니다. 편모의 가장 중요한 부분 중 하나라고 여겨지던 단백질도 제거될 수 있다는 것입니다. 이는 복잡한 구조를 만드는 네 번째 원리(중첩성)를 보여 줍니다. 세포 내부에는 종종 특정한 목적을 달성하기 위한 한 가지 이상의 방법이 존재합니다. 복잡한 구조를 가진 진화 '땜장이'에게는 특정 부품이 특정 단계에서 잉여가 될 가능성이 있습니다. 시간이 지남에 따라 이러한 중첩 메커니즘 중 하나가 더욱 전문화되고, 심지어 완벽하게 될 수도 있습니다.

눈

환원 불가능한 복잡성의 예로서 종종 회자되는 또 다른 시스템은 눈입니다. 사람들은 종종 다음과 같이 묻습니다. "부분적으로 조립된 눈이 무슨 소용인가요?" "독수리 눈처럼 아주 우아한 구조의 창조—자연선택 과정을 통한—를 가져올 수 있는 일련의 논리적인 단계가 있습니까?" "어쨌거나 출발점은 무엇입니까?"

동물계의 모든 빛 감지 장치는 비타민A에서 유래한 단일 광에 민감한 분자인 레티날(retinal)을 사용합니다. 레티날은 광자를 흡수할 때, 자신의 모양을 변화시킬 수 있습니다. 이 분자는 옵신(opsin)이라고 알려진 단백질과 항상 복합체를 이룹니다. 이 두 분자는 빛을 감지하기 위해 함께 작동합니다.

생체 리듬은 단세포 유기체를 포함하여 지구상 모든 생물체에서 작동합니다. 아마도 가장 단순한 빛 탐지기가 빛을 탐지하는 데 사용된 분자 장치의 '굴절적응'을 통해 생겨났을 것입니다. 그 가장 단순한 빛 탐지 분자 장치는 주광성(phototaxis)이 아니라 분자 시계 재설정에 사용되는 것이었습니다. 옵신의 기원조차 복잡성을 만드는 기본 원리인 공동선택을 통한 것입니다. 옵신은 생명의 역사를 통해 다양한 기능을 수행해 온 G-단백질 수용체 중 하나입니다. 빛에 민감한 분자인 레티날과 결합할 때, G-단백질 수용체는 세포가 빛의 유무에 민감할 수 있도록 만듭니다. 우리는 동물의 역사에서 다양한 눈의 중간체 추적을 가능하게 해 주었던 화석화된 전이를 가지고 있지 않지만, 중이를 다룰 때 했던 것처럼 자연선택에 의해 점진적으로 진행되는 과정을 통해 정교한 눈이 어떻게 만들어졌는지를 종합할 수 있게 해 주는 무수한 빛 감지 장치를 동물계 안에서 가지고 있습니다. [라이언 그레고리(T. Ryan Gregory)의 훌륭한 논문에서 동물계에 존재하는 유망한 중간체에 대해서 더 많은 것들을 읽을 수 있습니다.[1]]

여러분이 눈의 발달을 자세히 탐구해 보기를 원한다면, 굴절적응, 공동선택, 점진적 적응 및 중첩의 예를 보시기 바랍니다. 예를 들어, 수정체의 진화는 공동선택과 중첩을 보여 줍니다. 눈의 뒤쪽에서 빛을 받아들이는 세포 위의 이미지에 초점을 맞추는 데는 두 가지 방법이 있습니다. 한 가지 방법은 독립 수정체를 통해서입니다. 다른 방법은 수정체 앞의 투명한 각막을 통해서입니다. 수정체는 선명한 초점의 이미지가 맺히게 하기 위해 구성된 투명하고 결정화된 단백질 분자입니다. 효과적인 수정체로 기능하기 위해 결정화될 수 있는 다양한 단백질들이 있습니다. 진화적 계통에 따라 알코올탈수소효소(alcohol dehydrogenase, 에탄올을 분해하는 효소), 글루타티온 S-전달효소(glutathione S transferase) 및 샤페론(chaperone) 단백질과 같은 효소를 비롯한 다양한 단백질이 이 목적을 위해 사용됩니다. 이것은 눈과 같은 복잡한 구조를 구축하는 데 사용되는 땜질 처방(tinkering) 메커니즘의 일환으로서 함께 기능하는 공동선택과 중첩 기능의 간단한 예입니다.

동물 눈의 3분의 2는 일종의 감광 장치를 가지고 있습니다. 이러한 모든 감광 장치는 레티날과 옵신을 사용하지만 구조상 차이가 있어서 우리는 진화적 기원의 차이를 추적할 수 있습니다. 사이먼 콘웨이 모리스(Simon Conway-Morris)는 2003년 그의 저서 『생명의 해결책』(*Life's*

Solution)에서 적어도 일곱 가지 눈의 기원을 기술했는데, 이는 아주 유사한 결과를 보여 주었습니다. 예를 들어, 오징어의 눈과 포유류의 눈은 놀랄 정도로 비슷한 방식으로 작동합니다. 그러나 발달 과정 동안 두 눈이 만들어지는 방법은 매우 다릅니다. 구조의 차이는 배아가 발달하면서 몸이 구성되는 방법에 의해 제약을 받습니다. 또한 눈에는 어느 정도 임시적인 구조물이 존재한다는 사실을 알려 주는 분명한 흔적도 있습니다. 눈은 완벽하지 않습니다. 눈에는 사각지대가 있으며, 눈은 진화 역사의 작동인 망막 박리, 녹내장 및 시력 감퇴에 노출되어 있습니다.

우리는 포유동물의 중이에서처럼 보다 단순한 부품 조립을 볼 수 있는, 화석화된 중간 형태의 눈을 가지고 있지 않지만, 동물계에는 수많은 눈의 구조들이 있습니다. 그중 어떤 것이라도 환원 불가능하게 복잡해 보이지만, 사실은 굴절적응, 공동선택, 점진적 적응 그리고 각 과정의 다양한 단계에서의 몇몇 중첩을 포함하는 일련의 과정을 통해 합쳐진 것입니다. 사실 이러한 눈의 구조 자체가 중간 형태일 가능성이 있습니다. 길고 긴 시간이 흐르면 모든 것은 바뀌기 마련입니다. 이것은 자연선택의 과정을 통한 창조의 유산입니다.

Q17

캄브리아기 폭발은 진화에 대한 도전인가?

'캄브리아기 폭발'은 약 5억 4천 3백만 년 전에 대부분의 주요 동물 체제(body plan)가 화석 기록으로 나타났던 사건을 일컫습니다. 새로운 화석들이 2천만 년 혹은 그 이하의 시간 안에 나타납니다. 진화론적 시간 척도에서 2천만 년은 아주 짧은 시간이어서, 오랜 시간 동안 일어나는 진화적 변화와 모순되어 보입니다. 그러나 이와 같은 급격한 변화는 화석 기록의 다른 시기에도, 종종 대규모의 멸종기 이후에 나타납니다. 캄브리아기 폭발은 흥미롭고 중요한 진화의 연구 주제일 뿐, 진화의 핵심 이론들의 정확성을 부정하지 않습니다.

'캄브리아기 폭발'이라는 용어는, 진화 역사상 상대적으로 짧은 기간인 2천만 년 혹은 그 이하의 시간에 해당되는 화석 기록에 보이는, 대부분의 주요 동물 체제(분류학상의 문)의 출현과 갑작스러운 다양화를 일컫습니다. 이 시기는 초기 캄브리아기로 알려져 있으며, 약 5억 4천 3백만 년 전부터 시작되었습니다. 몇몇 거대 화석 퇴적층에 이 당시 원시 동물들의 화석이 놀랍게도 잘 보존되어 있습니다. 캐나다의 버제스 혈암(Burgess Shale)과 중국의 청장(Chengjiang)을 예로 들 수 있습니다. 일부의 주장과 달리, 캄브리아기는 다세포 동물이 등장한 때가 아니었습니다.[1] 다세포 동물의 화석 기록은 적어도 3천만 년 더 이전으로 거슬러 올라갑니다.[2]

화석 기록의 갑작스러운 변화가 진화론에서 더 흔히 나타나는 점진적인 변화와 모순되어 보이기 때문에, 캄브리아기 폭발은 종종 진화에 대한 도전으로 제기되곤 합니다. 그러나 조금씩 차이는 있지만 화석 기록에 급격한 진화적 변화가 보이는 시기는 이 외에도 더 있었고, 주로 대규모의 멸종기 이후에 나타났습니다. 캄브리아기 폭발은 동물 생명나무의 주요 가지들이 확립되는 시기에 일어났기 때문에 도전적이고 중요한 질문을 많이 던집니다. 그러나 공통 조상으로부터 모든 살아 있는 종의 출현이라는 진화의 핵심 이론의 근본적인 정확성과는 전혀 모순되지 않습니다. 생명의 역사에서 중요했던 이 시기는 수백만 년에 걸쳐 이루어졌으며, 이는 새로운 체제(문)가 발생하기에 충분한 시간이었습니다. 또 이 화석 기록에서 현존하는 문들과 그들의 공통 조상 사이의 과도기적 상태를 보이는 생명체의 예를 많이 볼 수 있습니다. 캄브리아기에 대해 진행 중인 연구들은 진화 과정이 어떻게 작동하는지, 환경 요인들이 어떻게 진화에 영향을 주는지를 더 잘 이해할 수 있는 아주 흥미로운 기회일 뿐입니다.

캄브리아기 폭발에서 출현한 주요 동물 체제에는 불가사리, 게, 곤충, 물고기, 도마뱀, 새 및 포유동물과 같은 현재 동물군의 출현은 포함되어 있지 않았습니다. 이 동물군들은 모두 화석 기록상 훨씬 나중에 여러 시기에 걸쳐 출현했습니다.[3] 캄브리아기 폭발에서 출현한 형태는 그 이후에 출현한 군들의 형태보다 더 원시적이었으며, 그중 많은 종들은 연조직으로 구성된 생물들이었습니다. 그러나 이 종들은 이후의 생명체가 속한 생명나무의 주요 가지를 정의하는 기본적인 특징을 가지고 있었습니다. 예를 들어, 척추동물은 척색동물문(Chordata)의 일부입니다. 척색동물문은 공통적으로 신경삭, 아가미 주머니 및 척삭이라고 불리는 지지대를 가지고 있습니다. 현재 지구상에 존재하는 척추동물들은 훨씬 뒤에 출현했지만, 캄브리아기의 동물군에서 척색동물문의 특징들을 가진 연조직 생물의 화석들이 처음 보입니다. 캄브리아기 생물의 대부분이 생명나무의 주요 가지 기저에 위치해 있지만, 현존하는 동물 체제를 규정하는 주요 특징들을 다 가지고 있지는 않았다는 점을 이해하는 것이 중요합니다. 그런 특징은 훨씬 더 오랜 시간에 걸쳐 점진적으로 나타났습니다.[4]

'캄브리아기 폭발'의 해석

모든 과학자가 캄브리아기 폭발이 비정상적으로 빠른 진화적 변화라는 주장을 인정하는 것은 아닙니다. 특히, 작고 연조직으로 구성된 생물의 화석 기록은 불완전하기로 악명이 높습니다. 일부 연구자들은, 체제의 급격한 다양화로 보이는 현상이 실은 화석화가 더 잘 되는 골격의 진화 등을 통해 화석이 만들어지는 비율이 늘어난 결과일 뿐이라고 주장합니다.[5] 초기 캄브리아기 동물의 대부분은 어떤 형태로든 단단하게 광물화된 구조(등뼈, 발톱, 판 등)를 가지고 있었습니다. 많은 경우, 이런 구조(매우 작고 광물화된 구조)만이 화석으로 발견되곤 합니다. 선캄브리아기 후기에서 캄브리아기로 이어지는 기간 동안 해양의 환경과 화학적 구성이 크게 변했고, 이런 변화가 이전의 연조직 생물들에게 광물화된 골격이 형성될 수 있도록 영향을 끼쳤을 수도 있습니다.[6]

대부분의 과학자들은 캄브리아기의 새벽에 중요한 일이 일어났으며 캄브리아기 폭발이 흥미롭고 생산적인 연구 분야라고 생각합니다. 예를 들어, 과학자들은 새로운 화석 발견의 결과로 캄브리아기 폭발 이전에 존재했던 종들을 더 잘 이해하게 되었습니다. 전 세계에서 발견된 에디아카라 생물군(Ediacaran Assemblages)과 같이 연조직으로 구성된 선캄브리아기 동물 화석 기록이 지금도 속속 발견되고 있습니다.[7] 최근에 후기 캄브리아기 화석으로 해면동물, 자포동물(현대의 해파리, 산호 및 아네모네를 포함하는 군), 연체동물 및 여러 환형동물들의 예가 발견되고 있습니다. 또 후기 캄브리아기 체제의 원시적인 전구체로 보이는 화석들도 새로 발견되었습니다. 그러한 전구체의 발견은 캄브리아기 생물들이 난데없이 갑자기 출현하지는 않았다는 것을 보여 줍니다.[8] 앞으로 계속될 발견은 선캄브리아기 생물들과 버제스 혈암과 청상 퇴적물에서 발견된 생물들의 관계를 보다 분명하게 드러낼 것입니다.[9]

유전체 연구는 캄브리아기 폭발의 기원에 대해 더 깊은 통찰을 제공합니다. 유기체의 유전적 다양성이 화석 기록에서 보이는 새로운 체제의 출현보다 시기적으로 먼저 나타났지만, 점점 쌓여 가는 유전체 자료는 화석 기록과 대부분 일치합니다.[10] 두 자료 모두 마지막 선캄브리아 에디아카라 동물군에서 좌우대칭무척추동물(bilateria)이 등장했고 캄브리아기에 폭발적인 다양성의 증가가 있었다는 것을 보여 줍니다.

아직 풀리지 않은 질문들

캄브리아기 시대의 **갑작스러운** 변화는 진화의 관점에서 볼 때 상대적으로 그렇게 갑작스러운 것은 아니었습니다. 캄브리아기 동안의 변화는 수십 년, 수백 년 또는 수천 년에 걸쳐 일어난 것이 아니라, 수백만 년에 걸쳐 일어났습니다. 이는 진화적 변화가 일어나기에 충분한 시간이었습니다. 그러나 그 이전의 수백만 년 동안 동물의 체제는 상대적으로 일정하게 유지되어 왔습니다. 이 기간이 시작될 때까지는 큰 변화가 없었습니다. 그래서 여전히 이런 의문들이 남아 있습니다. **무엇이 캄브리아기 폭발을 유발했을까? 왜 이렇게 큰 변화가 이 시기에 일어났을까?** 몇몇 이론들은 캄브리아기 폭발의 기원을 설명하며, 극적인 환경 변화가 자연선택이 작동할 수 있는 새로운 공간을 제공했을 것이라고 주장합니다. **눈덩이 지구 이론**(runaway glaciation theory)이 그중 하나인데,[11] 잠시 빙하가 지구의 대부분을 덮었으며, 서식지의 손실로 인해 진화가 더욱 빠르게 진행될 수 있는 병목현상이 발생했다고 설명합니다. 다른 이론은 대기 중 산소량이 변해서 급격한 진화적 변화를 일으켰다고 설명합니다.[12] 또 다른 주장은 해저가 후기 선캄브리아기 시기에는 조류로 덮여 있다가 후기 캄브리아기 시기에 부드러운 진흙 바닥으로 변하면서 극적인 진화적·생태적 영향을 끼쳤을 것이라고 설명합니다.[13]

해답을 제공하는 캄브리아기 시대의 화석

캄브리아기 폭발의 원인은 여전히 흥미진진한 논쟁 주제로 남아 있지만, 캄브리아기와 선캄브리아기 시대의 지속적인 화석 발견 덕분에 진화의 퍼즐이 점점 더 모습을 드러내고 있습니다. 특히 이러한 화석들은 다양한 동물군들의 공통 조상을 상상하는 데 유용한 통찰을 제공합니다. 예를 들어, 척추동물(어류)과 극피동물(성게, 불가사리)은 모두 후구동물(deuterostomes)이라 불리는 군의 일부입니다. 화석 증거가 없다면, 이처럼 다양한 동물군의 공통 조상이 어떤 모습이었을지 상상하기 어렵지요. 캄브리아기 화석이 이렇게 그 퍼즐을 채워 가고 있습니다.[14]

Q18

생명은 어떻게 시작되었는가?

생물이 무생물로부터 어떻게 생겨났는지는 여전히 많은 부분 과학적으로 미스터리입니다.

서론

30-40억 년 전 지구의 상태와 DNA, RNA, 아미노산, 당 등의 생명체를 구성하는 요소들의 복잡성에 대해서 우리가 얼마나 많이 알고 있는지에 상관없이, 자연발생적인 생명의 기원에 대한 타당한 과학적 설명은 아직 발견되지 않았습니다. 생물이 무생물로부터 어떻게 생겨났는지는 여전히 많은 부분 과학적으로 미스터리입니다.

이 주제는 다른 과학 분야와 같은 실용적인 가치가 크지 않기 때문에 연구가 많이 이루어지지 않았습니다. 그러나 과학자들이 현재 이 문제를 여러 관점에서 접근하고 있기 때문에 향후 광범위한 합의가 도출될 수도 있습니다.[1]

하나님은 정상적인 과정을 통해서 최초의 생명을 창조하셨을 수도

있고, 기적[2]을 행하셨을 수도 있습니다. 어느 경우든, 우리는 하나님이 최초의 생명체로부터 우리들 각자에 이르기까지 모든 생명의 창조주이시며 유지자이심을 고백합니다. 특정한 과학적 설명에 대한 합의가 이루어진다면, 우리는 하나님이 손으로 하신 일들에 대한 더 많은 통찰력을 가질 것이기 때문에 축하해야 할 것입니다. 그러나 과학이 얼마나 앞으로 더 발전한다 하더라도, 우리는 하나님이 주신 생명이라는 이 멋진 선물에 대한 경이와 감사를 절대 잃을 수 없을 것입니다.

지구 최초의 생명

생명의 기원에 대한 토론에서 중요한 첫걸음은 생명이 무엇인지를 분명히 하는 것입니다. 지구 최초의 생명체는 오늘날 우리가 생명체라고 부르는 모습과 아주 다를 것입니다. 생명체는 우리에게 아주 익숙한 DNA 이중나선을 포함하는 모든 것이라는 생각에 솔깃할지도 모릅니다. 그러나 초기 생명체에 필요한 주요 특징은 자가복제입니다. 가장 초기의 자가복제 시스템은 DNA, RNA 혹은 몇몇 다른 기본적인 빌딩 블록으로 만들어졌을 수도 있습니다. 그러한 시스템의 핵심 특징은 주변으로부터 화학물질을 모아서 스스로의 복제물을 만드는 능력이어야만 했습니다.

지구상 모든 생명체는 필수적인 기본 빌딩 블록으로서 탄소를 가지고 있습니다.[3] 생명체에서는 아주 흔한 원소이자 놀랍도록 복잡한 분자를 형성할 수 있는 가장 단순한 원소가 바로 탄소입니다. 따라서 처음부터 탄소가 관여했을 가능성이 있습니다. 탄소를 포함한 화학물은 일반적으로 유기물로 분류됩니다. 그러므로 복잡한 유기 화합물을 만드는 자연적인 메커니즘을 탐구하는 것이 생명의 기원에 대한 연구의 주요 초점이 됩니다.

지구의 나이는 약 46억 년입니다.[4] 모든 증거는 최초의 7억 년 동안 지구는 생명이 살 수 없는 환경이었을 것이라고 말합니다. 주된 이유는 너무 뜨거웠다는 것입니다. 그러나 지구는 점점 식어 갔고, 40억 년 전에는 생명이 살 만하게 되었습니다. 그로부터 1억 년 남짓 되었을 때, 최초의 단세포 생명체들이 나타났습니다.[5] 이 유기체들은 어디서 온 것입니까? 이 유기체들은 무엇을 할 수 있었습니까?

이러한 초기의 세균들이 이루어진 과정을 알 수는 없지만, 아마도 이 시기에 DNA가 정보를 전달하는 분자로 등장했던 것 같습니다. 미생물학자이자 물리학자였던 칼 우즈(Carl R. Woese)는 아르케박테리아(archaebacteria) 또는 고균이라고 불리는 최초의 세균들 사이에는 상당한 양의 수평적 유전자 이동(Lateral gene transfer)이 있었다고 주장합니다.[6] 수평적 유전자 이동은 하나의 세균에서 다른 세균으로 유전자가 이동하는 것을 일컫는 용어입니다. 이는 유전 물질의 교환을 가능하게 했습니다. 따라서 자연선택에 의한 생물학적 기능의 다양화 과정을 촉진시켰을 것으로 보입니다. 이러한 최초의 유기체가 처음에 어떻게 생겨났는지가 다음에 이어지는 논의의 주제입니다.

밀러의 실험

찰스 다윈은 종종 원조 '따뜻한 작은 연못'(warm little pond) 가설의 창안자로 일컬어집니다. 이 가설은 무기 화합물에 에너지가 더해져서 생명체가 생겼을 수도 있다는 것입니다.[7] 소련의 생화학자 알렉산더 이바노비치 오파린(Aleksandr Ivanovich Oparin)은 이러한 생각을 재검토한 후 산소가 없고 햇빛에서 오는 에너지가 가득했던 환경에서 생명체가 형성될 수 있다는 가설을 제안했습니다.[8] 이러한 아이디어들이 그 유명한 밀러의 실험을 포함한 생명의 기원에 대한 숱한 연구의 기초가 되었습니다.

1953년 시카고 대학교에서 스탠리 밀러(Stanley Miller)와 해럴드 유리(Harold Urey)는 최초의 생명체가 생겨났을 당시 원시 지구에 존재했다고 생각되는 환경을 재현함으로써 생명의 기원에 대한 문제를 풀려고 했습니다. 그들은 물과 무기 화합물의 혼합물에 전기를 가함으로써 단백질의 빌딩 블록인 아미노산을 포함한 여러 유기 화합물들을 만들어 냈습니다.[9] 이 결과는 더 많은 실험들을 촉발시켰는데, 적어도 일부에게는 생명의 미스터리가 곧 풀릴 것 같아 보였습니다.

1961년에 발표된 휴스턴 대학교의 조안 오로(Joan Oró)의 발견은, 무기 화합물인 시안화수소(HCN)를 암모니아 용액 안에서 가열하면 여러 아미노산뿐 아니라 DNA 필수 구성요소의 하나인 아데닌(adenine)도 생성될 수 있음을 보여 주었습니다.[10] 이 업적이 퍼즐을 맞추는 데 잠재적으로 유용한 조각을 제공해 주었지만,[11] 밀러 유형의 실험은 생명의 기원에 대한 완전한 답을 제공하기에는 역부족이었습니다. 유기 화합물이 존재하는 것과 그것들로 자가복제 시스템을 구성하게 하는 것은 상당히 다른 문제입니다.

최근 이러한 초기 연구 결과들이 훨씬 더 정밀한 방법들로 재검토

되었습니다. 연구자들은 밀러와 유리가 당시에는 검출할 수 없었던 여러 아미노산과 다른 빌딩 블록들을 발견했습니다.[12] 밀러는 생명의 기원을 밝혀내기 위해 다양한 실험들을 계속했습니다. 미스터리는 여전히 풀리지 않았지만, 그의 연구팀은 아미노산과 생명체에 필요한 다른 빌딩 블록들이 극저온 환경에서도 무기 화합물로부터 형성될 수 있음을 발견했습니다.[13]

생명체는 어떻게 형성되었을까?

아미노산과 뉴클레오타이드와 당이 어떻게 형성되었는지, 이 분자들이 어떻게 DNA와 RNA 형태로 조립되었는지, 생명을 이루는 이런 빌딩 블록들이 어떻게 스스로를 복제하고 이 과정을 도와주는 효소를 형성했는지에 대한 설명은 모두 여전히 추측에 머물러 있습니다. 그러나 심해 열수구 이론(deep sea vent theory),[14] 방사성 바다 이론(radioactive beach theory),[15] 점토/결정 이론(crystal or clay theory)[16]을 비롯한 많은 흥미로운 아이디어들에 대한 연구가 진행되고 있습니다. 프랜시스 크릭(Francis Crick)을 비롯한 사람들에 의해 제안된 또 다른 의견은 지구상의 생명체에 대한 유일한 설명은 그것이 다른 행성에서 왔다는 것입니다.[17] 그러나 이런 유형의 설명은 질문을 원점으로 되돌려 놓을 뿐입니다. 그럼 이 외계 생명체는 어떻게 생겨났단 말입니까? 지구 생명의 기원에 대한 설득력 있는 과학적 설명은 아직 나오지 않았습니다.

생명체가 어떻게 생겨났는지에 대한 진화 이론은 주로 두 진영으로 나뉘어 있습니다. 유전자가 최초라는 가설과 대사가 최초라는 가설이 그것입니다. 유전자가 최초라는 가설은 현재 DNA보다는 RNA에 초점을 두고 있습니다. 일부 RNA 분자들은 효소로서 작용할 수 있는 능력이 있다는 것이 밝혀졌기 때문에, RNA가 정보 전달도 하고 그 정보를 복제할 수도 있었을 것이라는 주장이 나오고 있습니다. 이러한 관점에서 볼 때, RNA는 DNA와 단백질 합성에 선행하는 것입니다. 다른 한편으로, 대사가 최초라는 가설은 생물 발생 이전의 물질을 구성하던 분자들이 화학 회로와, 원시적인 대사 시스템인 화학 반응의 네트워크를 형성했다고 주장합니다. 이러한 대사 시스템이 RNA 이전에 존재했고 추후에 RNA 복제가 발생할 수 있는 환경을 제공했다는 것입니다. 많은 연구가 수행되었지만, 두 이론 모두 현재로서는 결정적인 증거가 없습니다.

연구자들은 최근 실험실에서 생물 발생 이전에 존재했던 분자로부터 자가복제를 하는 RNA를 만들어 냈습니다.[18] 하지만 불안정하기로 악명 높은 고분자인 RNA가 어떻게 초기 지구의 적대적인 환경—화학작용과 온도—에서 자가복제 시스템을 유지할 수 있었는지를 이해하기는 어렵습니다.

결론

방법에 상관없이 생명체가 출현했다는 것은 분명합니다. 또 최초의 생명체는 복제하고 다양화되기 시작한 단세포 유기체였음이 분명합니다. 생명의 기원에 관한 과학적 합의가 이루어지지 않았다고 해서 진화 이론[19]이 약해지는 것은 아닙니다. 진화 이론은 생명체가 이미 시작된 이후의 다양성을 설명하려는 시도일 뿐이기 때문입니다.

생명의 기원은 확실히 진정한 과학적 미스터리이지만, 사려 깊은 사람들이 자신의 신앙을 걸 만한 영역은 아닙니다. 생명의 역사에서 일어났던 모든 일은 하나님의 주권적 목적에 따라 일어났으며, 그리스도는 "만물보다 먼저 계시고, 만물은 그 안에 함께 섰"습니다(골 1:17).

Q19

화석 기록은 무엇을 보여 주는가?

화석은 지구 역사의 광대한 기간 동안 생명체가 어떻게 변화해 왔는지를 보여 주어 먼 과거를 볼 수 있는 창을 제공합니다. 암석층 안에서의 화석 배열은 고도로 질서정연하며, 전 세계에 걸쳐 과도기적 화석들이 풍부하게 존재합니다. 화석 증거만으로는 모든 생명체가 공통 조상으로 연관되어 있다는 사실을 증명할 수 없지만, 화석 기록은 그 결론과 일치합니다(그리고 그 결론을 상당히 시사합니다). 공통 조상을 전제로 하여 과도기 화석을 어디서 발견할 수 있을지에 대한 예측은 놀라운 발견을 가져왔습니다. 그리스도인에게 화석 기록은 하나님이 창조하신 세계를 돌아볼 수 있도록 해 주는 놀라운 선물입니다.

희귀하고 풍부하며 다양한 화석

화석은 바위, 호박, 타르, 얼음 또는 다른 매질을 통해 보존된 고대 생물들의 흔적입니다. 화석을 연구하는 과학자, 곧 고생물학자는 고대 생물이 어떻게 생겼는지, 어디서 살았는지, 무엇을 먹었는지, 어떻게 행동했는지를 밝히기 위해 다양한 기술을 사용합니다.

오늘날 우리는 오래전에 살았던 생물로부터 화석화된 이빨 또는 뼈가 나온 것을 당연하게 생각합니다. 그러나 꼭 그렇지만은 않습니다. 1600년대 화석이 체계적으로 연구되기 시작하자, 그 화석을 해석하는 방법에 대한 격렬한 논쟁이 있었습니다. 어떤 이들은 화석이 생물의 잔재가 아니라고 주장하기도 했습니다. 이것은 화석이 돌, 곧 뼈나 이

빨 또는 껍질이 아닌 주변 암석과 같은 종류의 돌로 만들어졌기 때문이었습니다. 또한 어떻게 그것들이 지구 깊숙이 매장될 수 있었는지에 대해 알려진 메커니즘이 없기 때문이었습니다. 더욱이 화석은 종종 어떤 현존 생물과도 닮지 않았으며, 그 당시 종은 창조된 이래로 '고정되어' 있거나 변하지 않는다고 널리 믿었기 때문입니다. 멸종은 불가능하다고 믿었습니다. 그러나 1600년대 후반에 사실상 화석이 과거 생물의 굳어진 잔재라는 주장이 논쟁에서 이기기 시작했습니다. 존 레이(John Ray)[1]와 윌리엄 스미스(William Smith)[2]와 같은 헌신적인 그리스도인들은 화석의 본질과 분포를 기술하고 이해하는 데 중요한 역할을 했습니다. 이러한 초기 그리스도인 지질학자들은 먼 과거에 살았던 생명체의 창조주로서 하나님을 믿었습니다.

화석이 풍부한 이유

화석화의 가능성은 지역의 조건과 유기체의 구성에 따라 크게 좌우됩니다. 죽은 후에 대부분의 생명체들은 공기에 노출되기 때문에 재빨리 먹히거나 분해됩니다. 유기체가 화석화되기 위해서는 저산소 환경에서 보존되어야만 합니다(산소는 죽은 유기체를 분해하는 호기성 종속 영양 박테리아가 자랄 수 있게 합니다). 나무 수액에 갇힌 곤충 한 마리,[3] 늪지에 갇힌 철기 시대의 인간,[4] 홍수로 인해 하류로 휩쓸려 퇴적물에 갇힌 공룡[5] 같은 것들은 희귀한 사건입니다. 그러나 생명체가 오랫동안 존재해 왔고 많은 생물들이 지구 위에 흔적을 남겼기 때문에, 우리는 오늘날 지구 역사의 대부분에 걸친 거대한 화석의 컬렉션을 가지게 되었습니다.[6] 가장 오래된 화석은 그린란드에서 발견된 미생물 덩어리인데[7] 37억 년[8]이나 되었답니다!

대부분의 화석은 이빨과 뼈와 같은 단단한 신체 부위를 가진 생물체에서 유래하지만, 많은 다른 종류의 화석도 존재합니다. 빙하 안에 얼려진 매머드는 수천 년에서 수천만 년 동안 놀랍게도 거의 분해가 되지 않은 채 보존될 수 있습니다. 과학자들은 가끔 공기에 노출되기 전까지 원래의 색을 그대로 간직하는, 자연 그대로의 나뭇잎이 고대의 호수 바닥에 짓눌린 채 존재하는 모습을 발견하기도 했습니다. 다른 예로는 공룡의 피부, 깃털 자국, 꽃가루, 무척추동물이 기어가거나 구멍을 판 흔적, 조개, 알이 보존된 공룡의 둥지, '석화된'[petrified, 고생물학자는 '광물화된'(permineralized)이라는 단어를 선호합니다] 나무가 있습니다. 과학자들은 심지어 화석화된 공룡 뼈 안에 보존된 연조직을 발견하기도 했습니다![9] 이러한 다양한 화석이 형성되는 과정을 화석생성론(taphonomy)이라고 부르며,[10] 고생물학의 흥미로운 연구 분야입니다.

퇴적암에 분포된 화석은 고도로 질서정연하다

화석은 퇴적암에서 가장 흔하게 발견되고, 화성암(마그마로 형성된 암석)에서는 드물게 발견되며, 변성암(열과 압력에 의해 변형된 암석)에서는 거의 발견되지 않습니다. 퇴적암은 광물 및 유기물질이 퇴적되고 궁극적으로는 지층(strata)이라 불리는 층으로 단단하게 합쳐지면서 형성됩니다. 때로는 이러한 현상이 급속하게 발생할 수 있지만, 전형적으로 주목할 만한 층들이 형성되기 위해서는 수백만 년이 걸립니다.

대부분의 경우, 오래된 지층은 오래되지 않은 지층 밑에서 발견됩니다. 마치 재활용 수거함 안에서 보통 지난주 신문이 오늘 온 광고지들보다 아래에 놓이는 것처럼 말이지요. 지질학자들은 이를 중첩의 원리라고 부릅니다.[11] 시간이 지남에 따라 암석층은 기울어지거나 접혀지거나 부서지거나 망가질 수도 있습니다. 그러나 과학자들은 종종 이러한 결과를 만드는 일련의 사건들을 밝혀낼 수 있습니다. 따라서 암석의 각 층에 있는 화석은 그 층들이 형성될 때의 환경에서 살았던 각 종류의 생물 표본인 것입니다. 이와 같은 방법으로 지층은 읽히고 해석될 수 있는 생명 역사에 대한 책의 '페이지들'인 것입니다.

화석은 몇 가지 방법으로 놀랍게도 질서 있게 분포되어 있습니다. 다윈의 시대가 오기 훨씬 전, 어떤 종류의 화석이 암석 기둥 내에서 항상 서로 같이 발견된다는 사실이 관찰되었습니다. 다시 말해, 어떤 종류의 생물은 서로 같이 발견되었고, 다른 종류의 생물과는 같이 발견되지 않았다는 것입니다.

삼엽충은 더 낮고 오래된 층에서 발견되었고, 거대 곤충과 양치류는 그보다는 덜 오래된 층에서 더 많이 발견되었으며, 공룡은 그보다도 더 오래되지 않은 층에서 더 많이 발견되었습니다. 서로 다른 층에 있는 화석군의 순서는 각 대륙에 걸쳐서도 장소에 상관없이 매우 일관적입니다. 한 화석군이 다른 화석군으로 대체되는 패턴은 너무 일정하여 동물군 천이의 원리[12]라고 알려지게 되었습니다.

동물군 천이는 멸종의 증거(종의 90퍼센트까지 손실된 대규모 또는 대량 멸종 사건[13]조차도)뿐만 아니라 새로운 종들의 일상적인 출현 증거도 보여 줍니다. 두 아이디어는 모두 1800년대에 놀라운 것이었지만, 오늘날에는 진화 이론에 반대하는 사람들에게조차 폭넓게 받아들여지고 있습니다.

오늘날 어떤 그리스도인들은 모든 화석이 수천 년 전 노아의 홍수 때 퇴적되었다고 믿습니다(창세기 6-9장). 이 경우가 참이라면, 모든 유형의 화석은 섞여 있어야 할 것입니다. 그러나 우리는 삼엽충과 꽃피는 식물을 같은 층에서 **결코 발견하지 못했으며**, 그랜드 캐니언[14]에서는 공룡 한 마리도 발견하지 못했습니다[그것들이 발견되기는 했지만, 암석 시대에 예상했던 대로 근처에 있는 그랜드 스테어케이스(Grand Staircase) 층군의 높은 층에서였습니다]. 화석 기록은 (다른 지질학적 증거와 마찬가지로) 전 지구적 홍수 재앙 사건이 한 번도 일어나지 않았음을 분명히 말해 주고 있습니다. 그러나 그렇다고 해서 홍수 이야기에 대한 역사적 근거가 전혀 의미 없다는 것은 아닙니다. 성경의 기록은 **신학적인** 역사라고 볼 수 있습니다.[15] 다시 말해, 신학적 목적을 위해 실제 사건(아마도 국지적 홍수 사건)을 굉장히 비유적인 언어로 기술했다는 말입니다.[16] 성경 무오성에 헌신된[17] 많은 성경학자들과 과학자들은 성경적·과학적인 이유로 홍수지질학을 거부합니다.

또한 화석은 다른 방식으로도 질서를 보여 줍니다. 특정 암석층은 그 암석층이 포함하고 있는 화석에 의해서 전 세계적으로 식별 가능할 뿐 아니라, 암석 기둥의 윗부분으로 갈수록 계통 내의 더 큰 생물체가 나타나는 경향을 볼 수 있습니다.[18] 크기의 경향은 계통 내에서만 일어나며, 계통 간에는 일어나지 않습니다. 포유동물은 위로 올라갈수록 커지지만, 공룡만큼 커지지는 않습니다. 더구나 작은 유기체는 모든 층에 존재하지만, 큰 동물은 바닥층에서는 발견되지 않습니다.

이러한 경향은 젊은 지구 창조론의 홍수지질학과 일치하기 어렵지만,[19] 암석층이 형성되기까지 수백만 년이 걸렸고 생명체가 공통 조상과 관련이 있다는 전제하에서 예측할 수 있는 점들과는 정확히 일치합니다.

풍부한 과도기 화석

진화 이론에 대한 많은 비판자들은 한 종에서 다른 종으로의 진화적 전환을 보여 주는 '과도기 화석'의 부재를 언급합니다. 어떤 의미에서는 그들이 맞습니다. 여러 이유로, 서로 다른 알려진 두 종 사이에 존재하는 계통에 확실히 해당되는 화석을 찾기는 아주 어렵습니다. 한 비유를 살펴보면 그 이유에 대한 힌트를 얻을 수 있습니다. 여러분이 가족 묘지에서 무덤을 무작위적으로 골랐다고 해 봅시다. 그 무덤이 여러분의 직계 조상인 증조할아버지의 것일 가능성은 낮겠지만, 아마도 먼 친척(여러분의 가족이기는 하지만 직계 조상은 아닌)의 무덤일 가능성은 꽤 높을 것입니다. 진화적인 가계도의 '무성함'(bushiness)으로 서로의 직계 조상이 아닌 가까운 관계의 종이 많이 존재할 수 있기 때문입니다.

따라서 진정한 과도기적 형태는 극히 희귀할 것이라고 예상할 수 있습니다. 이론적으로나 실제적으로나 진화론적으로 '사촌'인 종들이 훨씬 흔합니다. 그러나 그 종들은 가까운 공통 조상을 공유하기 때문에 여전히 과도기적이라고 여길 수 있습니다.

시조새(Archaeopteryx)가 전형적인 예입니다.[20] 시조새는 비조류인 공룡에서 조류로의 전환을 나타내지만, 현생 조류의 직계 조상은 아닙니다.

과학자들은 과도기 화석이라 할 만한 것들을 많이 발견했습니다.[21] 그것들은 대부분 이른바 '소진화론적' 전환에 해당되지만, 각각의 주요한 진화적 전환에서도 존재합니다. 가끔 과도기 화석의 전체 순서가 알려지기도 합니다.[22] 이러한 주요한 전환의 예는 육지에 적응하는 어류의 많은 계통 중 하나, 공중비행으로 진화하는 초기의 수각류 공룡의 한 계통, 수상 서식지에 적응하는 육상 포유동물, 인간으로 진화하는 영장류의 한 계통 등입니다. 이제 우리는 한 가지 예를 들 수 있습니다. 바다에서 육지로의 전환입니다.

전환기에서 땅으로: 바다 생물에서 육지 동물로

육지 동물(또는 사지동물)의 화석은 약 3억 7천만 년 전의 암석에서 처음 나타납니다. 더 오래된 암석에서는 바다 생물만 발견될 뿐입니다. 그러나 1998년 과학자들은 3억 7천만 년 전의 화석화된 지느러미[23]를 발견했는데, 인간의 손가락 다섯 개와 비슷한 여덟 개의 가락으로 이루어져 있었습니다. 그러나 그 지느러미는 의심할 여지 없이 물고기의 지느러미였습니다. 이는 이 화석이 과도기적 형태의 강력한 증거라는 것을 의미합니다.

화석 기록을 조사할 때 커다란 성공 사례 중 하나는, 물에 적응된 척추동물과 육지에 적응된 척추동물 사이에 거의 완벽한 화석화된 전환이 있다는 사실을 발견했을 때입니다. 진화 생물학자 닐 슈빈(Neil

Shubin)은 1998년에 발견된 지느러미보다 더 완전한 과도기적 표본을 찾기 시작했습니다.[24] 과도기적 육지/수중동물을 품고 있을 것으로 예상되었던 암석의 정확한 나이를 결정한 후, 그와 그의 팀은 그 나이에 해당하는 북극의 침식된 암석에서 하나의 표본을 찾기 위해 네 번의 여름을 보냈습니다. 결과는 엄청났습니다. 그들은 아가미와 비늘이 있는 물고기를 발견했지만, 그 물고기는 악어 같은 평평한 머리와 얕은 곳에서 동물의 무게를 지탱할 수 있게 해 주는 강한 지느러미를 가지고 있었습니다. 그 표본의 이름은 틱타알릭(Tiktaalik)으로 붙여졌으며,[25] 진화 이론의 예측력을 보여 주는 놀라운 예입니다.

하나님에 대해 말해 주는 화석

가끔 화석의 아름다움과 경이는 진화에 대한 논쟁에서 잊혀집니다. 우리가 한 걸음 뒤로 물러날 때, 우리가 발견한 모든 새로운 화석은 선물이라는 것을 알 수 있습니다. 그 선물은 우리 행성 위에서 벌어진 생명의 역사라고 할 수 있는, 광대하고 복잡한 퍼즐의 작은 조각과도 같은 것이지요. 그리스도인들에게 화석은 하나님이 만드신 세계를 반추해 볼 수 있도록 도와줍니다.

바다에 사는 파충류 군인 모사사우르스(mosasaurs)를 생각해 봅시다.[26] 스쿨버스만큼 긴 이 무시무시한 포식자는 2천만 년 동안 바다를 지배했습니다(참고로 비교해서, **호모 사피엔스**는 지상에서 오로지 20만 년 동안 존재하고 있습니다!)

멸종된 생물의 거대한 수와 다양성, 상이점,

그들이 살았던 광대한 시간은 무엇을 말해 주는가?

첫째, 그들은 인간이 생겨나기 오래전인 수백만 년 동안 포식과 멸종이 실재했음을 밝혀 줍니다. 이 말은, 일부 그리스도인이 믿는 것처럼 포식과 멸종이 타락의 결과가 아니라,[27] 하나님의 선한 세상의 일부라는 의미입니다. 이것은 무시무시한 생명체(욥 38-41장)의 힘과 포악함에서도 기뻐하시는 창조주에 대한 묘사와 일치하지만, 아마도 삶과 죽음에 대한 우리의 이해와는 미묘한 차이가 있을 것입니다.

둘째, 관련된 오랜 시간은 하나님이 엄청난 시간을 들여 창조하신다는 것을 알려 줍니다. 하나님은 참을성이 좋으십니다! 그 오랜 시간에 걸친 셀 수 없이 수많은 종의 출현은 창조가 "단번에 끝난" 사건[28]이 아니라 지속 중이라는 것을 의미합니다. 이러한 관찰은 창세기 1장에 나오는 창조 기간[29]을 우리가 어떻게 해석할 수 있는지에 영향을 끼칩니다.

마지막으로, 우리는 하나님이 창조하신 엄청나게 많은 대다수의 생명체를 더 이상 지구에서 볼 수 없다는 사실과 씨름할 필요가 있습니다. 그들은 한동안 존재했습니다. 평생 **인간의 즐거움을 위해서나 인간에게 사용되기 위해서가 아니라,** 오직 하나님의 선하신 목적과 기쁨을 위해 존재했던 것입니다. 하나님은 그분이 원하시는 것은 어떠한 방법으로든 창조하실 수 있었지만, 이러한 방법으로(곧 칼뱅의 해석으로 일반 계시) 창조하기로 선택하셨던 것입니다. 고대의 아름답고 매혹적인 화석은 우리에게 그 방법에 대한 단서를 제공하고 있습니다. 우리는 피조물의 삶을 엿볼 수 있게 해 주는 고된 일에 대해 과학자들에게 감사해야 합니다.

Q20

진화는 새로운 정보를 만들 수 있는가?

일부 진화 이론 비판자들은 자연적 과정이 새로운 종을 만들어 내는 데 필요한 새로운 유전 정보를 생성하는 것을 설명할 수 없다고 주장합니다. 우리는 유전 정보의 복잡성에 혀를 내두르지만, 대부분의 생물학자들과 의견을 같이하며, 우리가 이해하고 있는(우리가 하나님의 섭리에 따른 것이라고 이해하는) 과정들이 늘 새로운 정보를 생산해 낸다는 사실에 동의합니다.

우리의 불완전한 직감

DNA는 종종 살아 있는 개체를 만들어 내는 사용 설명서에 비유되는데, 많은 사람들은 이 설명서가 새로운 것을 만들어 내기 위해 스스로를 변화시킬 수 있다는 것을 직관적으로 믿기 어려워합니다. 이 직감이 사실이라면, 이는 새로운 정보를 산출해 내기 위해서는 어떠한 지적 존재가 개입되어 있어야만 한다는 말이 됩니다.

이에 대응하기 위해, 우리는 우리의 직감이 가능한 것에 대해 항상 믿을 만한 길잡이가 되어 주지는 못한다는 점을 먼저 고려해야 할 것 같습니다. 17세기 이전에는 지구가 자전하고 태양 주위를 돈다는 것이 대부분의 사람들에게는 불가능한 일이었습니다. 여러분이 빨리 움직일수록 시간이 천천히 간다는 것은[1] 여전히 대부분의 사람들에게 불가능한 사실처럼 보입니다. 아마도 우리의 직감은 오랜 기간 자연적 과정을 통해 일어나는 DNA 변화가 가능한지에 대해서도 마찬가지로 믿을 만하지 못할 것입니다.

자연적 과정에서 하나님의 역할

자연적인 메커니즘에 대한 우리의 직감을 믿기 어렵다는 사실 외에도, 만약 어떤 사건에 대해 자연적이거나 과학적인 설명이 존재한다면, 많은 사람들은 하나님이 이 부분에서는 적극적인 역할을 할 수 없다고 생각하는 것 같습니다.

우리는 때때로 하나님이 과학적으로 설명할 수 없는 것들을 실행하시기 위해 기적을 행하신다고 확신합니다(부활, 물로 포도주를 만드신 일 등 성경이 증언하는 다양한 기적들을 생각해 보십시오). 그러나 우리는 또한 하나님은 과학이 설명할 수 있는 규칙적이고 일관된 방법을 통해서도 자연 세계에서 자신이 원하는 바를 이루실 것이라고 확신합니다. 우리가 이 과정에 대한 상세한 과학적 설명을 하고 있음에도, 하나님이 하와이 제도를 만드셨고 우리를 어머니의 자궁에서 지으셨다고 하는 것은 신학적으로 전혀 틀린 말이 아닙니다.

그래서 여기서의 질문은 DNA의 정보 생성과 발달이 과학적으로 설명이 불가능한 기적적인 사건 중 하나인지, 아니면 과학이 설명할 수 있는 규칙적이고 일관된 과정인지의 여부입니다. 어느 쪽이든, 하나님은 모든 생명의 창조주이십니다. 우리는 자연 세계에서 하나님이 어떤 방법으로 그것을 이루셨는지를 결정하는 증거를 고려해야 합니다.

생명의 기원

진화가 새로운 정보를 생성할 수 있는지를 질문하기 전에 먼저 개념을 명확히 해 두는 것이 중요합니다. 진화 과정은 이미 존재하는 개체에서 일어나기 때문에, 우리는 진화 과정을 생명의 기원이 아닌 생명의 다양화에 대한 설명으로 이해해야 합니다. 생명의 기원(abiogenesis라고 불리는 연구 분야)에 대한 활발한 과학 연구가 진행되고 있지만,[2] 현재로서는 전문가들 사이에서조차 생명의 기원을 두고 타당한 과학적 설명에 합의를 보지 못하고 있습니다. 아마도 생명의 기원은 과학적으로 설명할 수 없는 기적 같은 사건이었거나 아직 과학자들에 의해 그럴 듯하게 설명되지 않는 상태일 것입니다. 이 글은 이러한 내용에 초점을 두지 않습니다.

정보를 정의하기

이 질문에서 한 가지 더 명확하게 짚고 넘어갈 용어는 '정보'입니다. 이 용어는 흔히 여러 다른 방식으로 사용되며, 이를 구별하지 못하면 종종 혼란을 가져오게 됩니다.

과학과 기술의 다양한 분야에는 서로 다른 상황에 맞게 개발된 정보의 정밀한 수학적 정의들이 있습니다. 가장 잘 알려진 것 중 하나는, 통신 체계에서 데이터 전송에 가장 효율적인 방법을 결정할 때 사용되는 섀넌 정보(Shannon Information)입니다.[3] 이것은 인터넷을 작동시키는 데 굉장히 중요하지만, DNA에 담긴 정보와는 다릅니다.

가장 흔한 '정보'의 사용은 어떤 종류의 기호 코드에 의해 전달되는 의미입니다. 일상 언어에서는 단어들이 특정 개념을 설명하기 위한 상징적인 코드가 되며, 그것이 특정 방식으로 함께 연결되면 비로소 정보를 전달하게 되는 것입니다. 신문 스포츠 섹션에 게재된 점수 목록은 이미 일어난 일들의 상징적 표현이기 때문에 과거에 대한 정보를 전달합니다. 요리법은 단어와 기타 기호들을 사용하여 음식을 요리하는 방법에 대한 정보를 전달합니다. 컴퓨터 코드에는 프로그래머가 부호화한 정보가 들어 있습니다.

이러한 '정보'의 의미를 이해하는 열쇠가 있습니다. 자연 언어나 프로그래밍 언어에서 사용되는 기호는 어떤 다른 것을 의미한다는 것이며, 그것은 우리가 새로운 의미를 부여했기 때문이라는 것입니다. 그 '의미'는 이러한 의미에서 바로 정보입니다. 자연 과정이 이런 종류의 정보를 생성할 수 있는지에 대해서는 의문의 여지가 있습니다. 그러나 그것은 DNA 안에 담긴 정보와 다릅니다.

'정보'라는 단어의 또 다른 사용법이 있습니다. 그것은 자연 과정이 새로운 정보를 생성할 수 있는지에 대한 질문에서 찾을 수 있습니다. **DNA 단계에서의 정보는 생물이 어떻게 기능하는지를 결정하는 생체 분자의 '특정한 물리적인 상태'를 의미합니다.** 이 의미에서 우리는 한 개체의 DNA 정보에 대해 이야기합니다. 그러나 DNA는 언어나 심지어 컴퓨터 코드와 같은 기호 코드는 아닙니다. 그것은 다른 어떤 것을 **뜻하는** 기호들로 이루어져 있지 않습니다. A, T, G, C는 분자 구조를 설명하기 위해 우리들이 사용하는 기호입니다. DNA 자체가 실제로 문자로 이루어져 있는 것은 아닙니다. DNA는 어떤 것을 **할 수 있는**

특정한 모양을 가진 분자입니다. 이러한 의미에서 자연적 과정이 새로운 정보(곧 이전과는 다른 어떤 것을 하는 분자들의 연결)를 생성할 수 있는지 묻는다면, 대답은 분명히 "예" 입니다.

새로운 생물학적 정보의 예

유전체의 정보가 생물 분자의 물리적 상태로 이해된다면, 생식 과정은 각 세대마다 새로운 정보를 생산해 낼 것입니다. 자녀가 부모와 어떻게 다른지 살펴보십시오. 이러한 변화는 새로운 정보를 필요로 합니다. 또한 새로운 정보는 유전체의 돌연변이가 있을 때마다 생성되는데, 이는 한 개체에서 그 다음 세대로 전달됩니다. 그러한 돌연변이가 개체에 해로운 정보를 야기할 때가 있습니다. 그러나 또 어떤 경우에는 돌연변이가 아무런 해를 야기하지 않거나 심지어 유익이 될 때도 있습니다. 이때 새로운 정보는 후대에 긍정적인 영향을 미칠 수 있습니다.

돌연변이가 어떻게 새로운 정보를 이같이 생성할 수 있는지 알기 위해, 우선 DNA가 이중나선 구조(나선 계단 모양, 그림1 참조)라는 사실을 기억할 필요가 있습니다. 이 '가닥'은 당과 인의 반복되는 단위로 이루어져 있습니다. 동시에 '계단'은 염기라는 분자들의 쌍으로 이루어져 있습니다. 네 가지의 염기가 있습니다. 아데닌(A)과 타이민(T)은 항상 짝을 이루고, 구아닌(G)와 사이토신(C)도 항상 짝을 이룹니다. 진핵세포에서는 이중나선 그 자체가 히스톤(histone)이라 불리는 단백질 주위를 감싸고 있는데, 이 구조를 뉴클레오솜(nucleosome)이라고 합니다.

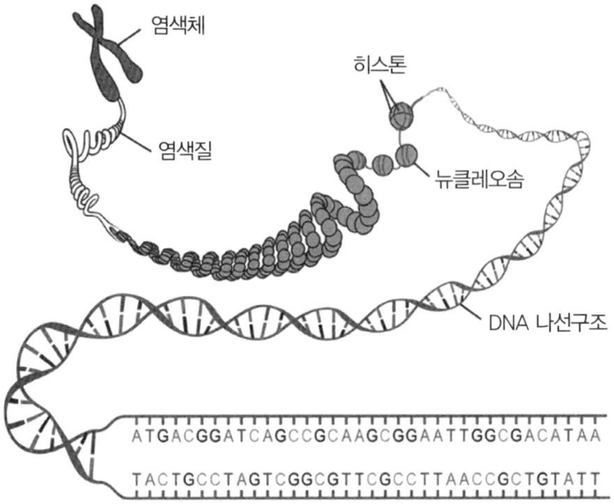

그림1 염색체의 구조

뉴클레오솜은 염색질(chromatin)이라 불리는 조밀한 구조로 한층 더 패킹되는데, 이러한 방식으로 유전 정보가 세포의 아주 작은 핵 안에 모두 들어갈 수 있는 것입니다(한 세포 안에 들어 있는 DNA를 죽 펼치면 약 2미터가 됩니다!)

단백질은 세포 안에서 대부분의 일을 담당하며, 그 기능은 그것들의 모양과 연관이 있습니다. 단백질의 모양은 20가지로 존재하는 아미노산이라는 빌딩 블록들의 직선 서열에 의해 결정됩니다. 코돈(codon)이라 불리는 세 개의 DNA 염기 단위는 특정 아미노산으로 전환되며, 이들의 조합은 특정 단백질을 구성하게 됩니다. 그러므로 DNA의 한 나선 가닥을 이루는 염기서열은 궁극적으로 우리 몸 안에 있는 모든 단백질의 합성을 유도합니다(물론 실제는 더욱 복잡한 과정이며, 모든 DNA가 단백질을 만들지는 않습니다).

아홉 개 뉴클레오타이드(nucleotide)로 이루어진 다음의 짧은 조각이 세 개의 코돈으로 무리 지어진 것을 생각해 보시기 바랍니다.

ACT CCT GAG

코돈 ACT는 아미노산 트레오닌(threonine)을 코딩하고, CCT는 프롤린(proline)을, GAG는 글루탐산(glutamic acid)을 코딩합니다. 그러나 코돈 GAG에서 A가 T로 변이를 겪으면, 코돈 GTG가 생겨나는데, 이는 아미노산 글루탐산에서 발린(valine)으로의 치변환을 가져옵니다. 이 단순한 한 가지 변이는 충분히 심각한 영향을 야기할 수 있습니다. 사실 위의 예는 우리 몸의 헤모글로빈 유전자에 변이가 생겨 겸상 적혈구성 빈혈(sickle cell anemia)을 일으키는 방식입니다. 이러한 변이를 점 돌연변이(point mutation)라고 합니다(단 한 개의 염기만 바뀌기 때문에). DNA의 정보 상태를 바꾸게 되는 이런 종류의 돌연변이에는 수많은 예가 있습니다. 바뀐 DNA는 바뀌기 전의 DNA와 다른 역할을 하게 됩니다. 양쪽 부모가 아닌 한쪽 부모로부터 물려받은 이러한 유전자 변이를 가지고 있는 사람은 질병에 걸리지 않을뿐더러, 어느 정도는 말라리아의 공격으로부터 보호받을 수 있습니다. 이는 특정한 집단의 사람들에게만 나타나는 긍정적인 결과입니다. 따라서 이 변이 유전자는 말라리아가 전통적으로 많은 지역의 사람들과 그들의 자손에게 더 빈번하게 나타납니다. 이러한 예는 우리가 이해하는 자연적인 메커니즘을 통해 새로운 상태로의 생체분자 형태가 새로운 정보를 만들 수 있음을 보여 주는 것입니다.

유전자가 '켜지거나' 발현하는 시기와 장소에 영향을 미치는 유전자 조절 영역에서도 돌연변이가 생길 수 있습니다. 유전자 조절 영역의 염기서열에서 일어나는 돌연변이는, 단백질이 새로운 장소에서 생성되게 하거나 이전에 비해 더 많거나 더 적은 양으로 생성되게 합니다. 유전자 조절에서의 작은 변화는 큰 결과를 초래할 수 있습니다. 뱀이 좋은 예입니다. 뱀은 사지가 없음에도 팔다리가 네 개인 사지동물(tetrapods)로 분류됩니다. 사지 발달에 중요한 단백질을 생산하는 유전자는 여전히 뱀의 DNA에 존재하기는 하지만, 더 이상 발현하지 않으므로 사지가 형성되지 않는 것입니다(사지의 발생 초기 단계의 구조는 건재하지만 말입니다).

유전체에서 새로운 정보를 개발하는 또 다른 방법은 수평적 유전자 전이(Horizontal Gene Transfer, HGT)[4]입니다. 이 방법은 다른 종의 개체 간 유전자 정보를 교환하는 것입니다. 반면에 한 종에서 부모로부터 자녀에게로 전달되는 것을 '수직적' 유전자 전이라고 합니다. 박테리아가 야구 카드처럼 유전자를 교환할 수 있고 유전자 교환을 통해 새로운 환경에 재빨리 적응할 수 있기 때문에, 이 HGT는 박테리아 진화에 매우 중요합니다.[5] 예를 들어, 박테리아는 HGT로 항생제 내성을 가집니다.[6]

DNA 정보 상태의 한 가지 또 다른 극적인 변화는 유전자나 염색체 혹은 전체 유전체가 복제될 때 발생하며, 때로는 기존에 없었던 새로운 결과를 야기하기도 합니다. 예를 들어, 한 새로운 가재 종 대리석

가재(marbled crayfish)는[7] 약 30년 전에 흔한 진창가재(slough crayfish) 두 개체의 짝짓기 결과로 탄생했으며, 그 과정에서 가재는 두 개가 아닌 세 개의 염색체 사본을 가지게 되었습니다. 이 돌연변이로 인해 탄생한 새로운 종은 스스로 복제(무성생식)를 할 수 있게 되었습니다. 초기 형태의 척추동물은 그들의 진화 계통에서 두 번의 전체 유전체 복제 사건을 거쳤다는 좋은 증거가 있습니다. 그 영향은 인간을 포함하여 오늘날 살아 있는 모든 척추동물에서 관찰할 수 있습니다.

과학자들은 생물체의 유전체에서 일어날 수 있는 많은 다양한 종류의 변화를 알아냈으며, 이들 모두는 새로운 정보의 출처를 나타냅니다.

결론

사람들은 진화가 새로운 정보의 발달을 설명할 수 없다고 주장할 때, 보통 정보의 두 번째 정의, 곧 상징적 코드에 의미를 부여하는 인간(또는 다른 지적인 존재)에 의존하는 유형에 염두를 둡니다. 우리는 그것을 설명하는 자연 과정을 모릅니다. 그러나 그것은 DNA의 정보와 다릅니다. 거기서 우리는 모든 세대와 함께 변할 수 있고 또 변하고 있는 놀라운 일련의 생체분자들을 발견합니다. 변화할 때마다 생리학적 변화를 일으키는 새로운 정보가 있습니다. 대부분의 경우, 이러한 변화는 중립적이거나 심지어는 유기체에 해를 끼치기도 합니다. 그러나 가끔은—특히 많은 변화가 시간에 따라 누적될 때—혁신이 일어나고 점차 새로운 종들이 생겨날 수도 있습니다.

이 과정이 쓸모없지는 않을까요? 전능하신 하나님이 사물을 보다

효율적이고 직접적으로 창조하시지 않았을까요? 하나님의 마음을 안다고 주장하거나 그분께 어떻게 해야 하는지를 말하는 것은 위험한 일입니다(욥에게 물어보십시오!) 그러나 우리는 하나님이 역사를 통해 어떻게 일하셨는지에 대한 분명한 기록을 가지고 있습니다. 우리가 그 기록에서 보는 것은 예수님이 묘사하신 씨 뿌리는 자의 비유와 일치합니다(거기에는 씨 뿌리는 자가 함부로 씨를 뿌립니다). 어떤 씨는 뿌리를 전혀 내리지 못했고, 어떤 씨는 빠르게 싹을 틔웠지만 돌밭에 떨어졌기 때문에 오래도록 자라지 못했고, 또 어떤 씨는 가시밭에서 떨어져 잘 자라나지 못했습니다. 그러나 일부는 비옥한 땅에 떨어져 농부가 의도했던 식물을 생산했습니다.[8] 이것은 지구상 생명체의 역사에서 발견되는 것과 같은 패턴입니다. 왜 창조주가 수백만 종을 죽게 만드셨는지 의문을 제기한다면, 우리는 씨 뿌리는 자가 왜 그렇게 많은 양의 씨를 함부로 낭비하며 뿌렸는지에 대해서도 의문을 제기할 수 있습니다. 아마도 효율성이 주요 목표는 아니었을 것입니다. 우리는 창조된 질서와 협력하여 놀랍도록 풍성한 삶을 가져다주신 하나님을 찬양할 수 있습니다.

Q21

지구와 우주의 나이는 어떻게 계산되는가?

독립적으로 실행된 많은 측정 결과 덕분에 지구와 우주의 나이가 수십억 년이라는 사실은 입증되었습니다. 지질학자들은 빙하에서 최소한 수만 년은 된 층들을 발견했는데, 매년 쌓아 온 층으로 보였습니다. 방사선 동위 원소법에 의한 연대 측정과 결합했을 때, 그 얼음층들이 수십만 년이나 되었다는 것을 알아낼 수 있었습니다. 알려진 방사선 동위원소의 변화율을 이용하여, 일부 지구에 있는 암석은 수십억 년 된 것으로 밝혀졌으며, 가장 오래된 태양계의 암석은 약 46억 년으로 추정하고 있습니다. 천문학자들은 은하까지의 거리와 빛의 속도를 이용하여 빛이 수십억 년 동안 여행해 왔다는 것을 계산해 냅니다. 우주의 팽창은 우주 전체의 나이를 137억 년이라고 알려 줍니다.

서론

천문학자들과 지질학자들은 우주와 지구의 나이가 수십억 년이라고 결론을 지었습니다. 이러한 결론은 하나의 측정이나 계산이 아닌 다양한 증거들에 기반합니다. 여기서 우리는 오래된 지구에 대한 두 종류의 증거와 오래된 우주에 대한 두 종류의 증거를 제시해 보려고 합니다. 추가 자료에서는 더 많은 종류의 증거들을 발견할 수 있을 것입니다. 이러한 방법은 주로 개별적인 관측과 논증에 기초하며 서로 독립적이지만, 모두 1만 년이라는 시간보다는 훨씬 더 오래된 역사를 말해줍니다. 그리스도인으로서 우리는 하나님이 이 세상을 창조하셨으며, 이 세상은 하나님의 영광을 선포한다는 사실을 믿습니다. 그래서 우리는 자연이 그 역사에 대해 우리에게 말해 주는 바를 무시할 수 없습니다.

나이테에 따른 지구의 나이

여러분이 나무를 수평으로 자른 단면을 본 적이 있다면, 여러분은 매년 나무가 어떻게 나이테를 하나씩 만들어 가는지를 본 것입니다. 수년간의 가뭄은 나무가 빨리 자라지 못하게 만드는데, 이때 나이테는 좁게 형성됩니다. 반면, 건강한 성장을 할 때 나이테는 두꺼워집니다. 나무의 나이는 단순히 나이테를 세면서 알 수 있는 것이지요. 과학자들은 나이테의 두껍고 얇은 패턴을 기록된 기후와 비교함으로써, 이 방법이 정확하다는 것을 확인했습니다. 이 방법은 오래전에 숲에서 쓰러져 죽은 나무에서도 사용될 수 있습니다. 예를 들어, 죽은 나무의 마지막 200개 나이테는 살아 있는 나무의 초기 200개 나이테와 일치할 수 있으므로, 두 나무를 통해 더 오래전까지 측정할 수 있는 것입니다.

이와 같은 방법으로 여러 나무들을 이용하면 숲의 종합적인 연대기표를 작성할 수 있습니다. 유럽의 오크 나무로는 1만 2천 년의 연대기표를 작성할 수 있었습니다.[1] 또한 빙하 속에는 해마다 누적되어 온 층이 존재하는데, 나무의 나이테와 마찬가지 방법을 적용하면 더 오래된 역사를 거슬러 올라갈 수 있습니다. 강설량은 매년 모든 계절에 걸쳐 다양하지만, 어쨌든 해마다 하나의 층이 형성됩니다. 과학자들은 빙하의 '핵'을 주의 깊게 추출함으로써 과거의 역사가 5만 년 이상임을 확인했습니다.[2] 나무의 나이테와 마찬가지로, 이 방법은 기후에 대한 역사적 기록은 물론 빙하 속 얇은 먼지 층을 남긴 지구 전체의 화산 분출 기록과도 비교하여 확인될 수 있습니다. 과학자들은 빙하 깊숙이 얼음 구멍을 뚫어서 그린란드에서 12만 3천 년,[3] 남극에서 74만 년 된 얼음을 발견했습니다.[4] 이러한 층들은 젊은 지구 창조론자들이 주장하는 1만 년보다 훨씬 더 오래된 것입니다. 지구는 최소 74만 년이 된 것이지요.

방사선 연대 측정으로 계산된 지구와 태양계의 나이

여러분은 고등학교 과학 수업 중 아마도 벽에 걸려 있는 커다란 주기율표를 본 적이 있을 것입니다. 주기율표는 우리를 둘러싼 세계를 구성하는 원자의 종류를 보여 줍니다. 원소는 중성자의 수가 다른 동위원소를 가지고 있습니다. 몇몇 동위원소는 불안정하여, 시간이 지나면서 다른 원소의 동위원소로 '붕괴'됩니다. 예를 들어, 칼륨-40(Potassium-40, 원소번호 19)은 불안정하여 아르곤-40(Argon-40, 원소번호 18)으로 붕괴됩니다. 시간이 지나면, 암석은 점점 더 많은 아르곤-40과 점점 더 적은 칼륨-40을 가지게 될 것입니다. 방사선 연대 측정이 가능한 이유는 이러한 붕괴가 동위원소의 '반감기'라고 불리는 특정한 속도로 일어나기 때문입니다. 반감기란 방사선 물질 절반의 양이 한 원소에서 다른 원소로 바뀌는 데 걸리는 시간입니다.

몇몇 동위원소는 수 분 내지 수년의 짧은 반감기를 가집니다. 그러나 칼륨-40의 경우 반감기가 13억 년이나 됩니다. 방사선 연대 측정은 주어진 샘플 내 두 원소 간의 초기 비율을 알아야만 합니다. 이 경우, 아르곤-40은 녹은 암석 상태에서 생성될 때 쉽게 배출되어 빠져나오는 가스입니다. 그러나 암석이 단단해지면, 모든 아르곤-40은 그 샘플 안에 갇히게 되고, 그 시간 이후 칼륨-40이 얼마나 붕괴되었는지 정확한 기록을 알 수 있게 됩니다. 그래서 우리가 칼륨-40과 아르곤-40의 양이 똑같은 암석을 발견하게 된다면, 칼륨-40의 절반이 아르곤-40로 붕괴되었다는 것을 알 수 있게 되고, 그 암석은 13억 년 전에 형성되었음을 알 수 있게 되는 것입니다.[5]

지구 표면의 거의 모든 암석은 시간이 지남에 따라 변화를 거칩니다. 대부분의 오래된 암석은 바람과 물에 의해 침식되어 왔거나 대륙판 아래에 가라앉았습니다. 신뢰할 만한 측정으로 가장 오래된 암석 형성은 그린란드에서 발견되며, 여러 가지 다른 동위원소 측정으로 36억 년 된 것을 측정했습니다.[6] 또한 과학자들은 최근 오스트레일리아 서부에서 (침식에 잘 견디는) 지르콘 알갱이가 44억 년 된 것을 측정했습니다.[7] 침식되지 않은 더 오래된 암석을 찾기 위해서는, 우리는 지구 밖을 살펴봐야 합니다. 운석은 최근에 태양계에서 지구로 떨어진 암석이며, 침식 과정을 많이 겪지 않았습니다. 침식이 일어나지 않은 운석의 깨끗한 내부는 태양계가 시작되었던 시기를 측정할 수 있게 해 줍니다. 거의 모든 운석은 45.6억 년이라는 같은 방사성 연대를 가지고 있습니다.[8] 그러므로 지구를 포함한 태양계는 약 45.6억 년이 된 것입니다.

빛의 여행 시간으로 계산된 은하계의 나이

별과 은하계의 나이, 우주 전체의 나이는 얼마나 될까요? 이러한 나이를 측정하는 한 가지 방법은 빛의 여행 시간을 이용하는 것입니다. 빛은 믿을 수 없을 만큼 빠릅니다(초당 30만 킬로미터). 지구에서 빛의 여행 시간으로 인한 지연 현상은 느낄 수 없을 만큼 아주 미미합니다. 그러나 우주에서는 여행 거리가 광대하기 때문에 빛이 태양으로부터 우리에게 도달하는 시간은 8.3분, 가장 가까운 별에서부터는 4.3년, '우리 은하'로부터는 약 8천 5백 년 걸립니다. 이러한 지연이 의미하는 바는 우리가 보는 것이 지금 현재 상태가 아닌 그 빛이 출발했을 때의 모습이라는 뜻입니다. 우주는 사실 일종의 '타임머신'으로 작동합니다. 그 안에서 우리는 단순히 멀리 봄으로써 과거를 들여다볼 수 있습니다.

빛의 여행 시간 측정은 우리가 빛의 속도를 알고 거리를 측정할 수 있다면 간단히 할 수 있습니다. 빛의 속도는 여러 실험을 통해 잘 알려져 있으며, 다양한 천문 관측 자료는 빛의 속도가 우주가 생긴 이래로 바뀌지 않았음을 검증했습니다. 그러나 천문학에서 거리 측정은 간단하지만은 않습니다. 여러분이 여기서부터 은하계 중심까지 자를 이용해 거리를 잴 수는 없습니다. 그 대신 천문학자들은 거리를 결정하기 위해 기하학적인 계산과 밝기 측정과 같은 몇 가지 연동된 방식들을 사용합니다. 예를 들어, 어떤 은하는 같은 종류의 다른 은하보다 더 작고 희미하게 보이는데, 이것은 그 은하가 더 멀리 떨어져 있음을 보여 줍니다.[9]

우리 은하에서 가까운 이웃 은하인 안드로메다는 230만 광년 떨어져 있습니다. 이 말은 우리가 230만 년 전의 안드로메다를 보고 있다는 것입니다. 그러나 이렇게 먼 은하가 우리의 이웃 은하인 것입니다. 최근 수십 년간 천문학자들은 수십억 광년 떨어진 곳에 위치한 은하를 관측했습니다. 빛이 우리에게 수십억 년이 걸려 도달했다면, 우주는 적어도 그 정도의 나이를 먹었음이 틀림없습니다. 이 방법은 (운석을 이용한) 태양계의 방사선 연대 측정과 완벽하게 독립적이며, 이 두 가지 방법 모두 우주의 나이가 수천 년이 아닌 수십억 년임을 말해 줍니다.

팽창으로 측정된 우주의 나이

천문학자들은 은하들의 거리를 측정할 수 있을 뿐 아니라, 은하들이 어떻게 움직이는지도 측정할 수 있습니다. 은하들은 우주에 고정되어 있지 않고, 무작위로 움직이지도 않습니다. 일부 은하들은 서로 간의 중력이 끌어당기기 때문에 이웃 은하를 향해 움직이고 있습니다. 그러나 우리가 보는 가장 큰 패턴은 은하들이 서로 멀어지고 있다는 것입니다. 멀어지는 속도는 같지 않습니다. 멀리 떨어진 은하가 더 빨리 움직이고 있지요.

이러한 특정한 패턴은 전 우주가 팽창하고 있음을 말해 줍니다. 그 이유를 설명하기 위해, 건포도 빵 한 덩어리를 떠올려 보십시오. 건포도는 은하와 같고 반죽은 우주 공간의 구조와 같습니다. 반죽이 부풀어 오르면 반죽에 박혀 있는 건포도 사이 간격은 멀어집니다. 빵의 반대쪽에서 출발한 건포도는 반죽이 부풀어 오르며 몇 센티미터 떨어졌겠지만, 서로 가깝게 있다가 출발한 건포도는 겨우 1센티미터도 못 미치는 거리만을 이동했을 것입니다. 즉, 건포도의 움직이는 속도는 그것들 사이의 떨어진 정도에 비례하는 것이지요. 같은 방법으로 우주 공간도 우주가 팽창하면서 점점 은하들을 더 멀리 밀어내고 있습니다.

천문학자들은 은하의 움직임을 빛의 스펙트럼을 관찰하면서 측정했습니다. 하나의 은하가 공간의 팽창으로 움직이면, 그것이 내는 빛의 파장은 늘어지고 더 붉게 관찰됩니다. 이러한 은하의 색 변화를 '적색편이'라고 부르며, 은하가 움직이는 속도를 계산할 때 사용될 수 있습니다. 수많은 은하들의 움직임을 측정한 결과에 기반하여 천문학자들은 전체 우주의 팽창 속도를 정확히 계산할 수 있는 것입니다.

우주의 나이는 우주 팽창을 되돌려, 과거 우주의 모습을 이미지화함으로써 결정될 수 있습니다. 과거에는 은하들이 서로 더 가까웠던 것이 틀림없습니다. 더 먼 과거에서 그 은하들은 하나의 작은 점에 응축되어 있었을 것입니다. 우주 팽창률이 시간에 따라 일정하다고 가정한다면, 전체 우주의 나이는 100억 년 정도 됩니다. 그러나 천문학자들은 지난 20년 동안 그 팽창률이 시간에 따라 어떻게 변하는지 결정하기 위해 노력해 왔습니다. 이제 우리는 우주의 초기에는 팽창 속도가 느렸고, 지금은 그 속도가 빨라지고 있다는 것을 알고 있습니다. 이 팽창률 변화에 대한 신중한 측정을 통해 우주의 나이는 이제 137±1.3억 년으로 꽤 정확하게 알려져 있습니다.[10]

결론

여러 다양하고 상보적인 과학 측정이 거의 확실하게 우주와 지구가 수십억 년 되었다는 사실을 밝혔습니다. 빙하의 층들은 1만 년보다 훨씬 긴 역사를 보여 주며, 방사선 연대 측정은 지구의 형성이 45억 년 전이라고 알려 줍니다. 빛이 은하계로부터 우리에게 오는 데 수십억 년이 걸리고, 우주 팽창률은 우주의 나이가 137억 년임을 말해 줍니다. 이런 증거들은 지구와 우주의 오래된 나이를 증명하는 증거 가운데 아주 일부일 뿐입니다.

Q22

진화는 "위기에 처한 이론"인가?

진화를 반대하는 이들은 종종 진화를 위기에 처한 이론이라 칭하지만, 이는 좋게 말해서 오해일 뿐입니다.

서론

진화 과학의 반대자들은 종종 진화를 "위기에 처한 이론"이라고 주장합니다. 이 주장은 일반 그리스도인들의 관심을 이끌어 냈는데, 그들 중 39퍼센트는 과학자들이 인류는 시간에 따라 진화한다는 것을 일반적으로 반대한다고 믿습니다. 응답자가 백인 복음주의자에 한정될 때, 그 숫자는 49퍼센트까지 올라갑니다.[1] 하지만 믿음은 실제로 과학자들이 생각하는 것과는 다릅니다. 과학자들 스스로가 똑같은 질문을 받았을 때는, 그들 중 99퍼센트는 인류가 시간에 따라 진화해 오고 있다는 데 동의했습니다.[2] 진화 이론의 핵심 사항인 공통 조상(인간 포함)에 대한 논쟁은 과학자들 사이에서 거의 찾아볼 수 없습니다. 이는 생물학 연구가 이루어질 수 있는 안정된 배경을 제공해 줍니다.

그러나 물론 논쟁이 되고 있는 현대 진화 이론의 요소들이 있습니다(이것이 과학이 작동하는 방식이지요). 이러한 논쟁의 한 좋은 예는 2014년 「네이처」(*Nature*)에 실린 저명한 논문, '진화 이론은 재고를 필요로 합니까?'(Does Evolutionary Theory Need a Rethink?)입니다.[3] 이 논문을 조심스럽게 읽어 보면, 진화가 일어났음을 의심하는 저자는 아무도 없다는 것을 알 수 있습니다. 그들은 단지 시간에 따른 진화적 변화의 복잡하고 다양한 방법들이 어떤 비중을 차지하는지에 대해서만 동의하지 않습니다. 다양한 기독교 교파 간의 의견 충돌을 생각해 보십시오. 핵심적인 틀에 의문을 가지지 않고도 사람들은 세부적인 부분에 대해 의견을 달리할 수 있고 논쟁할 수도 있습니다. 이런 내부 논의를 조금이라도 이해하기 위해서는 몇몇 진화 '분파'를 분류하는 일이 도움이 될 것입니다.

신다윈주의

진화 이론 내부에서 불일치가 있다고 생각하게 만드는 가장 어려운 것 중 하나는 용어가 다양한 그룹에서 다르게 사용되고 있다는 점과 그것이 종종 부주의하게 정의된다는 점입니다. '신다윈주의'(Neo-Darwinism)라는 용어는 100년이 넘도록 다른 맥락에서 사용되어 왔습니다. 오늘날 이 용어는 역사적인 측면에서 사용되는 것인지, 혹은 일부 과학자들이 오늘날 변호하는 특정한 입장을 명명하기 위해 사용되는 것인지 항상 명확하지는 않습니다. 많은 사람들은 벌써 이 용어를 폐기했습니다.

현재 '신다윈주의'가 사용될 때는 보통 '환원주의적' 혹은 '유전자 중심적' 진화를 말합니다. 다시 말해, 소소한 적응에서부터 새로운 종의 발달에 이르는 모든 진화적 변화는 단순히 어떤 개체의 DNA 변화로서 이해될 수 있다는 것입니다. 이것은 "시간에 따른 대립 유전자 빈도 변화"로 표현되곤 합니다(대립 유전자는 한 유전자의 서로 다른 버전이고, 유전자는 DNA의 특정한 부분입니다). 이런 식으로 이해한다면, 대진화는 더 오랜 시간에 걸친 소진화일 뿐임을 알 수 있습니다. 이런 입장의 가장 저명한 지지자는 리처드 도킨스(Richard Dawkins)인데, 그의 저서 『이기적 유전자』(*The Selfish Gene*, 을유문화사)에 잘 설명되어 있습니다.

확장된 진화적 종합 vs. 근대적 종합

오늘날 일부 과학자들은 '확장된 진화적 종합'(Extended Evolutionary Synthesis, EES)이라 불리며 근래에 지지세를 넓히고 있는 이론을 지지합니다. 그들은 변이가 전적으로 유전자의 돌연변이로부터 비롯되고, 선택은 단지 유전자 빈도의 변화를 반영한다는 유전자 중심의 발상에 이의를 제기합니다. 그 대신 어떻게 개체가 환경과 함께 공동 구성과 공동 진화를 거치는지를 보다 잘 설명하기 위해, 그들은 유전자 단위가 아닌 개체 단위가 진화의 초점이 되어야 한다고 주장합니다. 관점에서도 무작위적인 유전자 돌연변이와 자연선택은 진화에서 핵심적인 기능을 계속해서 하게 되지만, 그 외에 다른 요소들도 마찬가지로 중요한 역할을 하게 됩니다. 그 다른 요소들은 다음과 같습니다.

1. 발생 편향: 개체의 배아 발생은 그들 형태의 변화가 일어날 수 있는 방식을 어떻게 편향시키는가
2. 표현형의 가소성: 개체의 모양과 기능에 유연성을 초래하는 생리학적 다양성
3. 적합한 환경 구성: 개체가 그들의 환경과 분리되어 살지 않고, 그들이 살고 있는 적합한 환경에 영향을 미치며, 그 결과로 생존 기회에 영향을 미칠 수 있다는 사실
4. 유전자 외적인 유전: 유전의 일부 측면은 DNA 구성 요소의 수준에서 작용하지 않으며, 예를 들어 DNA 패키징에 관여하는 단백질들을 수정하거나 심지어 문화적 진화를 통해 사회적 행동을 전달

EES 생물학자들은 이러한 추가적 요소들이 진화 이론 자체의 명칭을 수정할 만큼 중요하다고 생각하지만, 많은 다른 진화 과학자들은 동의하지 않습니다. 그들은 다윈 이후 진화 이론에서 일어난 이러한 발전을 포함한 다른 발전을 포괄하여 광범위하게 '근대적 종합'(Modern Synthesis)이라는 명칭을 사용하기를 선호합니다. 이 명칭에는 역사적 맥락이 있지만, 오늘날 그것을 사용하는 과학자들에게 진화는 단순히 변이와 선택의 일반적인 범주를 통해 일어난다는 것을 의미합니다. 그 명칭을 지지하는 학자들은 이 이론에 대한 '확장'보다는 이 명칭 아래서 이러한 추가적인 요소에 대한 특정 메커니즘을 연구하는 것에 만족합니다.

다시 말하지만, 이러한 그룹들 중 어떤 그룹도 공통 조상을 부인하지는 않지만, 어느 정도의 중대한 변화가 진화 이론에 대한 우리의 생

각을 조금 바꾸는 데 필요한지에 대해서는 의견을 달리합니다.

결론

일반 대중, 특히 그리스도인들이 진화 과학자들 사이에서 논쟁이 있다는 사실에 대해 오도되어 온 것 같아 우려가 제기되고 있습니다. (공통 조상을 포함해) 진화가 일어났는지를 의심하는 생물학 박사 출신의 과학자는 거의 찾아볼 수 없습니다. 우리는 이러한 오도와 오해가 (때때로 선한 의도를 가진) 기독교 지도자들이 수사적 효과를 위해 남용하기 때문임을 알고 있습니다. 그리스도인으로서 우리는 진리에 충실해야 하며 사실을 정확하게 말해야 합니다. 진화 과학은 여전히 많은 분야에서 새로운 사실이 발견되고 있으며, 세부 사항에서는 일치하지 않는 점이 많기 때문에 역동적이라고 할 수 있지만, 결코 위기에 처한 이론은 아닙니다.

Q23

역사과학은 믿을 만한가?

진화 과학에 대한 불신을 조장하려는 사람들이 자주 사용하는 전술 중 하나는 그것에 "역사과학"(historical science)이라는 딱지를 붙이는 것입니다. 그들은 역사과학이 시험할 만한 예측을 전혀 할 수 없으며 오로지 과거에 대해 경험에서 우러나온 추측만을 할 수 있을 것이라고 주장합니다. 과거는 직접적인 관찰이 불가능하며 반복 가능성도 없기 때문입니다. (때로는 "조작적", "관측적" 또는 "실험적"이라 불리는) 다른 과학은 현재의 상황을 관찰하고 직접 자신의 가설을 시험할 수 있기 때문에 더욱 신뢰할 수 있다고 합니다. 이러한 구별은 사람들로 하여금 기술과 현대 의학을 책임지고 있는 범위까지의 과학은 신뢰하고, 지구의 오랜 역사와 진화의 실체를 규명하는 과학은 거부할 수 있게 합니다. 역사과학과 다른 종류의 과학을 구별하는 것이 정말 필요할까요?

서론

먼저 '역사과학'이라는 용어는 달이나 에펠탑 혹은 찰스 다윈과 같이 하나의 대상을 의미하지 않는다는 것에 유의해야 합니다. 이것은 공통적으로 몇 가지 중요한 특징을 가졌다고 주장되는 일련의 활동에 주어진 꼬리표입니다. 또 다른 특징들을 이용해 다른 꼬리표를 붙이는 식으로 이런 활동을 분류하는 다른 방법들도 있습니다. 예를 들어, 물리과학 대 생명과학, 경험과학 대 이론과학, 혹은 자연과학 대 사회과학에 대해 이야기할 수도 있습니다. 각각은 특정 맥락에서는 유용한 구분이지만, 과학을 분류하는 방법이 많고 다양하다는 사실에서 우리는 그 중 어떤 것도 절대적인 방법이라고 생각하지 않도록 주의해야 합니다.

그래서 이 질문은 우리가 특정 맥락에서 어떤 활동을 정당하게 "역사과학"이라고 부를 수 있는지 여부에 관한 것이 아닙니다. 그렇게 하는 것도 유용할지 모릅니다. 그러나 이 질문의 핵심은 과학이 과거에 대해 신뢰할 만한 정보를 제공하는지의 여부입니다.

과거에 대한 추론

과거에 일어난 한 사건을 직접 관찰한 적도 없는 사람이 그 사건에 대해 추론하는, 평범하고 일상적인 예를 생각하면서 시작해 봅시다. 사라는 어느 날 퇴근해 집에 돌아와 차고에 있던 아들의 자전거가 없어진 것을 발견합니다. 그녀의 마음속에 즉시 두 가지 생각이 떠오릅니다. 그녀의 아들이 자전거를 타고 친구 집에 갔다는 추론과 자전거를 도둑맞았다는 추론입니다. 이 두 가지 설명 모두 지금까지 주어진 데이터와 일치하고, 사라가 그 데이터를 더 꼼꼼히 들여다보게 합니다. 만약 아들이 어디론가 갔다면 엄마에게 연락해서 알렸을 것이라 생각하고, 그녀는 두 번째 설명, 곧 도둑맞았을지도 모른다는 설명 쪽으로 기울게 됩니다. 그러나 차고의 문과 창문은 모두 잠겨 있었고, 누군가 무단침입을 한 흔적이 전혀 없습니다(자전거 외에는 사라진 것도 없는 것 같습니다). 그래서 그녀는 아들이 연락하는 것을 잊었나 생각하게 됩니다. 하지만 아들은 그런 적이 한 번도 없었습니다. 그렇다면 어떤 설명이 더 타당할까요? 그녀가 두 가지 가능성 중에서 하나를 결정하기 위해 좀더 많은 데이터가 필요합니다. 그래서 아들이 어딘가에 갔는데 연락하는 것을 잊어버렸다면, 집에 없을 것이라고 생각하게 됩니다. 이것은 검증할 수 있는 예측입니다. 사라는 집에 들어가서 아들의 이름을 부릅니다. 그러나 대답을 듣지 못합니다. 문제가 해결되었나요? 아닐 것입니다. 가끔 그녀가 아들을 부를 때, 아들이 다른 방에서 헤드폰을 쓰고 있느라 대답을 하지 못할 때가 있거든요. 여전히 데이터가 더 필요합니다. 그때, 사라는 예기치 않게 카운터 위에 있는 아들의 핸드폰과 그 옆에 메모지를 발견합니다. 거기에는 "마이클 집에 가요. 저녁 때 올게요. 미안해요. 내 핸드폰이 고장났어요"라고 쓰여 있습니다. 이제 관찰 가능한 모든 사실이 하나의 이론에 잘 들어맞습니다(아들이 전화하거나 문자 보내는 것을 잊은 게 아닌 셈이므로, 그녀는 그 이론을 조금 수정해야 했지만 말이지요). 그럼 이제 아들이 차고에 있던 자전거를 타고 친구 집에 갔다는 것이 **증명**되었나요? 그렇지 않습니다. 자전거는 도둑맞았고 아들은 친구 집에 걸어서 갔다고 해도 주어진 사실들과 부합하거든요. 관측을 더 하면서 이론을 또 다시 수정해야 할 가능성도 있습니다(만약 아들이 저녁 때 집으로 돌아오지 않는다면, 아마도 그녀는 자전거는 도둑맞았고 아들은 유괴당한 뒤 그 노트를 쓰도록 강요받은 건 아닐까 걱정하기 시작할 수도 있습니다!) 그러나 주어진 현재의 증거를 보면, 아들이 마이클 집에 자전거를 타고 갔다고 결론을 짓는 게 합리적으로 보입니다. 이 가상 사건의 여러 가능한 설명 중 하나를 거의 확실하게 정해 줄 다른 증거들이 있을 수 있다고 생각하는 것도 억지는 아니지요.

과거에 대한 추론을 보여 주는 이 이야기는 과학으로 불리기에는 자격이 없을지도 모릅니다. 그러나 관찰이 보다 정확하고 체계적이라면, 또 자연 세계의 여러 측면에 대한 것들이라면, 이른바 '역사과학'을 하는 과정과 아주 비슷해집니다.

법의학은 현재의 관찰로부터 시험 가능한 예측을 만들어 냄으로써 과거에 대한 결론을 추론하는 확실한 예이지요. 유전자 증거는 끔찍한 범죄 용의자에게 유죄를 선고하거나 무죄를 입증하기 위해 과거를 재구성하는 데 특별히 설득력을 가지게 되었습니다.

관찰과 예측

잃어버린 자전거와 법의학의 예에서처럼, 진화 이론은 관찰로부터 시작됩니다. 다윈은 『종의 기원』에서 그의 작업을 다음과 같이 소개합니다.

> H. M. S. '비글'호에 탑승했을 때, 나는 자연과학자로서 남아메리카에 사는 유기체들의 분포와, 그 대륙에서 과거에 살았던 생명체들과 현재 살고 있는 생명체들 사이의 지질학적 관계에 대한 특정 자료들에 깊이 사로잡혀 있었다. 이 책의 후반부에서 볼 수 있듯이, 이러한 자료들은 (우리 시대의 가장 위대한 철학자 중 하나가 말했던 것처럼, 미스터리 중의 미스터리인) 종의 기원에 대해 어떤 빛을 비추어 주는 것 같았다. 1837년 집으로 돌아가는 길에 이 질문에 대해 무엇인가 답을 찾을 수 있을지도 모른다는 생각이 문득 들었다. 그 질문과 조금이라도 관계가 있을 것 같은 모든 종류의 자료들을 끈기 있게 모으고 곰곰이 생각해 본다면 말이다. 5년간의 작업이 끝나고, 나는 그 주제에 대해 숙고한 후 몇몇 짧은 글들을 작성했다. 1844년, 나는 이 글들을 당시 내게는 상당히 가능성이 있어 보이는 결론

의 형태로 확대시켰다. 그때부터 지금까지 나는 꾸준히 그와 같은 목표를 추구해 오고 있다.

다윈의 기원

다윈은 자신의 관찰을 바탕으로 다양한 연구 분야에서 과거 사건들에 대한 수많은 가설을 세우고 실증적인 검증을 했습니다. 예를 들어, 『종의 기원』이 출간되기 전에 그는 수년간 따개비를 연구했습니다. 어느 한 종 내의 다양성이나 흔적 기관의 특성과 같은 것에 자신의 가설이 가지는 의미를 검증하기 위해서였습니다. 그가 살아 있을 때는 증명되지 않았던, 가장 유명한 예측 중 하나는 고래와 돌고래와 같은 해양 포유류가 점진적으로 수중 생활에 적응해 간 육지 포유류로부터 진화되었다는 것입니다. 지난 수십 년 동안 발견된 화석 중에는 그의 예측을 입증하는 훌륭한 증거들이 있습니다.

아주 먼 과거의 사건에 대한 진화론적 설명이 얼마나 뛰어난 예측 능력을 가지고 있는지를 보여 주는 또 다른 놀라운 예가 있습니다. 바로 틱타알릭 화석의 발견입니다. 진화 이론에 따르면, 그 동안 알려진 화석과 그 연대를 근거로 육상 동물이 약 3억 7천 5백만 년 전에 수생 동물로부터 진화했다는 것을 알 수 있습니다. 그렇다면 그 당시 생명체가 보존되기에 적절한 조건에서 형성된 그 시대의 암석층이 있다면, 과도기적 화석을 발견할 수도 있으리라는 예측을 할 수 있었지요. 과학자들이 접근 가능한 암석층이 존재하는 지구상 몇 안 되는 장소 중 하나가 캐나다 최북단 지역입니다. 1990년대 말, 과도기적 화석을 찾기 위해 이 지역으로 가는 원정대가 조직되었고, 2004년에 어류와 양서류의 중간적인 특징을 명확히 보여 주는 세 개의 틱타알릭 화석이 발견되었습니다. 이것은 진화 이론과 지구의 자연사에 대한 우리들의 기본적인 이해가 옳았다는 강력한 증거가 되었습니다. 그 발견을 기록한 PBS 비디오 시리즈를 시청하는 것도 좋습니다.[1]

오늘날 DNA는 진화론적 가설의 예측을 시험해 보고 입증하는 강력한 수단을 제공합니다. 두 가지 현생 종의 DNA를 비교함으로써, 과학자들은 가장 최근의 공통 조상이 언제 존재했는지 예측할 수 있습니다. 틱타알릭 화석 발견의 예와 같이, 그 시기에 해당하는 화석을 발굴하기 위해 현장으로 나갈 수 있습니다. 또는 어느 종들의 공통 조상에 대한 계통수를 만들기 위한 화석 연구와 비교형태학 연구로부터 예측이 만들어지기도 합니다. 형태를 바탕으로, 유인원 중 어떤 종이 인간과 더 가까운지에 대한 논의는 아주 오래전부터 이루어져 왔습니다. 각 종들의 DNA에서 보이는 특정 돌연변이들을 서로 비교할 수 있게 되면서 이 문제는 확실하게 해결되었습니다.

과학의 한계와 자연사

과학이 현재 일어난 일을 설명하는 데 한계가 있는 것처럼, 과학이 과거에 일어난 모든 것을 밝혀내고 설명할 수 있다고 기대해서는 안 됩니다. 과학은 특히 자연계의 일반적인 패턴이나 법칙 같은 현상을 밝히는 데 적합한데, 이를 우리는 세계의 자연사라고 부릅니다. 그러나 우리는 또한 하나님이 역사 안에서 기적을 일으키실 수 있으며, 그리스도의 부활과 같은 기적은 과학적인 예측과 어긋나는 증거를 남길 수 있다고 믿습니다. 하나님이 가끔 기적을 행하신다는 믿음이 우리가 자연사를 이해하기 위해 과학적 방법을 적용하는 것을 막지 않습니다. 단지 자연사가 하나님이 행하신 모든 것을 말해 주지는 않는다는 것뿐입니다. 천문학자, 지질학자, 생물학자들은 우주 역사의 상당 부분에서 하나님의 창조 행위가 과학에 의해 발견되거나 설명될 수 있음을 보여 주고 있습니다.

4부

하나님과 창조의 관계

Q24

왜 그리스도인은 창조 세계를 돌봐야 하는가?

하나님 형상을 지닌 자로서 모든 사람은 하나님의 창조 세계를 돌볼 책임과 특권을 가집니다. 특히 그리스도인에게는 성경 말씀이 그에 합당한 이유가 됩니다. 우리는 이 땅을 아끼고 보살펴야 합니다. 이 땅은 하나님의 아주 멋진 창조 작품이기 때문이며, 우리는 이 땅에서 가장 약한 자를 돌봐야 하기 때문입니다. 그러나 우리는 그 일을 잘 해내지 못했습니다. 우리의 일상적인 선택과 태도는 자주 성경이 아닌, 우리의 문화와 생활방식에 의해 좌우됩니다. 과학은 인간의 행위 때문에 종의 멸종과 기후 변화와 같은 결과가 초래되었다는 사실을 분명히 말해 줍니다. 이에 대해 우리는 애통하고 회개해야 마땅합니다. 하지만 예수를 따르는 자로서 우리는 절망해서는 안 됩니다. 우리는 복음의 소망을 기대하며 행동하는 동안 직면할 막대한 문제들을 받아들이면서도 '합리적인 소망'을 가지고 앞으로 나아가길 선택할 수 있습니다.

그리스도인이 자연 세계를 돌봐야 하는 이유는 성경에 분명하게 나옵니다. 그러나 오늘날의 우리 문화에서는 환경 문제가 고도로 정치화되어 있어서, 그 이유가 종교적이기보다는 정치적이라는 느낌을 줍니다. 기후 변화 문제에 관해서는 특히 그렇습니다. 사실 연구에 따르면 우리가 기후 변화에 관한 과학적 합의를 수용할지의 여부에 대한 결정은, 우리가 얼마나 과학을 많이 알고 있는지 혹은 얼마나 종교적인지가 아니라 우리가 속한 정치적 스펙트럼에 의해 좌우됩니다.

우리는 정치인들이 아니라 그리스도를 따르려고 합니다. 창조 세계를 돌보는 일에 대한 논의에 정치적인 함의가 있을지 몰라도, 우리는 특정한 정치 이념을 옹호하지 않습니다. 사실, 미국의 두 주요 정당 모

두 창조 세계를 돌보는 성경적인 기준에는 부응하지 못했습니다.[1]

그리스도인에게는 시류에 저항하는 독특하고 고유한 성경적 비전이 있습니다. 이 비전은 그리스도를 주님으로 인정하지 않는 사람들과 다르게 살고 행동하도록 이끌어야만 합니다. 창조 세계를 돌보는 일에 대한 복음주의자 빌리 그레이엄(Billy Graham) 목사의 생각은 성경적인 입장을 잘 요약해 줍니다.[2]

> 우리는 왜 환경을 돌봐야 할까요? 그 이유는 단지 우리가 오염, 기후 변화 또는 기타 환경 문제—비록 그것들이 심각하기는 할지라도—로 인해 우리가 직면하는 위험 때문만은 아닙니다. 그리스도인에게 이 문제는 더 깊은 차원을 가집니다. 우리는 하나님이 세상을 창조하셨고, 세상이 우리가 아닌 하나님께 속해 있음을 믿습니다. 그렇기 때문에 우리는 하나님의 창조 세계에 대한 청지기 혹은 대리 관리인일 뿐이며, 그것을 남용하거나 무시해서는 안 됩니다. 성경은 다음과 같이 말합니다. "땅과 거기에 충만한 것과 세계와 그 가운데에 사는 자들은 다 여호와의 것이로다"(시 24:1).
>
> 우리가 세상을 하나님의 창조 세계로 바라보지 못한다면, 결국 남용하고 말 것입니다. 이기심과 탐욕에 매여 우리가 후대에게 만들어 주는 환경이나 문제들을 신경 쓰지 못하고 말 것입니다.

오늘날 그리스도인으로서 우리는 우리가 이 땅과 이 땅의 사람들을 돌봐야 하는 성경적 근거를 이해할 필요가 있습니다. 그레이엄 목사가 언급했듯이, 그 성경적 근거는 이기적 선택, 탐욕, 하나님의 선한 창조와 타자에 대한 무관심, 이런 것들에 대한 우리의 개인적·집단적

맹목을 회개하도록 우리를 바르게 인도해 줄 수 있습니다. 우리는 이 땅과 이 땅의 사람들을 돌봐야 하는 성경적 근거를 이해해야 합니다. 그리스도인은 이 땅을 치유하고 사람들을 보호하기 위한 실질적인 단계들을 취하는 데 앞장서야 합니다.

하나님 사랑: 그분의 창조 세계를 돌보는 것

창조 세계를 돌보는 것에 대한 기독교적 비전은 성경에 뿌리를 두고 있습니다. 예수님은 가장 중요한 계명이 온 마음을 다하고 목숨을 다하고 뜻을 다하고 힘을 다하여 하나님을 사랑하고 이웃을 우리 몸과 같이 사랑하는 것이라고 가르치셨습니다(막 12:29-31).

우리의 하나님 사랑은 하나님이 인류에게 주신 역할을 충실히 감당하는 일에 반영되어야 합니다. 하나님은 우리에게 하나님 형상을 지니도록 하셨고(창 1:27) 이 세상을 우리에게 맡기셨습니다(창 2:15). 그러므로 하나님의 창조 세계를 돌보는 것은 우리가 해야 할 가장 기본적인 일 중 하나입니다.

성경은 창조 세계가 하나님께 속해 있다고 분명히 말하고 있습니다. "땅과 거기에 충만한 것과 세계와 그 가운데에 사는 자들은 다 여호와의 것이로다"(시 24:1). "이는 삼림의 짐승들과 뭇 산의 가축이 다 내 것이며 산의 모든 새들도 내가 아는 것이며 들의 짐승도 내 것임이로다"(시 50:10-11). "그는 보이지 아니하는 하나님의 형상이시요 모든 피조물보다 먼저 나신 이시니 만물이 그에게서 창조되되 하늘과 땅에서 보이는 것들과 보이지 않는 것들과 혹은 왕권들이나 주권들이나 통치자들이나 권세들이나 만물이 다 그로 말미암고 그를 위하여 창조되었고"(골 1:15-16).

모세를 통해 이스라엘에게 주어진 율법에서, 하나님은 가난한 자들(레 23:22)과 다른 피조물들(신 25:4)뿐 아니라 땅의 쇄신도 준비하십니다(출 23:10-12). 율법을 따르기 위해 이스라엘 사람은 큰 값을 치렀습니다.[3] 마찬가지로 창조 세계를 돌보기 위해 오늘날 우리들은 큰 값을 치러야 할 수 있습니다.

우리가 했던 일들이 오늘날 전 세계적으로 생물의 다양성을 감소시켰습니다. 생물의 다양성이라는 주어진 생태계 내에서 다양한 종류의 식물, 동물, 박테리아 및 균류의 수를 의미합니다. 인간이 환경에 미치는 영향 때문에 종의 멸종은 정상 속도보다 훨씬 빨리 진행되고 있습니다. 자연스러운 멸종 속도는 연간 1-5종으로 추정됩니다. 현재 속도는 1,000-10,000배 더 빠릅니다. 평균 한 시간에 한 종이 멸종되고 있습니다.[4] 모든 피조물은 하나님 앞에서 소중합니다. 하나님이 그것들을 만드시고 좋다고 하셨기 때문입니다(창 1장). 우리가 하나님이 사랑하시는 것을 사랑한다면, 우리는 생물 다양성의 상실과 종의 멸종을 애통해해야 합니다. 우리가 원인 제공을 한 경우라면 더욱 그렇습니다.

이웃 사랑: 하나님의 창조 세계를 돌보는 것

일부 그리스도인에게 '창조 세계 돌보기'는 마치 사람보다 이 땅을 더 소중하게 여기는 것처럼 들릴 수도 있습니다. 그러나 이 땅을 돌보는 것이야말로 진정으로 사람을 돌보는 것입니다. 환경 파괴가 인간의 건강에 미치는 영향은 치명적입니다. 식량 부족으로 인한 영양실조, 열대성 질환의 높은 발병률, 오염으로 인한 심폐 장애, 천연 자원에 대한 분쟁은 환경 문제가 실제 사람들의 삶에 영향을 미치는 방식 중 극히 일부에 불과합니다. 처음에는 기후 변화가 아무런 관련이 없는 것처럼 보일 수 있지만, 실제로 기후 변화는 기온이 몇 도 올라가는 문제가 아닙니다. 기후 변화는 여러 위협을 일으킵니다. 기후 변화는 난민 위기, 기아, 질병, 빈곤, 생물 다양성의 손실, 삼림 파괴, 대기오염 및 자원의 고갈과 같은 이미 심각한 많은 문제들을 더욱 악화시킬 것입니다. 다수 세계에서(예전에 쓰던 "제3세계"라는 말 대신 사용하는 표현—옮긴이) 일하는 그리스도인들은 우리가 볼 수 없는 방식으로 환경 파괴와 기후 변화가 미치는 영향을 자주 경험하고 있습니다. 이들은 사람들의 활동에 의해 악화되는 가뭄, 오염 및 분쟁의 현실을 증언할 수 있을 것입니다. 지구상에서 가장 가난하고 가장 취약한 사람들은 가장 부유한 사람들의 선택과 행동에 의해 부정적인 영향을 받습니다.[5]

이 땅을 돌보는 것은 우리 자신과 우리의 동료, 곧 인간 전체를 돌보는 것입니다. 우리는 이웃의 유익을 증진시키는 방식으로 행동할 때 이웃에 대한 우리의 사랑을 실질적으로 보여 줄 수 있습니다. 누가 우리의 이웃일까요? 예수님은 이 질문에 대한 답으로 선한 사마리아인 이야기를 들려주셨습니다. 오늘날 기후 위기의 상황에서 예수님의 대답은, 기후 변화의 결과로 가장 큰 고통을 당할 사람들을 희생시키면서 자신은 부유하고 산업화된 경제 가운데 거하는 사람들의 생활방식을 옹호하고 지지해서는 안 된다는 것을 의미합니다.

합리적 소망과 행동하기

교회가 창조 세계를 돌보는 것에 대한 비전을 가진다면 과연 어떤 일이 생겨날까요? 우리의 태도와 행동이 우리의 생활방식과 정치적 선호가 아닌 성경 말씀에 의해 인도받는다면 어떤 일이 생길까요? 우리가 우리 자신 이야기의 목적, 곧 그리스도가 창조 세계 전체를 자신과 화해시키시고 우리를 그 화해 사역의 참여하라고 부르셨다는 사실을 진정으로 믿는다면 어떤 일이 생길까요?

합리적 소망이란 과학적인 자료를 진지하게 다루고 우리가 당면한 문제들의 심각성을 받아들이면서도, 동시에 복음의 소망을 굳건히 붙들고 놓치지 않는 것을 말합니다. 이 자세는 담대한 행동을 가능하게 합니다. 그리스도인들은 그들만의 독특한 행동을 할 준비가 되어 있습니다. 전 세계에 있는 교회, 선교사 및 구호 단체의 수를 생각해 봅시다. 우리가 창조 세계를 돌보는 일을 지상명령을 수행하기 위한 전략적 우선순위로 여긴다면, 우리는 엄청난 변화를 보게 될 것입니다(로잔 언약 참조).[6] 우리는 복음이 가르친 대로 살아 내고 가난하고 취약한 자들에게 기본적인 필요를 충족시켜 줌으로써 그리스도의 사랑을 나타낼 수 있습니다.

사람들이 이미 진행하고 있는 일들을 보면 고무적입니다. 예를 들어, '기후 행동을 위한 젊은 복음주의자들'(Young Evangelicals for Climate Action)에는 대학생들이 여름 동안 프로젝트를 개발하고 학기 중에 자신의 캠퍼스에서 그 프로젝트를 실행할 수 있는 펠로우 프로그램이 있습니다.[7] 선배 펠로우들은 캠퍼스에 태양열 패널을 설치했고, 식당에 퇴비화 프로그램을 시작했으며, 재활용 프로그램을 설정하기도 했고, 입법 관계자들과 교류도 했습니다. 많은 기독교 대학들이 태양열 패널이나 흰 지붕을 설치하고, 지속가능한 농업 프로그램을 운영하며, 특별히 지속가능성과 기후를 바라보는 관점을 포함하는 선교 구호 및 개발 여행을 주도함으로써 길을 선도하고 있습니다. 심지어 어린아이들도 강력한 영향을 미칠 수 있습니다![8]

참여할 수 있는 길이 매우 많아 무엇을 해야 할지 모를 수도 있습니다. 여러분이 할 수 있는 가장 중요한 일은 여러분 주위의 다른 사람들과 이 문제에 대해 이야기를 나누는 것일 수 있습니다.[9] 그러나 여러분의 구체적인 행동은, 심지어 그것이 아주 작은 것이라 할지라도, 반드시 변화를 만들어 낼 것입니다. 여기 시작해 볼 만한 몇 가지 행동이 있습니다.

1. 밖으로 나가십시오. 창조 질서의 아름다움을 바라보고 하나님께 감사하십시오. 우리는 우리가 보지 못하는 것을 사랑할 수 없습니다.[10]
2. '기후 관리인'(Climate Caretakers)에 등록하십시오.[11] 매달 여러분이 해야 할 세 가지 일과 기도제목을 받아 보실 수 있습니다.
3. 교회에서 세미나를 여십시오. 과학과 신학의 대화[12]나 기독교환경운동연대[13]의 연사를 초대하십시오.
4. 마지막으로, 창조 세계를 돌보는 일에 관해 과학과 신학으로부터 양질의 정보를 구하십시오.

Q25

동물의 고통은 하나님의 선한 창조의 일부인가?

만약 하나님이 선하시고 사랑과 능력이 많으시다면, 동물(그리고 인간)들이 포식 관계, 질병 및 자연재해로 인해 엄청나게 큰 고통을 받는 사실을 어떻게 설명할 수 있을까요? 전통적으로 그리스도인들은 이러한 '자연적인 악'을 인간의 죄 탓으로 돌렸습니다. 그러나 과학에 따르면, 동물은 최초의 인간이 이 땅에 나타나기 전 이미 수백만 년 동안 서로 잡아먹었고, 암에 걸리기도 했으며, 기생충에 감염되었고, 허리케인과 지진으로 죽어 갔습니다. 우리는 "만물이 다 그[리스도]로 말미암고 그[리스도]를 위하여 창조되었[다]"(골 1:16)라는 고백과 우리가 자연 세계에서 발견한 것을 서로 조화시킬 수 있는 합리적인 방안 몇 가지가 있다고 생각합니다. 여기서 우리는 자연적인 악의 문제를 해결하기 위해 제시된 몇 가지 제안을 개괄적으로 설명하고 각각의 문제에 대해 논의해 볼 예정입니다. 이 중 어떤 제안도 완전히 만족스럽지는 않습니다. 우리는 다만 창조 세계를 궁극적으로 구속하실 하나님을 신뢰하면서 소망 중에 기다리며 희미하게 볼 뿐입니다.

동물의 고통 문제

성경은 하나님이 선하시고 사랑과 능력이 많으시다고 가르칩니다. 우리는 이러한 하나님의 속성이 하나님이 창조하신 선한 세상에 반영되어 있음을 봅니다. 그러나 동시에 이 세상에 있는 고통과 악의 사례들도 봅니다. 종종 우리는 이런 역설적인 사례들 때문에 충격을 받으며, 하나님이 왜 그런 일들을 막지 않으시는지 궁금해합니다. 사람들은 현대 과학이 발전하기 훨씬 전 수 세기 동안 이 질문과 씨름해 왔습니다. 그러나 과학적으로 세상을 이해하게 되면서 이 문제는 새로운 방식으로 문제를 야기합니다.

세상의 여러 고통과 악은 명백하게 인간 죄의 결과입니다. 이를테면, 집단학살, 강간 및 수많은 악행들이 바로 그것입니다. 이런 것들은 우리의 의도적 행동에서 비롯되기 때문에 종종 "도덕적 악"이라고 불립니다. 따라서 우리는 그 행동들에 도덕적 책임이 있습니다. 그러한 악을 경험하는 일은 매우 고통스럽지만, 하나님이 아닌 우리 자신이 야기한 일이기 때문에 창조주가 선하시다는 사실과 양립하는 데 문제가 되지는 않습니다.

기생충, 암, 허리케인 및 동물의 포식관계처럼, 인간 활동의 결과물이 아닌 '악'도 존재합니다. 이런 것들은 피조물(인간을 비롯한 모든 창조물)에게 엄청난 고통, 고난 및 죽음을 초래할 수 있습니다. 인간의 결정은 이런 '악'이 발생하는 데 어느 정도 영향을 줄 수 있습니다. 흡연이 암을 유발하고 화석연료의 연소가 기후에 영향을 미치듯이 말입니다. 그러나 이 '자연적인 악'들 중 많은 것은 세상이 작동하는 방식처럼 보입니다.

지구에서 벌어진 생명의 역사를 돌이켜 보면, 그 안에 자연재해, 포식 관계 및 질병이 항상 있었음을 알 수 있습니다. 이것들은 고통, 죽음, 심지어 멸종을 통해 동물이 겪는 고난의 원인이 되었습니다.

하나님이 과연 세상을 이런 방식으로 만드신 걸까요? 자연적인 악이 어떻게 하나님의 선한 창조의 일부가 될 수 있을까요? 이런 것들은 쉬운 질문이 아닙니다. 우리가 기록을 가지고 있는 한 인간은 이 질문들과 지금까지 씨름해 오고 있습니다.

문제에 대한 가능한 접근

자연적인 악의 문제에 대해 두 가지 기본적인 접근 방식은 다음과 같습니다. 첫 번째, 하나님은 자연적인 악이 있는 세상을 창조하지 않으셨다는 것입니다. 이는 하나님이 존재하지 않으시거나, 하나님의 원래 창조 세계가 인간이나 천사의 반역에 의해 파국적인 타락을 했음을 의미합니다. 두 번째는 세상, 곧 자연적인 악과 모든 것이 하나님이 의도하신 대로 창조되었다고 믿는 것입니다. 이는 동물은 실제로 고통을 받지 않는다거나, 어느 정도의 고통은 필연적이거나 하나님이 만들기 원하셨던 방식의 창조 세계에 중요했다는 것을 의미합니다.

무신론

동물의 고통을 포함한 악의 문제는 많은 사람들로 하여금 하나님의 존재 자체에 의문을 갖게 했습니다. 그들은 완벽하게 선하시고 사랑이 많으신 하나님의 모습이 세계가 존재하는 방식과 일치하지 않기 때문에, 그런 신은 분명 없을 것이라고 말합니다.

악의 문제는 어렵습니다. 그렇다고 해서 우리는 무신론이 설득력 있다고 생각하지는 않습니다. 우리는 성경, 이성, 전통 및 개인의 경험으로부터의 증거가 하나님을 믿는 믿음을 지지하는 합당한 토대를 제공한다고 믿습니다.

인간의 타락

많은 그리스도인들은 도덕적인 악처럼 자연적인 악도 궁극적으로 인간의 죄 때문이라고 주장합니다. 그들은 하나님이 기생충, 암, 허리케인 및 육식동물이 있는 세상을 만들지 않으셨다고 주장합니다. 그 대신에 이러한 자연적인 악은 최초의 인간이 죄를 짓기 시작했던 이후에야 존재하게 되었다고 주장합니다.

우리는 이러한 견해를 거부합니다. 우리는 장구한 역사를 가진 지구는 물론, 인간 이전에 이미 존재했던 동물들에 대해 우리가 얻을 수 있는 과학적 증거의 힘을 인정합니다. 이 증거는 동물들이 오늘날과 거의 같은 방식으로 살았다는 것을 분명히 보여 줍니다. 기생충이 있었고, 동물들은 다른 동물을 죽이고 잡아먹었으며, 암에 걸리기도 했고, 자연재해로 인해 몰살당하기도 했습니다.

천사의 타락

자연에서 일어나는 모든 나쁜 일을 인간의 죄 탓으로 돌리는 대신 타락한 천사를 자연적인 악의 근원으로 본다면 어떨까요? 아마도 타락한 천사들은 창조 세계에 대한 하나님의 의도를 적극적으로 방해했을 것입니다. 이 가능성은 초기 교회 지도자들에 의해서 제기되었습니다. C. S. 루이스(Lewis)도 그의 저서 『고통의 문제』(*The Problem of Pain*, 홍성사)에서 이런 가능성을 제안했습니다(그가 강경하게 고집하진 않았지만 말이죠). 또한 오늘날에는 이와 비슷한 설명들을 옹호하는 사람들도 있습니다.

이러한 입장이 가진 가장 큰 어려움은 이 입장이 필요로 하는 사건들의 순서입니다. 이 땅에 동물들이 살아왔던 시간만큼 자연적인 악도 함께 발생했다는 증거가 있기 때문에, 천사의 타락은 지구 역사상 아주 초창기에 일어났어야만 합니다. 그렇다면, 창세기 1장에서 반복되는 하나님이 창조 세계를 보시니 좋았다고 하신 표현을 우리는 어떻게 이해해야 할까요? 나아가, 타락한 천사들에게 창조적인 능력을 부여하는 것은 모든 것이 그리스도를 통해, 그리스도를 위해 창조되었다는 바울의 말(골 1:16)을 훼손하는 것처럼 보입니다.

접근 방식2: 하나님은 세계를 지금 있는 방식 그대로 창조하셨다

자연 세계가 하나님이 의도한 방식대로가 아니라는 주장 대신, 다른 접근 방식은 자연 세계가 지금 있는 방식 그대로 진정 좋다고 선언하는 것입니다. 즉, 하나님은 동물들이 서로 잡아먹고, 다른 방식으로 고통을 받으며, 심지어 멸종될 것이라는 사실을 아시면서도 이 세상을 지금 방식대로 창조하셨다는 주장입니다. 여기서도 이 주장을 설명하는 몇몇 방식이 있는데, 우리가 보기에는 그 방식들 모두 가능합니다.

동물은 실제로는 고통을 겪지 않는다

일부 사람들은 고통이 본래적으로 악하다고 생각하는 반면, 인간을 제외한 동물들이 실제로 고통을 겪는지에 대해서는 의문을 갖고 있습니다. 명백하게 동물은 통증을 느낄 수 있으며, 우리는 가능한 한 그 통증을 예방하기 위해 노력해야 합니다. 그러나 동물들은 우리 인간이 악이라고 여기는 고통을 느끼기 위해 필요한 의식은 아마도 가지고 있지 않을 수 있습니다. 이 생각이 사실이라면, 우리는 동물이 단순한 로봇이나 기계라고 주장할 수도 있을 것입니다. 그렇다면 동물들의 '고통'과 죽음은 핸드폰이 떨어져 부서질 때 받는 '고통'과 도덕적인 차원에서 다르지 않을 것입니다.

박테리아가 인간이 고통을 경험하는 방식으로 고통을 겪는다고 생각하는 사람은 거의 없습니다. 그러나 정신적 능력의 수준을 올려 고등 동물을 고려한다면, 이러한 생각을 고수하기는 어려울 것입니다. 벌레는 여전히 고통을 겪지 않을지 모르지만, 새는 어떨까요? 포유류를 생각해 볼 때, 포유류의 뇌 구조와 인간의 뇌 구조가 유사하다는 점은 포유류가 고통을 경험할 수 있는 능력(아마도 조금 축소된 방식으로)을 가지고 있음을 암시하는 듯합니다. 이 견해를 지지하는 사람들은 동물과 인간의 생리적 유사성을 인정하기는 합니다. 하지만 일반적으로 주장하기를 인간은 물리적인 의미의 뇌 이외에, 다른 동물에게는 존재하지 않는 비물질적인 마음 또는 영혼을 가지고 있으며, 고통을 의식적으로 경험하기 위해서는 그런 마음 또는 영혼이 필요하다고 합니다.

어떤 사람들은 이러한 입장이 불편하지 않지만, 또 어떤 사람들은 동물의 고통을 부인하는 것이 큰 문제가 된다고 생각합니다. 그러나 어느 입장을 취하든 성경을 볼 때, 하나님은 동물에 관심을 가지고 계시고 이에 우리가 그들의 안녕을 경시해서는 안 되는 것은 분명합니다.[1]

유일한 방법 또는 더 큰 선

또 다른 사람들은 동물의 고통이 실재이고 악하다는 것을 인정하지만 고통으로부터 비롯되는 유익과 고통 자체를 하나로 묶어 조화시키려고 시도합니다. 이러한 견해에 따르면 하나님이 그분이 원하시는 종류의 창조 세계를 만드실 수 있는 유일한 방법은 고통과 고통의 유익을 허락하는 것입니다. 예를 들어, 허리케인[2]과 지진[3]이 없는 세상은 생명이 없고 메마른 곳이 될 것입니다. 이런 재해들이 때때로 고통과 죽음을 가져온다는 사실은 비극적이지만, 생명 그 자체라는 더 큰 선과 비교할 수 없습니다.

나아가, 긴 진화 과정은 하나님이 피조물들에게 바라시는 특성이 생겨나도록 만드는 유일한 방법일지도 모릅니다. 예를 들어, 우리는 인간이 가지고 있는 도덕적 책임의 암시와 전조를 다른 동물에서 관찰합니다. 가젤이 속도와 아치형 달리기를 통해 여러 세대를 거쳐 사자보다 더 빨리 달리게 된 것처럼 도전적인 환경에 생명체를 배치하는 것도 이러한 능력들이 생겨난 방법일 것입니다.

이 견해를 비판하는 사람들은 고려해야 할 더 큰 선이 있음을 인정하지만, 고통과 고난이 정말 전능하신 하나님이 더 큰 선을 주시기 위한 유일한 방법인지에 대해서는 의문을 제기합니다. 하나님은 손가락만 한 번 튕기셔도 즉시 그런 것들을 창조하실 수 있지 않았을까요? 그럴 수도 있고, 아닐 수도 있습니다. 심지어 전능하신 하나님도 할 수 없는 것들이 있습니다. 네모반듯한 원을 만드는 것 같은 일 말입니다. 하나님이 하실 수 있는 일과 하실 수 없는 일을 우리가 명확히 말하기는 어렵습니다. 그러나 우리는 하나님이 실제로 지구상 생명체의 다양성을 어떻게 이루셨는지에 대해서는 상당한 확신을 가지고 말할 수 있습니다.

'더 큰 선' 논증의 확장

이러한 생각들을 더욱 깊이 파고들어 가면서 두 가지 제안을 추가적으로 고려해 보겠습니다. 각 제안은 '더 큰 선'(Greater Good) 논증의 확장으로 간주될 수 있습니다.

자연 세계를 위한 자유

이 견해를 옹호하는 사람들은 하나님이 어느 정도의 자율성과 통합성을 가진 시스템을 창조하셨다고 주장합니다. 다시 한번 말하지만, 생명을 유지하기 위해 지구는 판구조론 및 기상 패턴과 같은 동적 시스템이 필요합니다. 이런 것들이 때로는 피조물에게 고통스러운 죽음과 괴로움을 초래하지만, 하나님은 물이 피조물을 익사시킬 수 있는 위험이 있다고 해서 물의 자연스러운 성질에 일반적으로(또는 어떤 사람들에 따르면 전혀) 간섭하거나 없애지 않으십니다. 마찬가지로 불이 피조물을 태워 죽일 수 있다고 해서 불의 자연스러운 성질을 바꾸지 않으십니다. 하나님이 그러한 고통을 막기 위해 지속적으로 개입하시고 간섭하신다면, 안정성 혹은 예측 가능성 없는 혼란스러운 세상이 초래될 것입니다.

또한 이 견해를 지지하는 사람들은 하나님이 자신의 피조물을 사랑하시기 때문에 억압하거나 명령하지 않으신다는 점을 강조합니다. 그 대신, 하나님은 피조물에게 그들의 세상을 탐험하고 발전시킬 수 있는 일종의 자유를 주십니다. 심지어 그 자유가 피조물 자신에게거나 다른 피조물에게 고통을 가져다줄지라도 말입니다. 이러한 관점에 가장 중요한 것은 인간의 진정한 사랑의 능력이 다른 피조물의 제한된 능력을 거치며 진화되어 온 역사 속에서 발전했다는 점입니다. 우리의 육체적·정신적·정서적 삶의 원료는 각자의 환경이 주는 어려움에 대해 반응해 왔던 다른 종들 속에 축적되어 왔습니다. 인간이 그들로부터 물려받은 것이 하나님을 진정 사랑할 수 있는 능력으로 하나님과의 관계를 통해 변화되었습니다.

비평가들은 이 접근 방식이 지나치게 불간섭주의적이거나 심지어 이신론적인 것처럼 보인다고 비난합니다. 어떤 의미에서 하나님은 창조 세계를 다스리시고 지휘하신다고 할 수 있는 걸까요? 사랑은 결코 구속하지 않는 것일까요? 다른 한편으로, 이 견해를 지지하는 사람들은 하나님의 주권은 하나님이 모든 세부적인 과정을 일일이 명령하시는 행위가 아니라 하나님이 원하시는 바를 궁극적으로 얻어 내시는 행위로 이해될 수 있다고 믿습니다.

십자가 방식을 본받는 실재의 본성

'하나님이 이런 방식으로 만드셨다'는 일반적인 접근 방식을 취하는 다른 견해들처럼, 십자가를 모델로 여기는 견해는 모든 것이 하나님이 원하시는 바를 성취한다고 말합니다. 그렇습니다. 분명 자연 세계가 작동하는 방식에는 어렵고 고통스러운 측면이 있습니다. 심지어 우리가 악이라고 부르는 것도 있습니다. 그러나 십자가를 모델로 여기는 견해는 우리에게 주어진 하나님 본성에 대한 가장 위대한 계시, 곧 예수 그리스도의 삶과 죽음 및 부활 사건으로부터 단서를 취하며 더 나아갑니다. 어렵고 고통스러운 측면은 필연적이거나 피할 수 없는 악 정도가 아닙니다. 오히려 하나님은 새로운 생명을 발현시키기 위해 고통과 죽음을 사용하기로 결정하신 것이 분명합니다.

이 견해에 따르면, 죽음과 고통은 하나님이 세상에 대해 원하는 바를 이루시려고 사용하기로 결정하신 과정입니다. 이것은 죽음과 고통이 실제로 선하다는 의미가 아니라, 죽음과 고통에 목적이 있다는 의미입니다. 하나님이 우리의 영적 성숙을 위해 우리 삶의 시련을 사용하시는 것처럼(약 1:2-4), 우리는 진화 과정 안에 있는 자연선택을 보며 그 안에서 우리와 같은 피조물을 만들어 내는 목적을 보게 될 수도 있습니다. 그렇다고 해서 살다가 죽은 모든 피조물이 단순히 어떤 목적을 위한 수단, 곧 소모품이라는 뜻은 아닙니다. 심지어 멸종된 종(존재했던 모든 종의 99퍼센트 이상이 멸종했습니다)조차도 내재된 가치가 있습니다. 하나님이 그들을 만드셨기 때문입니다. 일각에서는 멸종이 낭비일 뿐이며 선할 수 없다고 주장합니다. 그러나 이 과정으로부터 비롯되는 굉장한 선함이 있다고 주장할 수도 있습니다. 영겁의 진화적 발전 동안 훨씬 더 많은 종들이 오직 짧은 기간 동안만 존재하고 번성했습니다. 이 창조 세계는 결코 낭비가 많은 세계가 아닙니다. 오랜 연대적인 관점에서 볼 때, 이 창조 세계는 믿을 수 없을 정도로 풍성하고 생산적인 세계입니다.

이 견해가 가진 난점은, 전능하신 하나님이 자신의 목적을 성취하시는 방식에 대한 우리의 직관이 도전을 받는다는 것입니다. 하지만 이러한 비판에 대해 우리는 욥이 받은 답만을 얻을 수 있는지도 모릅니다. 그것은 사실 욥이 한 질문에 대한 답은 아니었습니다. 다만, 하나님과 그분의 역사에 대한 더 깊은 계시였습니다(욥 38-41장).

고통에 직면할 때 우리가 받을 위로의 근원

자연적인 악의 문제에 대한 이러한 '해결책' 중 어느 것도 완전하게 만족스러운 것은 없습니다. 또한 그 해결책들이 전부 상호 배타적이지도 않습니다. 즉, 한 해결책의 요소가 다른 해결책의 요소와 결합될 수도 있습니다. 결국 우리는 지금 우리가 희미하게 보고 있으며 완전히 이해하지 못한다는 점을 인정해야 합니다. 그러나 우리에게는 여전히 소망이 있습니다. 그리스도인으로서 우리는 하나님이 창조 세계 전부를 구속하실 것, 곧 궁극적으로 모든 것은 하나님이 의도하신 대로 될 것을 믿습니다(사 35장; 롬 8:19-22; 골 1:20).

그때까지 우리는 하나님이 하나님 형상을 지닌 우리를 창조 세계의 청지기가 되도록 동반자 삼아 주셨음을 믿습니다. 그렇다면 아마도 우리는 풀어야 할 난해한 퍼즐이 아니라 하나님 형상을 반영할 기회로서 우리가 마주하는 자연적인 악에 대응해야 할 것입니다. 하나님의 궁극적인 구속을 기다리면서도 우리는 세상을 더 나은 곳으로 만드시려는 하나님의 사랑이 담긴 정의로운 목적에 맞춰 응답해야 할 것입니다.

마지막으로, 괴롭게 하는 고난을 마주하면서도 우리는 믿음 안에 굳건히 설 수 있습니다. 우리의 고통이 반드시 죄로 인한 것은 아니며(요 9:2-3), 고통이 생기는 이유가 언제나 분별 가능한 것도 아닙니다. 고통의 이유를 설명하고자 애쓰는 대신, 우리는 고통 속으로 들어갈 수 있습니다. 우리는 우는 사람들과 함께 울 수 있습니다. 우리는 하나님이 우리와 함께 고통받으시고 마지막에는 온 창조 세계를 고통에서 구하신다는 사실에서 위로를 얻을 수 있습니다(롬 8:18-25).

Q26

현대 과학은 기적을 불가능한 것으로 만드는가?

하나님은 자연 세계에서 한 가지 이상의 방식으로 일하십니다. 하나님은 물리적 세계에서 규칙적인 패턴을 유지하시기도 하지만, 가끔 그 패턴을 벗어나는 방식으로도 역사하십니다. 과학자들은 하나님의 규칙적인 패턴을 자연의 법칙이나 과정(중력이나 광합성과 같은)으로 묘사합니다. 이러한 패턴을 벗어나는 하나님의 역사를 보통 기적(죽은 자를 살리는 것과 같은)이라고 부릅니다. 진화적 창조론자들은 성경의 기적을 믿으며, 하나님은 기적을 행하실 수 있다고 믿습니다. 우리는 또한 하나님이 기적뿐만 아니라 창조 질서의 규칙적인 패턴에도 관여하신다고 믿습니다.

기적이란 무엇입니까? 성경에서 기적, 표적, 이적 등으로 다양하게 표현된 사건은 예언자와 사도들에 의해서, 예수님에 의해서, 하나님 백성의 기도에 대한 응답으로 일어났습니다. 성경의 기적은 단순히 구경꾼을 놀라게 하기 위해 일어나지 않았습니다. 그것은 하나님 나라의 목적을 위해 일어난 것이었습니다. 기적은 항상 신학적인 맥락 안에서 발생합니다.

일부 무신론자들은 불합리한 생각과 기적과 같은 해로운 미신으로부터 사회를 구하기 위한 방편으로 과학을 바라봅니다. 그들은 기적이 자연 법칙을 위반하는 것이라고 믿으며, 불가능한 일로 정의합니다. 이러한 생각은 스코틀랜드의 철학자 데이비드 흄(David Hume)으로 거슬러 올라갑니다. 그는 기적에 대해 이렇게 말했습니다. “기적은 자연 법칙을 위반하는 것이다. 자연 법칙은 불변의 확고한 경험에 의해

세워진 것이다. 사실 자체의 본성에서 볼 때, 기적을 반대하는 증거는 도처에 널려 있어 경험에 대한 어떠한 주장도 할 수 있다."[1]

이러한 생각은 무신론자들만의 것이 아닙니다. 심지어 근대 유신론자들 중 일부도 과학은 기적을 반증한다고 믿었습니다. 예를 들어, 신약성경을 '비신화화'하려는 시도로 유명한 신학자 루돌프 불트만(Rudolph Bultmann)은 1961년에 다음과 같이 썼습니다. "전등과 무선을 사용하고 근대 의학과 외과적 발견을 이용하면서 동시에 신약성경의 영과 기적의 세계를 믿는 것은 불가능하다."[2] 불트만과 그의 추종자들은 성경에서 기적의 이야기를 제거해 버림으로써 기독교가 더욱 현대 사회의 구미에 부합하기를 희망했습니다.

흄과 불트만이 옳을까요? '자연 법칙'은 단순히 기적이 일어날 수 없음을 증명하는 것일까요? 그리스도인이 주류 과학을 수용한다면, 반드시 성경의 기적을 거부해야 할까요? 이러한 문제를 다루기 위해서 우선 성경에 나오는 하나님의 역사를 좀더 가까이 들여다보는 게 좋겠습니다.

자연은 하나님이 하신 역사

기적은 자연 현상이 일상적으로 기능하는 배경에 반하여 발생합니다. 성경은 자연계에서 직접적이고 일상적으로 역사하시는 하나님을 묘사합니다. 예를 들어, 시편 104:10은 다음과 같습니다. "여호와께서 샘을 골짜기에서 솟아나게 하시고 산 사이에 흐르게 하사…." 이 구절의 첫 번째 부분은 하나님의 직접적인 역사를 가리키고, 두 번째 부분은 물이 그 자체의 자연적 성질을 통해 흘러가는 것을 암시합니다. 시편 전체의 관점은 우리가 자연 법칙이라고 부르는 것과 하나님의 직접적인 역사 사이에서 유동적으로 변합니다. 그러한 이중적인 묘사는 구약성경 전체에서도 찾을 수 있습니다.

신약성경은 이 패턴을 계승합니다. 모든 피조물이 그리스도를 통해 하나님에 의해 적극적으로 보존되고 있음을 명백히 보여 줍니다. "이는 하나님의 영광의 광채시요 그 본체의 형상이시라 **그의 능력의 말씀으로 만물을 붙드시며**"(히 1:3), "그가 만물보다 먼저 계시고 만물이 그 안에 함께 섰느니라"(골 1:17). 다시 말해, 하나님이 그분의 강력한 말씀으로 모든 것을 보존하지 않으시면 이 세상은 존재하지 않을 것입니다.

자연을 묘사할 때, 성경은 자연 현상의 규칙적인 행위인지, 아니면 하나님 섭리의 결과인지에 따라 쉽게 관점을 전환합니다. 성경의 저자들은 자연적 사건과 초자연적 사건을 구별하지 않습니다. 이런 것들은 현대적인 구분입니다.[3] 성 아우구스티누스가 말했듯이 "자연은 하나님이 하신 일입니다"(Nature is what God does).[4]

중세 시대 기독교 사상가들은 기적과 하나님의 역사에 관한 질문들로 씨름해 오면서 다음과 같은 생각을 착안해 냈습니다. 자연의 규칙성이 하나님의 보존하심을 나타내는 경우, '변덕스럽다'기보다 오히려 '신뢰할 만하고 일관적'이라고 기대하게 된 것입니다. 자연의 규칙적인 움직임은 "창조주의 습성"으로 볼 수 있습니다. 과학자들은 이러한 "자연 법칙"을 연구함으로써 하나님께 영광을 돌립니다. 그러한 신학적인 깨달음은 현대 과학이 부상하는 데 도움을 줄 수 있습니다.[5]

성경은 규칙적인 패턴을 통해 일하시는 하나님 외에도, 현재 과학의 관점을 무시하는 듯한 기적도 기록하고 있습니다. 기독교 신앙의 중심에는 놀라운 기적이 있습니다. 바로 죽은 자 가운데서 부활하신 예수님입니다. 우리가 죽음 이후에 썩어지는 과정에 대해 더 많이 알면 알수록, 예수님이 자연적인 방법에 의해 죽은 자 가운데서 살아나셨을 가능성은 적어집니다. 오히려 과학은 예수님이 참으로 죽은 자 가운데서 살아나셨다면, 그 사건은 하나님의 평범한 섭리와 상관없이 일어났음이 틀림없거나, 그 섭리를 넘어서는 것이었거나, 아니면 그 섭리에 반하는 것이었어야만 함을 입증합니다.[6]

기적과 진화적 창조

모든 그리스도인과 마찬가지로 진화적 창조론자들은 성경의 기적이 실제로 일어났으며, 하나님은 오늘날에도 기적을 행하실 수 있음을 믿습니다. 캠브리지 대학교의 진화 생물학자인 사이먼 콘웨이 모리스는 다음과 같이 말합니다.

> 나는 신약성경에 기록된 기적들에 놀라지 않습니다. 오히려 그 기적의 수가 너무 적다는 것에 놀랍니다. 창조주가 자신의 피조물을 찾아온다면 당신은 기적 말고 달리 무엇을 기대하겠습니까?[7]

그러나 진화적 창조론자들은 기원 문제에서만큼은 하나님이 역사적으로 얼마나 기적을 행하셨는지에 따라 다른 그리스도인들과 입장을 달리합니다. **젊은 지구 창조론자는** 하나님이 일련의 기적을 통해서 6일 동안 지구와 생명을 창조하셨다고 봅니다. **오랜 지구 창조론자**는 주류 과학에서 말하는 창조의 긴 역사를 수용합니다. 그러나 자연 세계의 특징적인 부분을 창조하기 위해서는 그 긴 역사에서 하나님이 기적적으로 개입하셨다고 주장했습니다. **지적 설계** 지지자는 자연 법칙은 생명의 발달을 충분히 설명할 수 없고, 성경 속 하나님과 같은 외부의 지적 존재가 개입했다고 호소합니다.

반면, 진화적 창조론자는 하나님이 과학적으로 기록될 수 있는 규칙적인 패턴을 이용하여 역사를 통해 창조하셨다는 것을 강조합니다. 이것은 우리가 원칙적으로 기적의 개념에 대해 반대했기 때문이 아니라, 과학이 우리들의 지식의 틈을 아주 특별한 방법으로 채울 수 있음이 입증되었기 때문입니다. 과학적 설명은 하나님을 대신하지 않습니다. 단순히 하나님의 일반적인 역사를 설명하는 것입니다. 그렇기 때문에 우리에게는 하나님을 '잘 해명할' 위험이 없습니다. 또한 진화적 창조론자는 일반적으로 역사적 맥락이 기적에 부합하지 않는다고 주장합니다. 수백만 년 전에는 사람이 살지 않았기 때문에 표적과 기사의 신학적인 목적은 없었을 것입니다. 종합하면, 성경적 증거와 과학적 증거는 오늘날 우리가 볼 수 있는 세상을 만든 규칙적인 인과관계를 사용하도록 선택하신 하나님을 암시하는 것입니다.

자연 법칙은 하나님을 제한하지 않고 제한할 수도 없다

자연 법칙은 단지 인간이 묘사한 자연에서 하나님의 일반적인 역사일 뿐입니다. 하나님은 모든 물리 법칙의 창조자요 보존자이시기 때문에, 그분이 원하실 때 그 법을 중단시킬 수 있는 자유와 능력을 분명히 갖고 계십니다. 기적은 단지 하나님이 평소와 다른 패턴으로 역사하기를 선택하신 경우일 뿐입니다. 성경에서 기적은 항상 무언가를 가리킵니다. 단순히 놀랍거나 하나님의 존재를 입증하는 것이 아니라 하나님 나라를 증거하는 것입니다. 우리는 하나님의 성품과 하나님의 나라를 증거하는 기적뿐 아니라, 창조를 보존하기 위한 규칙적인 패턴을 통해 하나님의 일을 가리키는 주류 과학을 모두 수용합니다.

Q27

과학 지식의 틈이 하나님을 증명하는가?

과학의 모든 분야에는 풀리지 않은 질문들이 있고, 우리의 이해에는 틈새가 있습니다. 과학자들은 전형적으로 이런 것들을 열린 연구 질문이라고 봅니다. 다른 이들은 종종 과학이 어떤 사건의 일어난 방법을 설명할 수 없다면, 하나님이 반드시 그에 대한 설명이 되어야만 한다고 주장합니다. 그러한 주장을 '틈새의 신' 주장이라고 합니다. 이러한 주장이 위험한 이유는 과학이 항상 발전하고 있기 때문입니다. 만약 과학 지식의 틈새가 하나님을 믿는 근거가 된다면, 과학자들이 그 간격을 채우게 될 때 하나님에 대한 증거는 사라지게 됩니다. 그러나 성경의 하나님은 그 틈새의 신보다 더 크십니다. 그리스도인들은 과학이 설명할 수 있는 영역뿐 아니라 틈새의 영역이 있는 자연 세계에서도 하나님은 항상 일하신다고 믿습니다.

틈새의 신 정의하기

틈새의 신 주장은 과학적 설명에서의 빈틈을 신의 역사와 그에 따른 신의 존재에 대한 지표나 증거로 사용합니다. 그러한 주장은 과학이 아직 설명할 수 없는 현상에 대해서 자연적이고 과학적인 원인 대신 신의 역사를 상정하게 됩니다. 이러한 가정은, 만약 어떤 일이 일어난 이유를 과학이 설명해 내지 못한다면, 신이 반드시 그에 대한 설명이 되어야 한다는 것입니다. 그러나 신의 역사나 존재에 대해 틈새의 신 주장을 사용하는 것이 위험한 이유는, 미래의 과학적 발견을 부인해야 하기 때문입니다. 과학의 지속적인 발전과 함께, 틈새의 신 설명은 종종 자연적인 메커니즘으로 대체되어 왔습니다. 그러므로 그러한 주장이 변명의 도구로 이용될 때, 과학 연구는 불필요하게 신에 대한 믿음과 상충될 수 있습니다.[1] 최근의 지적 설계 운동은 이 문제를 집중 조명하고 있습니다. 인간의 눈이나 박테리아 편모의 환원 불가능한 복잡성과 같은 특정한 지적 설계 주장은 새로운 과학적 발견에 의해 급속도로 약화되고 있습니다.

틈새의 신 설명하기

아이작 뉴턴(Isaac Newton)과 피에르 시몽 드 라플라스(Pierre Simon de Laplace)의 익숙한 이야기는 틈새의 신 논쟁의 전형적인 예입니다. 뉴턴은 중력을 설명하기 위한 수학 방정식을 고안하여 탁월한 정확도로 행성의 움직임을 설명하고 예측했습니다. 연필과 종이를 사용하면, 태양과 행성 궤도를 매우 정확하게 계산할 수 있었습니다. 그러나 행성들은 태양뿐 아니라 행성들 상호 간의 중력에도 영향을 받습니다. 예를 들어, 지구가 태양 주위의 궤도에서 화성을 지나칠 때, 화성과 지구 사이에는 작지만 무시할 수 없는 중력적 상호 작용이 있습니다. 이 작은 행성 간 상호 작용이 종종—많은 경우에는 일 년에 여러 차례—발생하기 때문에 뉴턴은 이러한 중력 섭동(perturbations)이 축적되면 천천히 태양계 질서에 엄청난 혼란을 가져올 것이라고 생각했습니다. 이런저런 파괴적인 힘에 대응하기 위해, 뉴턴은 하나님이 가끔 태양계를 조정하고 질서를 회복하기 위해 개입하셔야만 할 것이라는 제안을 했습니다. 따라서 태양계의 지속적인 안정성을 설명하기 위해 하나님의 정기적인 특별 조치가 필요했다고 본 것입니다.

또한 뉴턴은 행성들이 모두 태양 주위를 같은 방향과 같은 평면에서 어떻게 돌고 있는지를 설명하기 위해 신이 필요하다고 생각했습니다. 그의 중력 이론은 태양을 향해 어떤 각도로 기울어지든지 상관없이 모든 행성의 운동과 완전히 양립할 수 있었습니다. 그러나 이것은 우리가 발견한 바와 거리가 멀었습니다. 행성은 같은 방향으로 움직이며, 거의 모든 궤도가 같은 평면에 있기 때문입니다. 행성은 트랙 위에서 달리는 선수처럼 태양 주위를 돕니다. 뉴턴은 오직 하나님만이 우아하게 이런 일들을 가능하게 하실 수 있다고 생각했습니다.

> 여섯 개의 기본 행성은 태양에 대해 원을 그리며, 같은 부분을 향하고, 거의 같은 평면에서 돌고 있다.…그러나 단순한 기계적 원인이 많은 규칙적인 움직임을 낳을 수 있다고 생각해서는 안 된다.…태양, 행성 및 혜성의 가장 아름다운 시스템은 지적이고 강력한 존재의 간섭과 통치로부터만 진행될 수 있다.[2]

이 두 가지 예—하나는 행성의 계속되는 운동과 관련된 것이고, 다른 하나는 그 움직임의 기원에 관한 것—에서 뉴턴은 교과서처럼 틈새의 신 추론을 사용하고 있습니다. 가능한 한 많은 설명을 해내기 위해 과학 이론을 제안했고, 그러고도 설명되지 않았던 틈새를 메우기 위해 신을 차용한 것입니다.

우리는 이제 뉴턴이 두 가지 모두에서 틀렸다는 것을 압니다. 행성이 경험하는 중력 섭동은 시간이 지남에 따라 거의 평균 영점으로 균형이 맞춰집니다. 최종 결론은, 행성 운동이 극도로 안정적이라는 사실입니다. 시간이 지남에 따라 안정성이 떨어지지 않는다는 말이지요. 이것은 뉴턴의 이론을 간단하게 응용해서 밝혀낸 것입니다. 뉴턴은 그의 직감이 맞는지 알아보기 위해 모든 계산을 한 게 아니었습니다. 행성의 질서정연한 움직임에도 마찬가지였습니다. 뉴턴은 태양계가 어떻게 스스로 자연스럽게 형성될 수 있는지 또는 자연적으로 형성되는 시스템에서 행성 운동이 어떻게 될 것인지에 대한 개념이 전혀 없었습니다. 천문학이 이 지점까지 발전하지 못했던 것입니다. 뉴턴 이후 수십 년 동안 천문학자들은 태양계가 회전하는 물질의 큰 구름으로부터 자연적으로 형성된다는 것을 발견했습니다. 그러므로 크고 천천히 회전하는 구름은 그 자체의 중력 아래서 붕괴되고, 팬케이크와 같은 것으로 평평해지는 경향이 있습니다. 토성의 고리는 구름이 여전히 존재하는 흥미로운 예입니다. 물질은 팬케이크의 평면에서 큰 덩어리로 모이게 됩니다. 이 과정이 끝나면 동일한 방향과 동일한 평면에서 이동하는 모든 덩어리의 집합이 존재하게 됩니다. 마치 우리 태양계처럼 말이지요.

과학사에서 이러한 에피소드가 특이한 것은 아닙니다. 사실 이 에피소드들은 아주 일반적이어서 과학으로 설명이 불가능한 자연 현상을 신을 끌어들여서 설명하는 과정을 통칭하기 위해 틈새의 신이라는 문구가 만들어졌습니다. 틈새의 신 추론의 위험은, 나폴레옹 보나파르트의 행정부에서 관료를 지낸 프랑스의 수학자 피에르 시몽 드 라플라스와 관련된 상황으로 인해 뉴턴 이후 한 세기 동안 집중적으로 조명되었습니다. 라플라스는 뉴턴의 운동법칙을 정교하게 다듬고 확장했으며, 우주에서 일어나고 있는 일을 바라보는 눈을 확대하는 데 괄

목할 만한 성과를 보인 시대의 수혜자가 되었습니다. 그 결과, 그는 신의 간섭을 불러들이지 않고도 우주의 역학을 설명하는 폭넓은 텍스트를 쓸 수 있었습니다.

전설에 따르면, 라플라스는 자신의 이론에서 신의 부재에 관해 나폴레옹으로부터 다음과 같은 질문을 받았다고 합니다. "M. 라플라스, 그들은 당신이 우주의 시스템에 대해 이 거대한 책을 썼으며, 창조주에 대해서는 언급한 적이 한 번도 없다고 했습니다." 이 질문에 대한 라플라스의 대답은 유명합니다. "저는 그 가설이 필요 없습니다." 물론 신은 여전히 우주의 존재에 대한 가설로 사용될 수 있습니다. 그러나 뉴턴은 과학적 설명의 결함을 신의 존재에 대한 논증으로 사용했기 때문에 라플라스의 이론은 당시의 변증법에 불필요한 타격을 가하게 되었습니다. **여기에는 위험이 있습니다. 만약 과학 지식의 틈새가 신의 존재에 대한 논증으로 사용된다면, 과학이 발전해서 그 부족한 설명의 틈을 메우게 될 때는 무슨 일이 벌어지겠습니까?**

신을 향한 지표: 미세조정과 도덕률

『신의 언어』의 1장과 3장에서 프랜시스 콜린스 박사는 자신의 신앙 여정에서 중요한 역할을 한 하나님을 향한 지표를 언급합니다. 이 지표 중 하나는 우주의 미세조정입니다. 미세조정은 물리학의 기본 법칙이 정교하게 삶에서 균형 잡힌 것처럼 보이는 방식을 나타냅니다. 이 정밀도는 과학이 제공할 수 없는 설명을 요구합니다. 미세조정의 의미에 대한 열띤 논쟁이 있는데, 일부 비평가들은 하나님을 미세조정자로 불러들이는 것이 틈새의 신으로 돌아가는 일이라고 비난합니다. 그러나 과학 안에서는 자연 법칙의 상세한 특성을 설명하는 방법이 전혀 없는 것 같습니다. 따라서 미세조정 논쟁은 과학을 넘어서서, 과학이 연구하는 세계가 왜 그러한 특성을 가지는지를 설명하기 위해 형이상학으로 나아가게 됩니다.

콜린스가 언급한 또 다른 지표는, C. S. 루이스를 따른 도덕률입니다. 도덕률은 인류에 대한 암묵적이고 보편적인 윤리 기준입니다. 콜린스는 도덕률을 중력 같은 법칙과는 달리, 아주 빈번하게 위반되는 보편적인 법으로 묘사합니다. 전반적으로 도덕률은 진화의 산물에서 기대되는 행동 유형과 일치합니다. 그러나 콜린스가 지적한 것처럼, 이타적인 행동은 종종 가장 잘 확립된 다윈의 진화 과정으로부터 기대되는 바를 훌쩍 넘어서는 것처럼 보입니다.[3] 마틴 노왁(Martin Nowak)과 같은 이론가들에 의해 개발된 수학적 모델은 자연선택이 이타성을 위한 유전자를 생산할 수 있다는 것을 입증했지만,[4] 콜카타의 마더 테레사와 같은 위대한 성인들의 급진적인 자기희생은 그 모델이 설명할 수 있는 범위를 넘어서는 것처럼 보입니다. 인간의 기원에 대한 완벽하게 자연스러운 설명도 현재 우리가 관찰하는 인간의 행동을 설명하기에는 불충분할지도 모릅니다. 그러나 진화 심리학이 인간의 도덕성을 설명할 수 있거나 이론 물리학이 그러한 완벽한 자연상수를 설명할 수 있다면, 유신론적 변증법은 어떤 식으로든 신뢰를 잃게 되지 않을까요?

Q28

'미세조정'과 '다중우주'는 신에 대해 무엇을 말하는가?

어떠한 세계관을 가진 과학자들이라도 우리 우주의 물리적 상수와 초기 우주 상태가 절묘하게 생명체를 위해 미세조정이 되었다는 것에는 모두 동의합니다. 물리학에서 다중 이론은 우리 우주가 수많은 우주, 곧 다중우주라고 알려진 것 중 하나일지도 모른다고 예측합니다. 일부 그리스도인들은 미세조정이 하나님의 존재를 증거한다고 주장하는 반면, 일부 무신론자들은 하나님 대신 다중우주를 주장합니다. 신의 존재가 과학적 질문이 아니기 때문에, 과학만으로는 어떤 결론도 도출할 수 없습니다. 그러나 우리의 질서정연한 우주는 생명체에 꼭 맞는 세상 창조주로서의 하나님을 이해하는 그리스도인들의 믿음과 공명합니다. 신앙의 눈을 통해 보았을 때, 우리는 우리 삶의 터전인 지구를 포함하는 풍부하고 복잡한 우주를 만드는 인격적인 하나님을 봅니다. 다중우주 이론이 궁극적으로 우리의 우주가 어떻게 시작되었는지 과학적으로 설명한다고 해도, 다중우주 자체는 여전히 하나님의 창조물일 것입니다. 과학적인 설명은 하나님을 대신할 수 없으며, 오히려 창조주 하나님에 대한 우리의 경이와 찬양을 높여 줄 뿐입니다.

미세조정은 자연의 물리적 상수의 놀라운 정교함과 우주의 초기 조건을 나타냅니다. 지구와 같이 거주 가능한 행성이 어떻게 존재할 수 있는지를 설명하기 위해서는 이러한 기본적인 상수들이 적절한 값으로 설정되어야 합니다(예를 들어, 적절한 라디오 방송국을 찾기 위해 다이얼을 조정하는 것). 심지어 우주의 물리적 상수가 약간만 달랐다면, 우주는 생명체를 지지할 수조차 없었을 것입니다. 우주는 너무 빨리 팽창했거나 결코 탄소 원자를 형성할 수 없었거나 DNA와 같은 복잡한 분자를 절대 만들 수 없었을 것입니다.

다중우주는 우리 우주가 무한히 많은 우주 중 하나라는 생각입니다. 존재할지도 모르는 가능한 많은 우주 중에서 각각 다른 세기의 힘과 입자의 성질을 가지고, 우리 우주는 우리가 알고 있는 것처럼 생명체를 살 수 있도록 해 주는 극히 적은 수의 우주 중 하나인 것입니다. 사람들은 미세조정과 다중우주에 어떻게 반응할까요? 그들은 우리의 하나님 이해에 대해 무슨 생각을 할까요?

'딱 적당한' 성질을 나타내는 미세조정

우리 우주는 정교한 값으로 설정된 몇 가지 속성을 가지고 있으며, 그 값을 약간 변경하면 우리가 알고 있는 것처럼 생명체가 생기지 않았을 것입니다. 여기 세 가지 예가 있습니다.

중력의 세기

수십억 년 전에 빅뱅이 발생했을 때, 우주의 물질은 균일하게 분포하고 있었습니다. 거기에는 별, 행성 또는 은하는 물론 우주의 암흑 공간에 떠 있는 입자 하나조차 없었습니다. 빅뱅으로부터 우주가 팽창됨에 따라 중력은 그 물질을 매우 부드럽게 잡아당겼고, 덩어리로 모아진 그 물질들은 결국 별과 은하가 되었습니다. 그러나 중력은 딱 적당한 세기의 힘을 가져야만 했습니다. 중력이 조금만 더 강했다면, 모든 원자는 하나의 큰 공으로 뭉쳐졌을 것입니다. 우리 우주의 앞길은 우주 대수축 안에서 순식간에 붕괴되었을 것입니다. 중력이 조금만 더 약했더라면, 팽창되는 우주는 원자들을 너무 넓게 분포시켜서 그

원자들은 결코 별과 은하로 모일 수 없었을 것입니다.

별이 형성되기 위해 중력의 세기는 완벽하게 알맞아야만 합니다. 그러나 여기서 '완벽하게'라는 말은 무슨 뜻일까요? 글쎄요, 우리가 중력을 조금이라도 변화시킨다면—말하자면, 10억 분의 1 정도의 아주 적은 양이라도 크거나 작게 중력의 세기를 바꾼다면—우주는 너무나 달라져서 거기에는 별도, 은하도, 행성도 없을 것이라고 합니다. 행성이 없다면, 생명도 없을 것입니다. 값을 약간만 바꾸면, 우주는 아주 다른 경로를 따라 진화합니다. 현저하게, 이러한 다른 경로들 모두는 생명체가 없는 우주를 만들어 내게 됩니다. 우리 우주는 생명체에 우호적이지만, 이것은 오로지 우리 우주가 지난 137억 년간[1] 액체의 물과 풍부한 화학작용을 겸비한 거주 가능한 행성을 탄생시킨 특별한 방법으로 전개되어 왔기 때문입니다.

탄소의 형성

탄소는 알려진 모든 생명체의 근간이 되는 원소입니다. 탄소 원자는 융합 반응에 의해 별들의 중심에서 형성됩니다. 이 반응에서 세 개의 헬륨 원자가 충돌하고 융합되어 하나의 탄소 원자를 만듭니다. 그러나 그 융합 반응이 일어나기 위해서는 에너지 수위가 아주 적당한 방법으로 따라와 줘야만 합니다. 그렇지 않으면 그 세 개의 헬륨 원자가 융합되기 전에 서로 튕겨져 나올 것입니다.

이러한 범상치 않은 에너지의 균형을 이루기 위해서는 두 가지의 물리적 힘(강력과 전자기력)이 아주 적당한 방법으로 협력해야 합니다. 강력이나 전자기력에 약간의 변화라도 일어난다면 에너지 수위를 망가뜨려 탄소의 생성을 크게 감소시킵니다. 두 힘의 값은 탄소가 효율적으로 생성되도록 조정되어서 우리가 평생 필요한 만큼의 풍부한 원소의 양을 얻게 해 주었습니다.

DNA의 안정성

모든 원자는 양성자와 중성자로 이루어진 핵을 가지고 있으며, 그 주위를 빙빙 도는 전자 구름을 가지고 있습니다. 원자가 다른 원자와 결합하여 분자를 만들 때, 전하를 띤 양성자와 전자는 서로를 잡아당기는 상호 작용을 합니다. 양성자의 질량은 전자 질량의 약 2천 배(정확히 말하면, 1,836.15267389배)가 됩니다.[2] 그러나 이 비율이 단지 조금이라도 바뀌면, 많은 화학물질의 안정성은 손상될 것입니다. 결국 이것은 생명체의 기본 구성 요소인 DNA를 포함하여 많은 분자가 형성되는 것을 막게 될 것입니다. 신학자이면서 과학자인 알리스터 맥그래스(Alister McGrath)는 다음과 같이 지적했습니다.

> (전적으로 생물학적인) 진화 과정은 탄소의 범상치 않은 화학적 성질에 달려 있습니다. 이는 탄소끼리의 결합뿐 아니라 다른 원소와도 결합도 가능하게 만들어, 지구의 온도에서 안정적이면서 고도로 복잡한 분자를 만들며, 유전 정보를 전달할 수 있습니다(특히 DNA).[3]

몇 가지 예가 있습니다. 미세조정에 대한 증거는 모든 종교와 세계관을 배경으로 하는 물리학자들과 천문학자들에 의해 인식되어 왔으며, 수십 년 동안 지속되었습니다. 불가지론자이자 노벨상 수상자인

스티븐 와인버그(Steven Weinberg)는 이렇게 썼습니다.

> …자연의 법칙과 우주의 초기 상태가 그것을 관찰할 수 있는 존재를 감안해야 하는 것은 얼마나 놀라운 일입니까. 우리가 알고 있듯이, 여러 물리량 중 하나라도 약간의 다른 값을 가진다면 생명은 존재할 수 없을 것입니다.[4]

미세조정의 함의

일부 불가지론자들과 무신론자들은 미세조정을 단순히 운 좋은 사건으로 여깁니다. 어떤 사람들에게 이것은 단지 태연하게 어깨를 한 번 으쓱할 만한 것입니다. 미세조정은 더 이상의 의미 없이 말 그대로라고 말하지요. 몇몇 사람들은 더 특별한 주장을 합니다. 인간이 존재하기 때문에 자연 법칙은 반드시 삶과 양립해야 한다고요. 그렇지 않으면 우리는 단순히 그 사실을 알리기 위해 여기에 있지는 않았을 것이라고요[이것은 "인류의 원리"라고 불립니다.[5] 철학자인 존 레슬리(John Leslie)는 이러한 추론에 반대하여, 총살형 집행에서 멀쩡하게 살아남게 되는 예를 비유로 듭니다].[6]

물론 생존자는 왜 그렇게 있을 것 같지 않은 사건이 일어났는지에 대한 설명을 찾아보고 싶을 것입니다. 똑같은 방식으로, 대부분의 사람들은 과학적으로나 신학적으로 왜 우주가 그런 방식인지를 알고 싶어 궁금해할 것입니다. 천문학자인 프레드 호일(Fred Hoyle)은 다음과 같이 썼습니다. "그 사실에 대한 상식적인 해석은 초월적인 지성이 화학과 생물학뿐 아니라 물리학에도 손을 댔다는 것을 시사합니다."[7] 물리학자 프리먼 다이슨(Freeman Dyson)은 다음과 같이 썼습니다. "우주와 세부적인 우주 구조를 자세히 살펴볼수록, 나는 우주가 어떤 의미에서는 인간이 생겨날 것을 알고 있었음에 틀림없다는 더 많은 증거들을 발견하게 됩니다."[8]

최근 몇 년 동안 다중우주에 관한 여러 이론들이 제시되었습니다. 다중우주 모델에서는 우리 우주 외에 많은 다른 우주가 존재합니다. 이 각각의 우주는 물리학의 기본 상수의 속성과 값이 다르기 때문에 몇몇 우주는 별을 형성하기에 알맞은 중력을 갖겠지만, 대부분의 많은 우주는 그렇지 않을 것입니다. 오직 소수의 우주만이 생명체에 적합할 것입니다. 물론 우리는 다른 우주에 살 수 없기 때문에, 그것들 중 하나에 살고 있는 것일지도 모릅니다. 이 우주들이 어마어마하게 많다면, 그들 중 하나가 생명체에 적합할 만큼 특정한 조건을 제공할 수도 있겠다는 생각은 그리 놀랍지 않을 것입니다. 과연 다중우주는 미세조정을 잘 설명하고 하나님을 가리킬까요?

다중우주의 과학

'다중우주'라는 용어는 실제로 여러 다른 과학적 모델에서 사용됩니다.[9] 다양한 다중우주 모델들은 이론 물리학과 우주론에서 비롯되며, 그중 주요한 모델들은 풍부한 수학을 기본으로 합니다. 다중우주의 한 가지 버전은 '끈 이론'에서 비롯됩니다.[10] 끈 이론은 각 입자를 11차원 공간에서 작동하는, 미세하게 진동하는 끈으로 묘사함으로써 물리학의 네 가지 근본적인 힘을 통합하기 위해 지금까지 개발된 최고의 이론입니다. 미세조정이나 다중우주를 설명하기 위해 끈 이론이 발명된 것은 아닙니다. 다중우주의 예측은 이론 수학에서 비롯되었습니다. 끈 이론은 실험적으로 아직 확인되지 않았으나, 그것을 시도해 보는 일은 도전일 것이며 강입자 충돌기[11]와 같은, 혹은 그 이상의 거대한 에너지를 요구할 것입니다.

다중우주의 또 다른 버전은 인플레이션 이론에서 비롯됩니다. 이 이론은 거의 균일한 온도와 물질/반물질의 불균형과 같은 우주의 성질에 대한 질문에 답하기 위해 개발되었습니다. 인플레이션에서 우주는 첫 순간에 엄청나게 빠른 속도로 팽창합니다(약 10^{-33}초 만에 10^{26}배의 비율로). 그 순간, 초기 우주에서의 미세한 요동은 거의 은하의 크기로 팽창되어 오늘날의 우주에서 우리가 보는 구조를 만들어 냈습니다. 인플레이션은 초기 우주로부터 남겨진 열복사인 우주배경복사[12]의 성질에 대해 특정한 예측을 했으며, 그러한 예측은 완전히 확인되었습니다. 인플레이션 이론은 철저히 시험되고 확인된 것입니다. 놀랍게도 인플레이션 이론의 대부분 버전에서도 다중우주를 예측합니다. 새로운 우주는 상전이에 의해 형성되는데, 이는 물이 끓기 시작하면서 많은 거품을 만들고, 각 거품은 각기 다른 성질의 우주를 만드는 것과 같습니다.

아마도 우주에 대한 가장 큰 질문은 '이것이 과학인가?' 하는 것일지도 모릅니다. 우리가 다른 우주를 측정하는 일은 거의 불가능합니다. 우리가 접근할 수 없기 때문입니다. 우주론자들은 다중우주가 과학의 영역에 있는지를 두고 그들끼리 논쟁합니다. 그중 일부는 다중우주를 설명으로 사용하는 것이 과학적 추론의 본질을 약화시킬 것이라고 주장합니다. 직접적으로 시험해 볼 수 없기 때문입니다. 다른 일부는, 모든 예측이 시험될 수 없다 해도 그 예측의 일부만이라도 확인된다면(우주배경복사와 같이) 물리적 이론(인플레이션과 같은)도 확인될 수 있을 것이라고 주장합니다.

또한 과학자들은 설령 다중우주 모델이 옳다고 하더라도, 다중우주가 미세조정을 제거하지 않는다는 것을 알아냈습니다. 예를 들어, 엄청난 팽창률을 산출하기 위해서 인플레이션 이론은 정확한 값을 취하기 위한 특정 매개변수가 필요합니다. 인플레이션이 과거에 미세조정된 것으로 나타난 우리 우주의 몇몇 성질들을 설명할 수 있다 하더라도, 미세조정은 제거되지 않을 뿐 아니라 오히려 다중우주 자체의 기원으로 한 단계 거슬러 올라가게 됩니다.

우주든지 다중우주든지, 하나님은 창조주이시다

일부 무신론자들이 다중우주가 신의 존재 가능성을 약화시킨다고 주장할 때, 그들은 과학 자체가 주장할 수 있는 것을 과장합니다. 다중우주 모델은 매력적이며 이 우주에서 과학적 질문들에 답을 해 주지만, 과학적 수준에서 다른 우주에 대한 예측은 사실상 검증이 불가능합니다. 그러나 다중우주 모델이 과학적 수준에서 잘 정립되어 있다 할지라도, 그것은 신을 대신하지 않고 대신할 수도 없습니다. 어떤 과학 이론도 그렇게 할 수 없습니다. 성경적 신앙의 관점에서 과학은 단순히 하나님이 창조하시고 유지하시는 물리 세계를 탐구할 뿐입니다.

다중우주를 연구하는 물리학자 중에는 다중우주를 하나님의 창조라고 여기는 그리스도인도 있습니다. 다중우주는 신중히 고려해야 할 신학적인 질문을 제기합니다[예를 들어, 물리학자 로버트 만(Robert Mann)의 주장을 보십시오].[13] 물리학자 제럴드 클리버(Gerald Cleaver)가 썼듯이, 만약 다중우주 이론이 옳다고 밝혀지면, 그것은 "하나님이 하신 창조의 아름다움, 화려함, 다양함, 광대함을 이해하는 다음 단계"가 될 것입니다.[14]

Q29

기독교의 하나님이 창조주라고 말할 수 있는 근거는 무엇인가?

진화 과학은 많은 종교는 물론 무신론과도 일치합니다. 과학만으로는 하나님의 존재를 증명할 수도 부정할 수도 없습니다. 미세조정[1] 같은 몇몇 과학적 증거는 창조주를 가리키지만, 이것이 기독교를 다른 종교에 비해 더 지지하는 것은 아닙니다. 그러나 기독교 교리는 인간의 기원에 대한 과학적 설명과 대략적으로 양립합니다. 하나님에 대한 믿음은 과학적으로 증명할 수 없지만 비합리적이지는 않습니다. 그리스도에 대한 헌신은 역사, 철학 및 다른 이들의 간증에서 비롯된 다양한 비과학적 증거에 의해 뒷받침되는 합리적인 선택입니다. 궁극적으로 성령은 각 사람의 삶에서 예수님과의 관계 안으로 그들을 데려오기 위해 역사하십니다.

일치

기독교 교리는 우리의 기원에 대한 과학적 설명과 대략적으로 양립합니다. 예를 들어, 창세기의 창조 이야기는 우리에게 빅뱅 이론을 상기시키는 방법으로 시작에 대해 이야기하지만, 빅뱅 이론이 창세기 기자가 가졌던 세계관의 일부는 분명히 아니었을 것입니다.

과학은 우리에게 전능하심, 사랑하심 및 완전하심과 같은 기독교 하나님의 특징 중 많은 것들을 반영하는 우주를 보여 줍니다.[2] 예를 들어, 하나님의 전능하심과 완전하심은 자연 법칙을 통해 명백하게 드러납니다.[3] 이 모든 것은 생명이 성장하도록 정교하게 조정되고 있습니다. 과학적 관점에서 우주의 이러한 특징은 놀라운 것이며, 더 자세한 설명을 보장합니다. 그러나 합리적인 하나님이 의도적으로 생명에 상응하는 우주를 창조하셨다는 기독교의 내러티브에 비추어 볼 때, 우주의 미세조정은 말이 됩니다. 또한 성경은 인간이 하나님의 형상[4]대로 창조되었다고 합니다(창 1:26-27). 그러므로 다른 사람들을 사랑하고 의미 있는 관계에 참여할 수 있는 우리의 능력은 사랑이 넘치는 하나님의 존재와 일치합니다. 급진적 이타주의는 진화론적 설명에는 도전이 되지만, 기독교에는 아주 잘 어울립니다. 예를 들어, 왜 콜카타의 테레사 수녀는 가난한 사람들과 함께 그녀의 인생을 보냈을까요? 왜 군인들은 그들이 알지 못하는 사람들을 위해 그들의 생명을 희생할까요? 이러한 예들은 자신의 창조물을 위해 자신의 목숨을 희생하신 하나님의 이야기와 우리가 지니고 있는 하나님의 형상 안에서 아무런 문제 없이 잘 들어맞습니다.

알버트 아인슈타인(Albert Einstein)의 말을 생각해 봅시다. "세상의 영원한 미스터리는 세상을 이해한다고 말하는 것이다."[5] 우리가 과학적인 발견을 하고 그것을 시험할 수 있는 지능과 기술을 가지고 있다는 단순한 사실은 대단한 것입니다. 그러나 합리적이고 전능하신 하나님이 우리를 그분의 형상에 따라 만드셨기에 우리가 우리 주변 세상에 대해 과학적 감각을 가질 수 있고 열망하는 것은 놀랄 만한 일이 아닙니다. 알리스터 맥그래스는 다음과 같이 말했습니다.

> 현실에 대한 기독교적 비전은 우리가 자연 세계를 바라볼 수 있는 관점을 제공하며, 그리스도인이 제공해야 하는 더 큰 그림과 일치하는 미세조정 같이, 실제로 다른 사람들이 의문을 품거나 이상하게 여길 수 있는 것들

을 볼 수 있게 해 줍니다.[6]

유일신 전통의 근본적인 주제 중 다수가 공유되고 있습니다. 예를 들어, 자선과 정의는 많은 신앙에서 가치를 지닙니다. 기독교와 다른 신앙 사이의 핵심적인 차이점은 예수 그리스도 삶의 목적과 의미, 그분의 부활에 대한 진리입니다. 진화 과학과 예수를 이해하는 데 있어 기독교 삼위일체 같은 핵심 교리가 충돌할 일은 없습니다.

합리성

기독교의 하나님에 대한 믿음은 과학적으로 증명할 수 없지만 비합리적이지는 않습니다. 그리스도에 대한 헌신은 역사, 철학 및 다른 사람들의 간증에서 비롯된 다양한 비과학적 증거에 의해 뒷받침되는 합리적인 선택입니다. 궁극적으로 성령은 각 사람의 삶에서 예수님과의 관계 안으로 그들을 데려오기 위해 역사하십니다.

Q30

무엇이 하나님을 창조하셨는가?

하나님의 존재를 증명한다고 하는 많은 주장들이 수 세기에 걸쳐 제안되었습니다. 잘 알려진 한 가지 주장은, 모든 결과는 원인을 가지기 때문에 물질 세계 외부에 있는 "첫 번째 원인"(야기되지 않은 원인, uncaused cause)이 반드시 있었을 것이라는 주장입니다. 그러나 이러한 주장 중 많은 부분에 대한 응답은 "만약 하나님이 세상을 창조하셨다면, 무엇이 하나님을 창조하셨습니까?"입니다.

달리 말하면 다음과 같을 것입니다. "만약 우주 안의 모든 것이 원인을 가진다면, 왜 하나님은 이에 해당되지 않습니까?" 혹은 "하나님의 기원에 대해서는 우리가 설명할 필요가 없는 것입니까?"

이러한 질문에 답하기 위해서 우리는 먼저 '하나님'이라는 말이 의미하는 바를 명확히 할 필요가 있습니다. 하나님도 과학이 설명하는 원인 체계 안의 또 다른 원인일 뿐이라면, 우리는 하나님을 위한 원인 역시 찾을 필요가 있습니다. 그러나 하나님이 창조 질서와는 근본적으로 다른 존재(신학자들이 "초월"이라고 부르는)라면, 하나님의 존재에 대한 우리의 요구는 헛다리 짚는 격일 것입니다.

하나님에 대한 근대적 개념은 종종 하나님이 우주의 기원과 도덕법칙을 위한 설명으로 하나님을 묘사하는 계몽주의의 '이신론' 운동에 크게 영향을 받았습니다. 이신론의 하나님은 더 낮은 층에 있는 우리들을 귀찮게 하지 않는, '다락방' 안에 있는 흰머리의 노인과도 같습니다.

그러나 이것은 성경과 역사적 기독교 신학과 확연히 다릅니다. 거기서 하나님은 창조주이자 유지자로서 창조에 깊이 관여하고 있는 것으로 보이기 때문입니다. 골로새서 1:15-17은 그리스도에 대해 다음과 같이 말합니다.

> 그는 보이지 아니하는 하나님의 형상이시요, 모든 피조물보다 먼저 나신 이시니 만물이 그에게서 창조되되 하늘과 땅에서 보이는 것들과 보이지 않는 것들과 혹은 왕권들이나 주권들이나 통치자들이나 권세자들이나 만물이 다 그로 말미암고 그를 위하여 창조되었고….

예수 그리스도께 계시된 하나님은 단순히 우주의 시작에 대한 설명이 아니라 **과거, 현재 혹은 미래의 모든 존재에 대한 설명입니다**. 매 순간 모든 시간과 공간과 사건이 존재함은 하나님의 유지하시는 힘이 있기 때문입니다. 이런 것들은 **우발적**입니다. 다시 말해, 그것들은 존재할 필요는 없지만 존재하고 있기 때문에, 우리가 그들 존재의 원인을 묻는 것이 옳습니다. 그러나 기독교 신학자들은 하나님을 필연적 존재로 이해했습니다. 필연적 존재의 원인을 묻는 것은 파란색의 무게가 얼마나 되는가를 묻는 것과 같이 범주가 잘못된 질문입니다.

지난 100년 동안 우리 우주의 시작점(빅뱅)에 대한 강력한 증거가 발견된 것은 이 토론에 엄청난 영향을 미쳤습니다. 많은 그리스도인들은 '빅뱅'을 시간, 공간 및 물질이 영원하지 않고 일시적인 증거라고 보았습니다. 이는 실제로 창조주의 필요성을 지적하는 것이지요. 그러나 우리는 그리스도인들에게 신중할 것을 권합니다. ('다중우주'에 관한 이론들과 같은) 몇몇 현재의 이론들이[1] 제안하는 것처럼 우주가 경험적으로 식별할 수 있는 시작점을 가지지 않는다 해도 하나님은 여전히 창조주일 것입니다.

우리는 이러한 이론들 중 어느 것에 의해서도 그리스도인으로서 위협당한다고 느끼지 말아야 합니다. 그 누구도 왜 처음에 아무것도 없지 않고, 무언가가 존재했는지를 설명할 수 없기 때문입니다. 과학은 원인과 결과에 대해서만 말할 수 있기 때문에 그 질문에 답할 능력이 없습니다. 모든 세계관은 그 자체가 야기되지 않은 원인을 믿어야만 하며, 그리스도인들은 이러한 야기되지 않은 원인을 하늘과 땅을 만드신 창조주 하나님으로 이해합니다.

5부

인간의 기원

Q31

아담과 하와는 역사적 인물이었는가?

많은 그리스도인들이 성경을 진지하게 받아들이고 하나님의 창조에 대한 과학적 이해를 추구하기 위해 열정적으로 헌신하고 있습니다. 성경과 과학은 아담과 하와에 대한 우리의 이해에 어떻게 영향을 미칠까요?

전통적인 '새 창조' 관점

일반적으로 전통적인 입장에 따르면, 아담과 하와는 새로 창조되었습니다. 즉, 그들은 대략 6천 년에서 1만 년 전에 완전한 형태의 인간(호모 사피엔스)으로 하나님에 의해 창조되었습니다. 하나님은 생물학적 조상이 없는 완전한 형태의 인간으로 그들을 신속하고 완벽하게 만들었습니다. 이러한 전통적인 '새 창조' 관점에서 아담과 하와는 '유일한 조상'입니다. 그들은 첫 두 인간이었고, 다른 모든 인간의 조상입니다. 창세기 설명은 기자가 오늘날 기록하는 것과 비슷한 방식으로 이루어진 실제 사건에 대한 기록으로 간주됩니다.

그러나 성경의 일부 특징들은 이러한 전통적 관점이 설명하지 않는 다른 의미의 층이 있음을 시사합니다. 창세기 4장은 아담과 하와의 후손이 아닌 듯한 사람들을(도시 사람들, 가인의 아내) 가리킵니다. 창세기 2-3장의 몇몇 요소들은 적어도 어느 정도는 본문이 아담과 하와를 전형적 인물(우리 모두에 관한 서술)로서 묘사하고 있음을 나타냅니다.[1]

성경에 대한 다양한 해석이 가능할 때, 하나님이 자연계에 무엇을 계시해 주셨는지 생각해 봄으로써 교회는 유익을 얻을 수 있습니다. 성경의 적절한 해석은 우리가 자연계에서 발견한 것과 충돌하지 않기 때문입니다. 우리는 지구상의 다른 모든 생명체와 공통 조상을 공유하면서, 약 20만 년 전에 호모 사피엔스가 진화했다[2]는 과학적인 증거를 받아들입니다. 더 나아가, 오늘날 인간 사이의 유전적 다양성[3]은 과거에 두 호모 사피엔스로부터가 아니라 수천 명의 인구로부터 나왔다는 의견이 우세합니다.

성경의 전통적 해석들이 가볍게 여겨져서는 안 됩니다. 그러나 단순히 전통적인 해석과 충돌한다는 이유만으로 과학적 연구 결과를 무시하거나 일축하는 것은 무책임한 일입니다.

아담과 하와를 이해하기 위한 다른 선택 사항

성경에 충실하면서도 과학을 진지하게 받아들이기를 원하는 사람들에게는 여러 선택 사항이 열려 있습니다.

(빌리 그레이엄과 같은) 일부 기독교 지도자들은[4] 진화가 아담과 하와의 역사성과 양립할 수 있다는 모델에 대해 열려 있습니다. 반면, 신학자인 앙리 블로허(Henri Blocher)를 비롯한 다른 기독교 지도자들에 의해 제안된 견해를 보면, 하나님이 아프리카에서 약 20만 년 전

에 **고대 인류의 역사적인 대표자**들과 특별한 관계를 맺었다고 합니다. 창세기는 고대 근동의 히브리인들이 이해할 수 있었던 문화적 용어를 사용하여 이 역사적인 사건을 다시 말해 주는 것입니다.

또 다른 버전에서 아담과 하와는 **최근의 역사적 인물**로서, 아프리카보다는 고대 근동 지역에서 아마도 6천 년 전에 살았습니다.[5] 이 무렵 호모 사피엔스는 이미 지구 전체에 흩어져 있었습니다. 하나님은 우리가 아담과 하와로 알고 있는 한 농부 부부에게 특별히 자신을 계시하셨습니다. 하나님이 모든 인류를 위한 영적 대표자로서[6] 그들을 선택하셨을 수 있다는 것입니다. 계통 과학은 그 시대와 장소에 살았던 한 쌍의 부부가 오늘날 살아 있는 모든 인간 계보의 일부가 될 수 있다고 제안합니다.[7]

알리스터 맥그래스[8]와 C. S. 루이스[9]와 같은 다른 그리스도인들은 비역사적인 모델을 제안했습니다. 이러한 모델에서는 아담과 하와가 오늘날 사람들이 "역사적"이라고 하는 의미에서는 전혀 역사성이 없으며,[10] 창세기 설명은 하나님과 인류에 대해서 성령의 영감을 받은 중요한 신학적 진리를 전달한다고 주장합니다. 한 관점에서 보면 창세기의 앞 장들은 고대 근동 문학 장르의 상징적 이야기입니다. 또 다른 관점에서 보면 창세기 앞 장들은 오래된 역사적 과정이 압축된 문학적인 묘사로 볼 수 있습니다.

그러므로 앞에 언급된 내용을 포함한 다양한 견해들은 온전한 성경 해석은 물론 최근의 과학적 증거와도 일치합니다. 물론 이 문제와 함께 원죄와 같은 다른 중요한 교리에 대해서는 더 많은 신학적 연구가 이루어져야 할 것입니다. 우리는 이 문제에 대해 적극적으로 대화와 학문을 위한 장을 추진하고 있습니다. 그리스도인들은 어떻게 언제 하나님이 최초의 인간을 창조하셨는지에 대해 상이한 의견을 가질 수는 있지만, 우리는 모두 하나님이 인간을 자신의 형상대로 지으셨고, 모든 사람이 죄를 지었으며, 오직 그리스도를 통해서만 구원받을 수 있음에 의견을 같이할 수 있습니다.

Q32

인류 진화의 유전적 증거는 무엇인가?

지난 수십 년 동안 유전학에 대한 우리의 이해는 극적으로 커졌고 유전학은 인간이 지구상의 모든 생명체와 공통 조상을 공유한다는 압도적인 증거를 제공하고 있습니다. 여기서는 공통 조상에 대한 유전적 증거의 주요 유형 몇 가지를 소개합니다.

유전적 다양성

인간의 아이들은 각 부모로부터 30억 염기 쌍의 DNA를 상속받지만, 그것들이 똑같은 복제는 아닙니다. 염기서열이 바뀔 확률은 세대 당 평균 70 염기(총 60억 개 중) 꼴로 정확하게 측정되어 있습니다. 그래서 우리가 가계도를 거슬러 올라가면, 우리와 우리의 조상들 사이에 점점 더 많은 유전적 차이가 나타납니다. 예를 들어, 여러분의 DNA와 여러분의 네 조부모 DNA 사이에는 약 140개의 유전적 차이가 있고, 여러분과 여러분 여덟 증조부와의 차이는 210개가 있습니다. 이렇게 세대가 차이 날수록 차이는 더 커집니다. 이런 방법을 통해 공통 조상 개체군이 살았던 시기에 대해 두 종 간의 유전적 다양성의 양을 예측할 수 있습니다. 비유전적 증거를 사용하여 인간과 침팬지 사이의 공통 조상은 약 6백만 년 전에 살았던 것으로 추정되었습니다. 유전적 차이로부터 계산된 값은 추정치에 현저하게 가까운 수치를 제공합니다.

유전적 '상흔'

우리 몸에 남겨진 상흔이 과거의 사건을 떠올려 주는 것처럼, DNA 코드도 '상흔'(scars)을 가지고 있으며 이들은 대대로 이어집니다. DNA 상흔은 한 염기를 삭제하거나 삽입한 결과로 나타납니다(이것은 앞에서 언급된 단일 염기 변화가 아닙니다). 우리는 수십만 개의 상흔을 가지고 있고 그것들은 정확한 위치에 존재하기 때문에, 종의 역사적 기록 역할을 합니다. 우리가 침팬지 및 오랑우탄과 동일한 상흔을 가지고 있다면, 이들 종들이 각 구별된 개체군으로 분화되기 전에 DNA 결손이나 삽입이 일어났음이 틀림없다는 말이 됩니다. 우리와 침팬지가 특정한 상흔을 가지고 있는 반면 오랑우탄은 그렇지 않다면, 침팬지와 인간의 공통 조상이 오랑우탄과의 공통 조상으로부터 분리된 이후에 DNA 결손이나 삽입이 일어났다고 결론을 내릴 수 있습니다. 이런 방법으로 우리는 공통 조상의 상세한 가계도를 만들 수 있습니다.

유전적 동의어

특정 문맥에서 '둥근'(round)과 '원형'(circular)이라는 단어는 영어 사용자에게는 같은 것을 의미합니다. 두 단어는 동의어입니다. 이와 마찬가지로, 유전자 코드에도 다른 서열의 DNA 염기이지만, 세포에게는 같은 것을 의미하는 '동의어'가 있습니다(다시 말해서, 다른 DNA 염기서열을 가진 유전자 코드가 똑같은 단백질을 생성하는 경우가 있습니다). 유전자 코드에서 돌연변이는 종종 해를 끼치며, 유기체가 성공적으로 번식하지 못하도록 만드는 결과를 초래하기도 합니다. 그러나 그 돌연변이가 '동의어'인 유전자 코드에서 일어난다면, 그 유기체는 정상과 똑같이 기능하며 그 유전자를 계속 전달할 것입니다. 이 때문에 우리는 동의어 변화가 비동의어 변화보다 더 효과적으로 전달될 것이라고 예측합니다. 이것이 바로 인간과 침팬지의 DNA에서 우리가 발견한 점입니다. 이 두 종 사이에서는 비동의어 변화보다 동의어 변화가 더 많았습니다. 또한 이것이 바로 두 종이 공통 조상을 가진다면 그러할 것이라고 우리가 예측했던 바와 정확히 일치하며, 이는 인간과 침팬지가 단일 조상 종으로부터 창조되었음을 보여 주는 추가 증거를 제공하고 있습니다.

DNA에 대한 연구가 더 많이 진행되면서 우리는 모든 생명체가 서로 연관되어 있다는 더 많은 증거를 찾아내고 있습니다.

Q33

어떻게 인간이 진화하고도 여전히 "하나님의 형상"일 수 있는가?

진화적 창조론자들은 하나님이 인간을 자신의 형상대로 창조하셨으며, 동시에 과학자들이 진화라고 부르는 자연적인 과정을 사용하여 인간을 창조했다고 믿습니다. 어떻게 이 두 믿음이 함께 작용할 수 있을까요? 라틴어로 "하나님의 형상" 혹은 "이마고 데이"(*imago Dei*)의 정확한 의미는 수 세기 동안 교회에서 논쟁거리였습니다. 그것은 우리의 독특한 인지 능력, 하나님과의 관계를 위한 우리의 영적 능력, 지구에서 하나님 나라를 대표하는 우리의 위임장, 혹은 이것들의 어떤 조합과 관련될 수도 있습니다. 이러한 모든 해석은 진화에 대한 과학적 증거와 일치할 수 있습니다. 모든 그리스도인과 함께 우리는 하나님의 형상이 인간의 정체성, 생명의 신성함, 창조의 청지기적 사명, 생명윤리 및 기타 주제에 대한 기독교적 생각에 기초를 두고 있음을 확인합니다.

서론

많은 사람들은 진화가 인간이 하나님의 형상으로 창조되었다는 믿음과 양립할 수 없다고 생각합니다. 과연 하나님 형상을 지닌다는 것이 다른 생명체들과 생물학적으로 공통 조상을 가지기보다 인간의 기적적인 창조를 요구하는 것일까요? 진화 과정 중 언제 인간은 이러한 형상을 얻게 되었을까요? 이러한 질문들은 영혼,[1] 타락,[2] 그리고 아담과 하와의 역사성[3]을 포함한 인류의 기원과 관련된 다른 많은 이슈들과 연결되어 있지만, 여기서 우리는 특히 하나님 형상의 의미에 초점을 맞출 것입니다.

성경에 나타난 하나님의 형상

"하나님의 형상"이라는 구절은 성경에 많이 나오지 않지만, 그 개념의 중요성은 창세기 1장의 창조 이야기에서 반복됨으로써 강조되고 있습니다.

> 하나님이 이르시되 "**우리의 형상을 따라 우리의 모양대로** 우리가 사람을 만들고 그들로 바다의 물고기와 하늘의 새와 가축과 온 땅과 땅에 기는 모든 것을 다스리게 하자" 하시고 **하나님이 자기 형상 곧 하나님의 형상대로 사람을 창조하시되 남자와 여자를 창조하시고**(26-27절).

이 본문으로부터 남성과 여성 모두 하나님의 형상을 지니고 있으며, 하나님이 인간을 자신의 형상으로 만드신 목적은 인간으로 동물을 다스릴 수 있게 하기 위함임을 분명히 알 수 있습니다. 창세기 9:5-6은 모든 인간이 하나님의 형상으로 지어졌기 때문에 신성하다고 기술함으로써 하나님의 형상을 지닌다는 것의 또 다른 면을 밝힙니다. 인간의 신성함에 대한 유대 기독교 사상의 강조점은 부분적으로 이 구절에서 파생됩니다. 신약성경에서 이러한 생각은 그리스도가 보이지 않는 하나님의 참 형상으로 계시됨에 따라 더욱 확대됩니다(고후 4:4; 골 1:15).

수 세기 동안 신학자들은 이런저런 구절들을 연구하고 하나님 형상의 의미에 대해서 토론을 해 왔습니다. 여기서 우리는 세 가지 공통적인 해석을 토의하고 이러한 아이디어가 진화와 어떻게 교차하는지 생각해 보겠습니다.

한 견해는 하나님의 형상이 인간 고유의 인지 능력을 의미한다는 것입니다. 사람들이 "우리를 인간이게 한다"는 말을 할 때면, 이성과 합리성, 수학과 언어, 웃음과 감정, 배려와 공감, 음악과 예술처럼 문화적 산물과 같은 능력을 나타내는 경우가 자주 있습니다.

역사적으로 신학자들은 하나님의 형상을 지녔다는 것과 이성적 사고를 할 수 있는 인류의 출중한 능력을 연결시켜 왔습니다. 아우구스티누스(354-430)는 "인간의 탁월함은 하나님이 지상의 짐승보다 인간을 우월하게 하는 지적인 영혼을 인간에게 부여하심으로써 하나님의 형상으로 만드셨다는 사실에 있습니다"라고 말했습니다.[4] 토마스 아퀴나스(1225-1274) 역시 하나님 형상에 대한 논의에서 지성과 합리성을 강조했습니다.[5]

어떤 사람들은 오늘날 인간과 다른 동물의 인지 능력에 상당한 차이가 있다는 견해에 이의를 제기합니다. 동물 행동 연구에 따르면, 동물들(특히 침팬지와 기타 유인원들)은 웃고 울며 서로를 돌볼 뿐만 아니라 몇 가지 수화를 배울 수 있고, 심지어 기본적인 추론 능력을 가질 수도 있음이 확인되었습니다.

또 어떤 사람들은 이러한 유사점이 인간이 "그저 다른 동물"임을 의미한다고 생각하지만, 종종 명백한 종교적인 동기가 없는 학자들에 의해서도 인간의 차별성을 지지하는 강력한 사례가 다양한 학문 분야에서 확인될 수 있습니다.[6] 우리는 과학적인 관점에서 볼 때도 단지 다른 종으로부터 얼마 정도가 다른 게 아니라, 아예 다른 종류라고 말할 수 있습니다. 세인트앤드루스 대학교 행동 및 진화 생물학 교수인 케빈 라랜드(Kevin Laland)는 다음과 같이 말했습니다.

> 100년간의 집중적인 연구가 합리적인 의심의 여지 없이 대부분의 인간이 직관해 왔던 바를 확립했습니다. 그 차이는 사실입니다. 수많은 주요 차원들, 특히 사회적 영역에서 인간의 인지 능력은 가장 영리한 영장류의 인지 능력보다도 훨씬 더 뛰어납니다.[7]

인간의 차별성에 대한 이러한 주장에서 자주 오해되는 부분은 다른 동물과 우리 인간을 구별할 수 있는 역량(도덕성, 이성, 언어, 문화 등)이 행동의 다른 구성 요소들과, 심지어 진화적 이야기를 가진 뇌 구조에 달려 있다는 것입니다. 이것은 왜 우리가 다른 종에서 힌트나 그들의 전구체를 발견하는지를 설명합니다. 그럼에도 현대 인류와 다른 종의 차이는 사실입니다.

현재 멸종된 다른 종들이 그 간격을 메웠을 가능성이 있습니다. 우리는 지금 멸종된 많은 호미닌(hominin) 종을 알고 있으며,[8] 심지어 이들 중 일부는 해부학적으로 현대 인류와 교배했습니다. 이러한 종들의 인지 능력은 정도의 차이만을 나타내는 것일까요? 일부 과학자들은 그것이 사실이라고 생각합니다.[9] 그렇다면 그것은 하나님의 형상으로서 우리가 가진 고유한 인지 능력을 이해하는 데 어려움을 낳게 됩니다.

하나님의 형상에 관계된 이러한 해석에 대한 또 다른 어려움은 정신적 장애가 있는 사람들의 상태입니다. 어떤 사람이 추론이나 언어에서 장애가 있다면, 그는 하나님의 형상을 적게 지니고 있는 것일까요?

그는 하나님을 닮은 참 모습을 보여 주지 않는 것일까요? 이 질문에 대한 그리스도인의 대답은 단호하게 "**아니요**"입니다! 성경은 하나님이 모든 사람을, 특히 사회에서 거부당하거나 그들 스스로를 돌볼 수 없는 사람들[10]을 귀하게 여긴다고 반복해서 가르칩니다. 사실 창세기 9:5-6은 **모든** 인간이 존귀한 이유가 하나님의 형상을 지니고 있기 때문임을 지적합니다. 이것은 태어나지 않은 사람, 가난한 사람, 나이든 사람을 보호하고자 하는 그리스도인들의 주요 동기가 됩니다. 이 도전은 창세기 1장에서 인류 전체에게 부여된 하나님의 형상을 인식함으로써 부분적으로 해결될 수 있습니다. 즉, 하나님의 형상은 **개인**의 소유가 아니라 모든 인류에게 부여된 것입니다.

그럼에도 진화 역사상 인간이 충분한 인지 능력을 지니게 되었을 어느 시점에서 하나님이 인류에게 자신의 형상을 부여하셨을 것이라는 생각은, 어떤 면에서는 하나님의 형상을 우리의 인지 능력과 연관시키려는 전통적인 신학적 관점과 일치합니다.

우리의 영적 능력으로서의 하나님 형상

또 다른 공통된 견해는 하나님의 형상이 하나님과의 관계를 위한 우리의 능력을 의미한다는 것입니다. 토마스 아퀴나스의 "하나님을 이해하고 사랑하는 능력"에 대한 관점에 따라 가톨릭교 교리 문답서는 다음과 같이 말합니다.

눈에 보이는 모든 피조물 중에서 오직 인간만이 창조주를 알고 사랑할 수 있습니다.…인간은 홀로 하나님 자신의 삶에서 지식과 사랑으로 나누도록 부름받았습니다. 이 목적을 위해 인간은 창조되었습니다. 이것이 인간 존엄성의 근본적인 이유입니다. 하나님의 형상으로 존재하기 때문에 인간 개개인은 각자 존엄성을 지니게 됩니다. 인간은 단지 사물이 아닌 사람인 것입니다. 인간은 스스로 알 수 있고, 스스로 소유할 수 있으며, 자유롭게 다른 사람과 친교를 맺을 수 있습니다. 인간은 다른 어떤 피조물도 대신할 수 없는 믿음과 사랑의 응답을 주려고 하시는 창조주와 맺은 언약에 따라 은혜로 부르심을 받았습니다.

장 칼뱅(1509-1564)과 다른 종교 개혁자들은[11] 하나님의 형상을 타락 이전에 인간이 가졌던 본래적 의로움이라고 서술했습니다. 처음 창조되었을 때, 우리는 하나님의 "지혜와 의로우심과 선하심"을 반영했지만,[12] 바울이 가르치듯이 그 형상은 죄로 인해 퇴색되었으며 그리스도 안에서 회복되었습니다. 칼뱅은 그의 『창세기 주석』(*Commentary on Genesis*)에서 다음과 같이 씁니다.

하나님의 형상은 타락으로 인해 우리 안에서 파괴되었기 때문에, 우리는 그 회복을 통해서 원래 어떠한 모습이었는지 판단할 수 있습니다. 바울은 우리가 복음으로 말미암아 하나님의 형상으로 변화되었다고 말합니다. 그에 따르면, 영적인 거듭남은 하나님 형상의 회복 외에는 아무것도 아닙니다(골 3:10; 엡 4:23).[13]

신경과학자들은 이타적인 행동이나 초월자를 인식하는 능력과 같은 특징들의 증거를 찾아왔습니다. 그러나 과학은 그러한 영적인 실체를 충분히 시험할 능력이 없고 과학자들이 발견했다고 하는 증거는 논란의 여지가 많습니다.[14]

많은 진화적 창조론자들에게 하나님과의 관계에 들어가기 위한 인간의 영적인 능력은(특정 인지 능력이 필요한 것처럼 보이는) 하나님의 형상으로 창조되었다는 것을 의미하는 중요한 부분입니다.

우리의 사명으로서의 하나님 형상

하나님의 형상에 대한 세 번째 이해는 다음 질문에 있습니다. "하나님의 형상"은 창세기 1장의 원 청중에게 무엇을 의미했을까요? 구약성경은 우상 숭배의 맥락에서 종종 "형상"이라는 단어를 사용합니다. 고대 이집트와 가나안 문화에서 사람들은 금속과 나무로 신들의 형상을 만들어 신전에서 제사를 드렸습니다. 히브리어 학자 조셉 램(Joseph Lam)은, 우상은 "사람들 가운데 존재하는 신의 진정한 표상으로 믿어졌다"라고 서술했습니다.[15] 십계명에서 하나님은 인간의 손으로 만들어진 우상에는 신이 깃들 수도 없고 심지어 표현될 수도 없기 때문에(참고. 사 44:6-20), 그분의 백성에게 그러한 형상을 만드는 것을 금지합니다(출 20:4-6). 그러므로 이스라엘의 성전에는 하나님 자신에 대한 물리적인 표현이 존재하지 않습니다.

이를 염두에 두면서, 우리는 이제 새로운 관점에서 "하나님의 형상"을 볼 수 있습니다. 그것은 우리가 세상에서 하나님의 대리자로 부름받았다는 것입니다. 하나님은 우리를 그분의 **살아 있는** 형상으로 지명하셨습니다. 우리는 인간이 손으로 만든 어떠한 우상보다도 이 땅에서 하나님을 더 잘 드러냅니다. 램은 다음과 같이 썼습니다.

> 사실 창세기 원어를 번역할 때 '하나님의 형상 안에서'가 아닌 '하나님의 형상으로서'라고 번역하는 것이 문법적으로 타당하다고 볼 수 있습니다.… 여기에 나오는 히브리어 표현은 인간의 창조 **방식**(곧 인간이 창조된 틀)이라기보다는 이 세상에서 인간에게 의도된 **기능**을 나타냅니다. 인간은 단지 하나님의 형상으로만 만들어진 게 아니라, 이 세상에서 하나님의 형상으로 살도록 부름받은 것입니다.[16]

라이트(N. T. Wright)는 다음과 같이 말했습니다.

> 하나님이 인간을 그분의 세상에 각진 거울처럼 놓아두셔서 인간을 통해 그분의 세상에 대한 사랑과 보살핌과 섬김을 반영할 수 있거나, 세상의 나머지도 인간을 통해 창조주를 찬양할 수 있도록 해 주신 것 같습니다.

이 비유는 이전에 논의한 것처럼, 우리가 하나님의 형상과 창조를 위한 보살핌 사이의 관계를 바라보는 데 도움이 됩니다. '하나님의 형상'이 우리의 '하나님 **형상 닮음**'과 연관된다는 아이디어(우리가 하나님을 나타내고 하나님 나라의 일을 한다)는 인류의 기원에 대한 진화론적인 그림과 완전히 양립됩니다.

진화로의 연결

하나님의 형상에 대한 이러한 모델들이 진화와 어떻게 어울릴 수 있을까요? 우리는 하나님이 지구상의 모든 생명체와 함께 인간을 생물학적 연속성 안에서 창조하셨다고 믿습니다.[17] 우리가 가진 특별한 인지 능력은 이런 점진적인 과정을 통해 하나님이 우리에게 주셨습니다. 또한 우리는 하나님이 우리를 영적인 존재로 창조하셨음을 믿습니다. 하나님은 우리에게 그분의 형상을 부여하시고 창조된 질서 안에서 높은 지위에 우리를 부르심으로써 인간과 특별한 관계를 맺으셨습니다. 과학은 우리의 영적 능력이나 거룩한 소명을 판단할 수 없으므로 모순이 존재하지 않습니다. 이러한 다양한 견해는 우리 공동체 안에서 개개인에 의해 확인되며, 사실 이 견해들은 상호 배타적이지 않습니다.

하나님의 형상을 지닌 자로서 우리의 소명을 살아 내기

학문적 토론도 중요하지만, 그것이 하나님의 형상으로 창조된 사람으로서 살아가는 우리의 중요한 소명으로부터 우리를 혼란스럽게 해서는 안 됩니다. 다음을 기억하십시오.

모든 사람을 하나님의 형상을 지닌 동료로 가치 있게 여기십시오. 모든 사람은 하나님의 형상으로 창조되었습니다(창 1:26-27). 모든 인류는 하나님의 눈에 동등한 가치를 지니며, 그것은 우리 눈에도 그래야 합니다(창 9:5-6).

그리스도 안에서 온전한 하나님의 형상을 얻기 위해 노력하십시오

(엡 4:23). 성령이 새로운 자아를 낳기 위해 우리 안에서 역사하실 때, 우리는 점점 더 창조주의 참된 형상으로 빚어지게 됩니다.

피조물을 돌보십시오. 창조주의 대리자로서 우리는 땅을 다스리고 통치할 것을 요구받았습니다(창 1:26-28). 이는 피조물들을 도와 그들로 하나님이 그들에게 주신 임무를 완수하여 열매를 맺고 번성하도록 하는 일과(창 1:22) 그분이 제공하신 정원을 돌보는 일을 포함합니다(창 2:15).

창조주께 경배하십시오. 창조된 모든 질서 중에서 인류는 우리를 만드신 그분께 찬양을 돌려드리는 인도자입니다.

Q34

타락 이전에 죽음이 있었는가?

인간은 생명의 역사에서 매우 늦게 나타납니다. 화석 기록은 인간이 나타나기 전에 많은 생물들이 죽었음을 분명하게 보여 줍니다. 이것은 죽음을 인간의 죄에 대한 형벌로 묘사하는 성경 구절과 상충되는 것처럼 보입니다. 그러나 창세기 3장의 저주는 동물이 아닌 아담과 하와가 그들의 불순종 때문에 죽어야 한다는 것이었습니다. 그러므로 타락 이전의 동물의 죽음은 기독교 교리와 양립할 수 있습니다. 창세기 3장과 그 외 여러 성경 구절들은 육체적 죽음이 아닌 주로 영적인 죽음에 대해 인간에게 말하고 있을지도 모릅니다.

서론

과학자들이 하나님의 창조물을 연구할 때, 생명의 역사에서 인간이 매우 늦게 나타났다는 사실을 발견했습니다. 화석 기록에 따르면 많은 생물들이 인간이 나타나기 오래전에 죽었다는 것을 보여 줍니다. 사실 많은 생물종들이 수백만 년 이전에 멸종되었습니다(공룡이 가장 유명한 예입니다). 이것은 인간이 존재하거나 죄를 짓기 훨씬 전의 일입니다.

그러나 성경에 기록된 하나님의 계시는 다른 그림을 그리고 있습니다. 몇몇 주요 성경 구절들은 죽음을 죄의 결과로 가르칩니다(창 2:16-17; 3:19; 22; 롬 5:12-21; 고전 15장). 과학적 증거에 비추어 볼 때 이러한 성경 구절들을 어떻게 생각해야 하는 것일까요? 인간이 죄를 짓기 전에 동물이 죽을 수 있었을까요? 이러한 성경 구절에 나타난 죽음은 육체적 죽음을 말하는 것일까요, 영적인 죽음을 말하는 것일까요, 아니면 상황에 따라 가리키는 것이 달라질 수 있을까요? 이러한 질문들을 깊이 생각해 보기 위해, 우리는 성경에 기록된 하나님의 계시와 자연에서의 하나님 계시를 고려할 필요가 있습니다. 과학적인 증거는[1] 다른 질의응답편[2]에 소개되어 있습니다. 거기에 우리는 타락과 죄[3]에 대한 글들도 많이 실어 놓았습니다. 여기서 우리는 성경이 죽음에 대해서 무엇을 말하는지, 두 계시가 어떻게 상충되지 않을 수 있는지를 고려해 보고자 합니다.

동물의 죽음

죄와 죽음에 대해 가르치는 성경 구절들은 분명하게 인간의 죽음을 말합니다. 이러한 구절들은 동물에 대해서도 언급하고 있을까요? 토마스 아퀴나스는 그렇게 생각하지 않았습니다. 그는 원래 하나님의 창조는 서로서로를 죽이는 동물을 포함한다고 믿었으며, "동물의 본질은 인간의 죄에 의해 바뀌지 않았다"라고 말했습니다.[4] 대니얼 하렐(Daniel Harrell) 목사는 동물의 죽음에 대해 논리적으로 주장하며 말했습니다. "에덴동산에는 죽음이 있어야 했습니다. 그렇지 않았으면 아담이 금지된 과일을 먹기 훨씬 전에 아담은 벌레와 박테리아에 휩싸였을 것입니다."[5] 또한 동물의 죽음은 균형 잡힌 생태계 안에서 개체군 수를 유지하는 데도 필요합니다. 몇몇 성경 구절은 육식동물을 창조를 위한 하나님의 원래 계획의 일부로 묘사합니다(욥 38:39-41;

39:29-30; 시 104:21; 29). 또 다른 성경 구절들은 양을 죽이는 대신 "양과 함께 누워 있는 늑대"에 대해 말합니다(사 11:6-7; 65:25). 그러나 이러한 구절들은 미래의 하나님 나라를 지칭하는 것이지, 원래의 창조를 말하는 것은 아닙니다. 동물의 죽음과 고통은 다른 신학적인 질문[6]을 제기하지만, 죄의 결과로서 죽음에 대해 성경이 가르치는 바와 모순되지 않습니다.

인간의 죽음: 육체적인가 영적인가

창세기 2-3장의 전통적인 해석 중 하나는 죄가 **육체의** 죽음을 낳았다는 것입니다. 인간은 죄가 없었다면 불멸했을 것입니다. 창세기 2:17에 보면, 하나님은 아담과 하와에게 이렇게 경고합니다. "선악을 알게 하는 나무의 열매는 먹지 말라. 네가 먹는 날에는 반드시 죽으리라." 창세기 3:17, 19에서 하나님은 이 형벌을 실행에 옮기시고 아담에게 노동과 죽음으로 저주하셨습니다. "네가 흙으로 돌아갈 때까지 얼굴에 땀을 흘려야 먹을 것을 먹으리니…네가 먹지 말라 한 나무의 열매를 먹었은즉 땅은 너로 말미암아 저주를 받고 너는 네 평생에 수고하여야 그 소산을 먹으리라." 고린도전서 15장에서 바울은 그리스도와 아담을 대비하면서 아담의 타락을 모든 인류에게 해당되는 육체적 죽음의 원인으로 강조합니다.

그러나 장 칼뱅은 아담의 죄가 오늘날 우리가 경험하는 갑작스럽고 고통스러운 죽음, 인간의 육체적인 면과 영적인 면이 분리된 원인이라고 주장했습니다. 칼뱅은 만약 아담이 죄를 짓지 않았다면, 더 완화된 육체의 죽음이나 죽음 없이 삶에서 다음 삶으로 "넘어가는 일"이 생겼을 것이라고 생각하는 듯합니다. "진정으로 첫 번째 사람은 더 나은 삶으로 넘어갔을 것이며 올바르게 남게 되었을 것입니다. 영혼과 육체의 분리, 부패, 어떤 종류의 파괴도 없었으며, 간단히 말해서 아무런 폭력적인 변화도 없었을 것입니다."[7] 이런 관점에서 인간은 유한하게 창조되었으나 이사야 65:20-25에서 언급된 것처럼 오래도록 건강한 삶과 우아한 죽음을 맞이하도록 계획되어 있었습니다. 다윗왕이 오래 살면서 부와 명예를 누린 좋은 노년기에 죽었다고 나오는 것처럼(대상 29:28) 구약성경은 순수하게 긍정적인 용어로 오랜 삶의 끝에 있는 죽음에 대해서 말합니다.

이 구절들에 대한 또 다른 해석은, 죄의 결과는 육체의 죽음이 아니라 **영적인** 죽음이라는 것입니다. 아담이 죄를 짓지 않았다면, 인간은 오늘날 우리가 그렇듯 여전히 죽음을 맞이했을 것입니다. 그러나 영적인 죽음과 함께 오는 "상실감, 내세에 대한 불확실성, 끝내지 못한 일에 대한 후회"가 없었을 것입니다.[8] 브라질 파라나 복음주의 대학의 장로교 목사이자 교수인 디아스(Agemir de Carvalho Dias)는 이렇게 말했습니다. "아담과 함께 세상에 들어선 죽음은 인간을 하나님으로부터 분리한 어떤 것, 곧 하나님께로 다가갈 수 있는 권한이 사라졌고, 오직 믿음에 의해서만 그 권한이 회복될 수 있다는 의미에서 영적인 죽음으로 이해됩니다."[9] 물론 여전히 어떤 죄는 가인의 손에 의한 아벨의 죽음, 다윗왕의 간음 후에 일어난 아들의 죽음과 같은 육체의 죽음을 가져옵니다(삼하 12:13-14).

창세기 2-3장의 본문은 저주를 영적인 죽음으로 해석하는 것을 뒷받침할 수 있습니다. 창세기 3:19의 저주에서 하나님은 아담에게 "너는 흙이니 흙으로 돌아갈 것이니라"고 말씀하십니다. 이것은 아담이 흙으로부터 유한하게 창조되었다는 뜻을 내포합니다. 하나님은 아담과 하와에게 나무의 열매를 먹는 날에 죽을 것이라고 경고하셨습니다. 그러나 아담은 930년까지 살았습니다(창 5:5). 그들이 나무 열매를 먹은 날에 무슨 일이 일어났습니까? 아담과 하와는 수치심을 느꼈고 에덴에서 추방되었으며 하나님과의 관계가 깨어져 영적으로 죽었습니다.

아담과 하와가 완전히 이상적인 인간으로 창조된 불멸의 존재는 아니었습니까? 이것은 잘 알려진 생각이지만, 성경 본문 안에서는 명확하지 않습니다. 첫 인간은 "하나님 보시기에 심히 좋았더라"로 묘사되었고 하나님께 기쁨이었지만(창 1:30-31), 완벽하거나 초인적인 능력을 가지지는 않았습니다. 또한 생명나무를 생각해 보십시오. 하나님은 타락 이전에 동산 안에 이 나무를 심으셨습니다(2:9). 이 나무는 그 열매를 먹는 자에게 영생을 주는 것이었습니다(3:22). 하나님이 인간을 불멸의 존재로 창조하셨다면, 생명나무의 목적은 무엇이었겠습니까? 그 나무는 오직 인간이 처음부터 유한할 때만 필요한 것입니다.[10]

신약성경에서 바울은 죄와 죽음의 관계에 대해 많이 언급했습니다. 때때로 바울은 영적인 죽음을 분명히 가리켰지만, 또 어떤 때는 육체의 죽음도 명확하게 언급했습니다(고전 15:35-42). 그러나 고린도전서 15장에서 바울은 그리스도 안에서의 영생은 우리가 지금 경험하는 단순한 세상적인 삶보다는 훨씬 더 나은 것이라 쓰고 있습니다. "죽음"도 역시 단순히 육체의 죽음 이상을 가리키는 것이었습니다. 이것은 로마서 5:12-21에서 좀더 명확해지는데, 여기서 죽음은 은혜, 칭의, 의의 선물, 곧 예수님의 승리로 인한 새로운 영적인 삶과 대조됩니다.

육체의 죽음은 하나님의 원래 계획의 일부인가?

에덴동산은 인간이나 동물에게 죽음, 고통, 심지어 위험도 없는 완벽한 장소로서 명성이 높습니다. 그러나 창세기는 원래의 창조물들이 '완벽한' 것이 아니라 단지 '좋은' 것이라고 가르칩니다. 창세기 1-2장에서 몇몇 구절들은 하나님의 창조물들이 안전하지 않았고 고통이 없는 것은 아님을 암시합니다. 스패너(D. C. Spanner)는 하나님이 인간에게 위험을 암시하는 단어인 "정복"을 임무로 주셨다는 점을 지적합니다.[11] 또한 창세기 2장은 아담과 하와를 동산 안에 두었습니다. 고대 근동에서 이것은 거주민들을 광야와 위험한 동물로부터 보호하는, 벽으로 둘러싸인 울타리였습니다. 성경은 새로운 창조에서 하나님 계획의 절정은 눈물과 고통과 죽음이 없는 장소이지만(계 21:4), 첫 번째 창조가 이러한 특징을 공유했는지는 분명하지 않습니다.

식물과 동물의 죽음은 실제로 건강한 생태계에서 필수적인 요소입니다. 식물은 동물에게 먹이를 제공하고, 동물은 죽으면 땅에 영양분을 되돌려 줍니다. 포식자가 없다면, 일부 종의 개체 수가 폭발적으로 늘어나 다른 종을 몰아내고 심지어는 멸종시킬 수도 있습니다. 포식자는 가장 개체 수가 많은 종을 골라 먹는 경향이 있어 다른 종이 성공적으로 경쟁할 수 있도록 그 종의 성장을 제한합니다.[12]

인간의 죽음을 긍정적인 면에서 보기는 더 어렵습니다. 사랑하는 사람을 잃은 사람들에게는 죽음이 궁극적인 악처럼 느껴질 수 있습니다.[13] 예수님은 그분의 친구 나사로의 죽음에 결국 애통해하셨습니다(요 11장). 바울은 죽음을 죄의 삯이라고 했으며(롬 6:23), 멸망시킬 최후의 적이라고 기록했습니다(고전 15:26). 신약성경은 죽음을 악으로 강조하는 것처럼 보입니다. 완성된 하나님 나라에서 약속된 삶의 방식과 죽음은 양립할 수 없기 때문입니다. 예수님의 지상 사역은 다가올 하나님 나라가 현세에 도래했음을 의미하지만, 우리는 여전히 그 나라가 완전히 실현되지 않은 세상에 살고 있습니다. 따라서 육체의 죽음이 계속되는 현실은 구속된 미래의 약속과 상충됩니다. 믿는 자들이 새로운 부활의 몸으로 옷을 입을 때만 마침내 죽음은 정복될 것입니다.

그러나 죽음은 사랑의 깊은 표현으로 성경에 나타나기도 합니다. 새로운 나라로 안내하기 위한 하나님 계획의 일부이지요. 예수님은 사람이 보여 줄 수 있는 가장 큰 사랑은 다른 사람을 위해 자기 목숨을 버리는 것이라고 말씀하셨습니다(요 15:13). 그분은 우리가 아직 죄인 되었을 때에 우리를 위해 자기 목숨을 버리셨습니다(롬 5:6-8). 기독교는 희생적인 사랑의 최고 증거로서 십자가를 붙들고 있습니다. 예수님은 "한 알의 밀이 땅에 떨어져 죽지 아니하면 한 알 그대로 있고 죽으면 많은 열매를 맺느니라"고 말씀하셨습니다(요 12:23-25). 여기서 예수님은 자신의 죽음이 왜 중요한지에 대한 비유로서 건강한 생태계에서 죽음의 역할을 지적하신 것입니다. 유기체의 죽음이 생명의 재생과 번영을 허용하듯이, 예수님의 죽음은 예수님의 제자들에게 거듭남과 새 생명을 주었습니다. 아마도 진화의 서사시에서 생물학적인 죽음은 목적 없는 낭비가 아니라 새 생명을 위해 죽음의 부정적인 면을 구속하시는 하나님의 방법을 알려 주는 하나의 단서일지도 모릅니다.

Q35

인간이 진화되었다면 하나님은 무엇을 하셨나?

우종학

창조와 진화를 대립 개념으로 오해하는 사람들은 즉각적이고 완성된 형태로 만들어야 창조라고 생각합니다. 진화가 창조를 배제하지 않는다고 알고 있어도 진화에 대해 큰 오해를 합니다. 과학과 신학 분야 교수님들과 함께 식사하는 자리에서 제가 자주 받는 질문을 꺼내 놓았습니다. **"인간이 진화되었다면 하나님은 뭘 하셨나요?"** 그랬더니 모두들 당연하다는 듯 이렇게 말합니다. **"뭘 하긴 뭘 해요. 진화를 사용하셨지요."**

인간이 진화되었다면 신은 존재하지 않는다는 주장(무신론), 신이 존재하더라도 아무것도 하지 않는다는 주장(이신론), 신이 진화를 사용할 수 없다는 주장(창조과학)과 다르게 기독교 유신론은 신의 창조를 제한하지 않습니다. 진화에 관한 질문이 나오는 이유는 두 가지입니다. 첫째, 신이 직접 만들어야 진짜 창조라는 신학적 오해 때문입니다.

둘째, 인간이 진화되었다면 인간은 특별한 존재가 아닌 듯 느껴지는 심리적 장벽 때문입니다.

신의 창조 방법을 오해하는 경우가 많습니다. 무에서 유로 만들어야 신의 창조라고 생각하는 사람들도 그렇습니다. 제빵사가 오븐에 구워 빵을 만들었습니다. 오븐이 빵을 만든 걸까요? 아니면 제빵사가 빵을 만든 걸까요? 오븐은 도구일 뿐입니다. 제빵사가 오븐을 사용하면 안 된다는 주장도 지나칩니다. 오븐을 사용하지 않고 만들어야 진정한 빵 만들기가 되는 걸까요? 심지어 밀가루를 사용하지 않고 무에서 유로 빵을 만들어야 한다고 주장하면 동의할 수 없습니다.

인간의 창조도 비슷합니다. 인간이 진화되었다는 과학적 발견은 인간의 출현 과정을 밝힐 뿐입니다. 진화를 신이 사용했는지 아닌지 여부는 과학으로 답할 수 없습니다. 하지만 신의 창조를 믿는 사람들에게 진화는 오븐 같은 도구일 뿐입니다. 인간의 진화 과정이 밝혀졌으니 창조된 것이 아니라고 주장하면, 빵이 오븐에서 구워지는 과정이 밝혀졌으니 제빵사는 필요 없다는 주장이나 다를 바 없습니다. 진화는 무신론의 근거도 아니고, 반대로 인간이 뚝딱 만들어져야만 신의 창조라는 주장도 설득력이 없습니다.

무에서 유로의 창조나 즉각적 창조처럼 창조의 방법이 특별해야 된다고 생각하는 사람들이 많습니다. 그들은 인간이 진화되었다면 하나님의 형상을 가질 수 없다고 오해합니다. 무엇인가 신비하고 과학으로 설명될 수 없는 방법으로 창조되어야 특별한 존재가 된다는 오해는 많은 경우 심리적 거부감에서 비롯됩니다. 인간이 다른 동물과 같게 되거나 하나님의 형상을 가진 특별한 지위를 잃어버리지 않을까 하는 두려움 말입니다.

그러나 창조의 방법이 창조물의 지위를 결정하지 않습니다. 뚝딱 창조되면 존엄성을 가진 인간이 되고 진화의 과정을 거쳐 창조되면 존엄성을 가질 수 없을까요? 오븐에서 구워진 빵은 밀가루가 순식간에 변해서 기적으로 만들어진 빵에 비해 열등한 빵일까요? 오븐에 구운 빵은 정말 맛있습니다. 기적으로 빵을 만든다면 오븐에 구운 빵처럼 맛있게 만들겠지요. 인간의 존엄성은 창조의 방법에 따라 달라지지 않습니다.

인간을 기적적으로 창조해야만 인간이 하나님의 형상을 가질 수 있다면, 우리 모두가 하나님의 형상을 갖지 못한 존재가 됩니다. 우리 중에 그 누구도 즉각적으로 완성된 형태로 창조되지 않았기 때문입니다. 오븐에 구워 빵을 만들듯이 우리는 자궁에서 난자와 정자가 수정하고 단세포가 세포분열을 하는 자연적 과정을 거쳐 탄생했습니다. 진화된 인간은 하나님의 형상을 가질 수 없다는 주장은, 빵이 오븐에 구워졌다면 진정한 빵이 아니라는 주장이나 자궁에서 세포분열을 거쳐 만들어진 사람은 존엄한 존재가 아니라는 주장과 별로 다르지 않습니다. 오븐에서 화학적 과정을 거쳤든, 자궁에서 세포분열을 거쳤든, 자연선택과 유전자 변이로 진화 과정을 거쳤든, 창조의 방법에 따라 창조물의 영적 지위가 결정되지 않습니다.

창조의 방법이 중요하다고 주장하는 사람들은 아담은 진화되지 않았고 하나님이 즉각적으로 창조했다고 주장합니다. 그렇다면 기적적인 방법으로 창조된 아담만이 하나님의 형상을 가진 존재가 되고, 단세포에서 세포분열을 거쳐 창조된 우리는 하나님의 형상을 갖지 못한 존재가 됩니다. 일단 아담이 기적적인 방법으로 창조되면 그 후손인 우리는 기적적인 방법이 아니라 자연적인 과정을 거쳐 창조되어도 하나님의 형상을 가질 수 있다는 걸까요? 그렇다면 아담과 우리에게 서로 다른 잣대를 적용하는 셈입니다. 아니면 아담이 가진 하나님의 형상을 담은 유전자를 우리가 물려받았으니 우리도 하나님의 형상을 가졌다고 주장할까요? 그런 생물학적 방법으로 하나님의 형상이 유전된다고 이해해야 할까요? 혹은 아담 이후 모든 인간은 하나님의 형상을 가진 것으로 하나님이 인정하셨다고 봐야 할까요? 그렇다면 아담을 진화의 방법으로 창조하신 후에 영적이고 존재론적인 측면에서 하나님의 형상을 가진 존재로 삼으셨다는 이야기와 크게 다르지 않습니다. 창조의 방법에 따라 하나님의 형상이 결정된다고 주장하면 하나님의 능력을 우리가 제한하는 셈입니다.

그래도 여전히 질문이 남습니다. 인간이 진화했다면, 언제 인간에게 하나님의 형상을 주신 걸까요? 긴 시간의 진화 과정으로 인간이 출현했다면 언제부터 인간이 된 걸까요? 이 질문들에 대해서도 역시 우리 자신이 창조된 과정을 보면 힌트가 있습니다. 엄마와 아빠로부터 나온 난자와 정자가 수정되어 단세포를 형성합니다. DNA 정보에 따라 단세포가 두 개, 네 개, 여덟 개, 열여덟 개, 서른두 개로 점점 분열합니다. 심장과 허파가 만들어지고 팔다리가 생기고 열 달가량 지나면 우렁차게 울음을 터뜨리는 아기로 태어납니다. 이 과정 중에 도대체 언제 하나님이 우리를 인간으로 만드신 걸까요? 여러분은 어느 시점부터 하나님의 형상을 갖게 되었나요? 정자가 난자를 향해 돌진하는 순간, 아니면 수정되는 순간일까요, 아니면 착상 후 2주일까요? 그도 아니면 심장이 형성되어 뛰기 시작한 시점일까요? 혹은 아기로 태어나는 출생의 시점일까요? 오븐에서 구워지는 빵은 언제부터 빵의 지위를 갖게 되는 걸까요?

이 질문들에 답하기가 쉽지는 않습니다. 어느 시점부터 생명이며 언제부터 인간인가라는 질문은 피임, 인공수정, 배아 실험, 낙태 등 다양한 이슈들과 연결되어 있으며 뚜렷하게 답하기 어렵습니다. 하지만 내가 언제부터 인간이었는지 혹은 언제 하나님의 형상을 갖게 되었는지 답할 수 없더라도, 분명한 사실은 내가 인간이라는 점입니다. 수정에서 출산까지 그 모든 과정을 과학으로 면밀히 들여다봐도 하나님의 형상이 언제 어떻게 우리에게 주어지는지 알아낼 수는 없습니다. 하나님의 형상은 생물학적 방법으로 우리에게 주어지지 않기 때문입니다. 인간이 하나님의 형상을 가졌다는 말은 생물학적으로 하나님과 비슷하다는 뜻이 아니라 신 앞에 인간은 어떤 존재인지를 알려 줍니다. 하나님의 형상으로 창조되었다는 믿음은, 하나님의 형상이 부여된 시점에 대해 답할 수 있는지 없는지에 따라 달라지지 않습니다.

인류의 창조도 마찬가지입니다. 수십만 년 전에 진화해서 출현한 호모 사피엔스는 인류가 창조된 생물학적 과정을 알려 줍니다. 그러나 생물학적 사건을 넘어서는 신의 창조는 여전히 신비를 담고 있습니다. 내가 언제부터 인간이었는지, 어느 시점에 나는 하나님의 형상을 갖게 된 것인지 답하기 어렵듯이, 진화로 창조된 인류가 어느 시점부터 하나님의 형상을 갖게 되었는지 답하기 어렵습니다. 하지만 풀리지 않은 수수께끼 때문에 잘 알고 있는 내용까지 함께 폐기 처분 할 필요는 없습니다. 진화의 과정에 관해 과학으로 답하지 못한 질문과, 신학으로 답하지 못한 질문이 남아 있지만, 그렇다고 해서 잘 알려진 진화의 역사를 통째로 거부하는 것은 어리석은 일입니다.

제빵사가 오븐에 구워 빵을 만들듯이 하나님은 단세포에서 복잡한 생명체로 우리 한 사람 한 사람을 생명으로 만드셨고, 수십억 년의 진화 과정을 통해 하나님의 형상을 가진 인류를 창조하셨습니다. 오븐이 빵을 만든 것이 아니듯이 세포분열이 우리를 창조한 것이 아니며, 진화가 인간을 만들어 낸 것이 아닙니다. 오븐이나 세포분열이나 진화는 모두 창조주의 도구일 뿐입니다. 오븐 안에서 무슨 일이 일어났는지 몰라도 오븐에 구운 빵은 가장 맛있는 빵이 되었고, 단세포에서 아기가 되는 과정 중에 언제 하나님의 형상이 부여되었는지 모르더라도 우리는 하나님의 형상으로 창조되었습니다. 인류의 진화 과정을 구구단처럼 명확하게 이해하지 못한다고 해도 하나님은 진화를 사용하여 인류를 창조하셨고 하나님을 대신해서 모든 창조물을 보존하고 다스리게 하셨습니다. 이것이 바로 창조에 대한 믿음입니다.

6부

현장과 실천

Q36

지구 6천년설을 믿는 사람들을 어떻게 대해야 하는가?

우종학

교회에서 지구 6천년설을 신봉하는 분들을 어떻게 대해야 할까요? 그분들과 대화하려고 노력하지만 소용이 없습니다. 오히려 과학을 수용하는 저를 신앙이 없고 성경을 믿지 않는 사람처럼 취급합니다.

이런 질문을 종종 받습니다. "하나님의 창조를 진리라고 믿는 점은 동일하지만, 창조가 어떻게 진행되었는지 시간이나 방법, 과정에 대한 '창조의 그림'을 서로 다르게 그리고 있는 사람들이 교회 안에 함께 공존합니다. 어떤 태도가 지혜로울까요?"

지구의 연대가 수십억 년이 되었다는 것은 과학적으로 잘 알려진 상식입니다. 지구가 6천 년 전에 만들어졌다는 젊은 지구 창조론은 극단적 문자주의 입장을 제외하면 신학적으로도 비판받는 견해입니다. 하지만 여전히 교회에는 창조과학의 지구 6천년설을 믿는 사람들이 많습니다.

학교에서 지구 나이를 46억 년으로 배우는 청소년들이 교회에서 지구 나이를 6천 년으로 배우면 심각한 신앙적 갈등이 생깁니다. 이런 상황 때문에 많은 분들이 염려합니다. 지구 6천년설을 믿는 사람들이 문자주의와 창조과학에서 벗어나서 더 이상 잘못된 정보 때문에 기독교를 반과학적으로 오해하지 않도록 해야 합니다. 하지만 대화가 쉽지 않습니다. 그들의 눈에는 젊은 지구 창조론을 믿지 않는 일이 불신앙이기 때문입니다. 사도 바울은 로마서 14:1-3에서 이렇게 권면합니다.

> 믿음이 연약한 자를 너희가 받되 그의 의견을 비판하지 말라. 어떤 사람은 모든 것을 먹을 만한 믿음이 있고 믿음이 연약한 자는 채소만 먹느니라. 먹는 자는 먹지 않는 자를 업신여기지 말고 먹지 않는 자는 먹는 자를 비판하지 말라. 이는 하나님이 그를 받으셨음이라.

그 당시 교회는 고기를 먹는 사람과 채소만 먹는 사람으로 나뉘져 있었습니다. 채소만 먹는 사람들은 제사에 사용되었을지도 모르는 고기를 먹지 않기로 결심했습니다. 우상에게 드리는 제사에 사용된 음식은 부정하다고 생각했기 때문이었습니다. 반면에 고기를 먹는 사람들은 제사에 사용된 음식이라고 해도 먹어도 된다고 생각했습니다. 서로 다른 견해를 가진 두 그룹은 갈등을 일으켰습니다. 고기를 먹는 사람들은 채소만 먹는 사람들을 업신여겼고 채소만 먹는 사람들은 고기를 먹는 사람들을 정죄했습니다. 로마서 14장은 바로 이런 상황에 대한 바울의 권면입니다. 그의 권면에서 우리는 몇 가지 교훈을 찾을 수 있습니다.

첫째, 고기를 먹어도 되는지의 문제에 관해서 바울의 입장은 분명합니다. 20절에서 바울은 모든 음식이 깨끗하다고 말합니다. 고기를 먹는 사람들을 판단하거나 정죄하지 말라고 가르칩니다. 고기를 먹는 것이 잘못이라면 바울도 고기를 먹는 자들을 정죄했을 것입니다.

지구의 연대가 46억 년인가 아니면 6천 년인가라는 질문에 대한 대답도 분명합니다. 지구 나이가 46억 년임은 하나님이 주신 일반 은총의 영역에서 자연을 통해 우리가 배울 수 있습니다. 현대 과학은 하나님의 창조 역사를 잘 드러냅니다.

둘째, 고기를 먹어도 된다는 점은 신학적으로 분명하지만 그럼에도 바울은 공동체의 유익을 위해서 채소만 먹는 자들을 품어 줍니다. 채소만 먹는 자들을 믿음이 연약한 자라고 표현합니다. 여전히 유대교 전통에 사로잡혀서 이방 신들에게 드려진 고기를 먹는 일이 부정하다고 생각한 교인들을 바울은 믿음이 연약한 자로 여겼습니다.

창조-진화 문제에도 동일한 적용이 가능합니다. 지구 6천년설만이 옳다고 믿으며, 하나님이 진화를 사용해서 창조하실 수 있음을 받아들이지 못하는 사람들은 믿음이 연약한 자들입니다. 여전히 고대의 창조론에 사로잡혀서 하나님이 즉각적이고 기적적으로 만들어야만 진정한 창조라고 생각하는 사람들은, 고기를 먹으면 안 된다고 생각한 사람들처럼 믿음이 약한 자들입니다. 하나님은 진화를 포함한 어떤 방법으로도 창조하실 수 있다는 강한 믿음을 가진 사람들이, 그리고 지구를 자연적 방법을 통해 46억 년 전에 창조하셨다고 믿는 사람들이 지구 6천년설을 신봉하는 믿음이 약한 사람들을 품어야 합니다.

셋째, 바울은 채소만 먹는 약한 믿음을 가진 사람들을 업신여기지 말라고 충고합니다. 그들은 아직도 유대교 전통에 사로잡혀서 제사 음식을 부정하다고 보는 어리석은 자들로 취급당했을지도 모릅니다. 고기를 먹는 사람들은 음식에 대한 자유를 누리지 못하고 채소만 먹는 사람들을 열등하다고 깔보았을 것입니다.

바울은 믿음이 약한 자들을 업신여기지 말고 오히려 그들의 연약함을 채우라고 말합니다. 15:1을 보면, 믿음이 강한 우리는 마땅히 믿음이 약한 자의 약점을 감당해야 한다고 말합니다. 아마도 고기를 먹으면 안 된다는 채식주의자들의 주장은 기독교에 악영향을 미쳤을 것입니다. 모든 음식이 선한데 우상에게 드려진 고기는 부정하다는 그들의 주장은 기독교의 가르침과 다릅니다. 유대교의 율법에 얽매여 그리스도의 구원 사역을 훼손하는 결과를 나았을지도 모릅니다. 그럼에도 바울은 그들을 연약한 자로 여기고 믿음이 강한 자들이 그들의 약점을 감당해야 한다고 말합니다.

마찬가지입니다. 우리도 지구 6천년설을 신봉하는 사람들을 업신여기지 않는지 돌아봐야 합니다. 성경을 문자적으로 해석하고 고대의 창조론에 얽매여 지구 연대를 6천 년이라고 주장하는 근본주의 입장을 깔보는 경우가 많습니다. 그러나 바울의 권면처럼 우리는 믿음이 약한 자들을 돕고 그들의 약점을 감당해야 합니다. 하나님의 창조를 6일이라는 시간에 제한하거나 현대 과학의 결과를 부정하는 일은 오히려 기독교의 창조론을 훼손합니다. 성경과 과학이 모순된다고 보는 그들의 관점은 오히려 기독교에 방해가 되기도 합니다. 그럼에도 우리는 그들을 도와야 합니다. 창조에 관해 믿음이 연약한 자들을 품고 그들이 약점을 극복할 수 있도록 섬겨야 합니다.

넷째, 바울은 채소만 먹는 사람들에게 고기를 먹어도 된다고 믿는 사람들을 정죄하지 말라고 권고합니다. 이 권고는 고기를 먹는 사람들에게 한 권고와는 뉘앙스가 좀 다릅니다. 채식주의자의 입장에서는 아무렇지 않게 고기를 먹는 사람들을 신앙을 버리고 율법을 범한 자들로 정죄하기 쉽습니다. 그러나 바울은 판단하지 말라고 권고합니다. 고기를 먹는 자도 주를 위해 먹고, 고기를 먹지 않는 자도 주를 위해 먹지 않는다며 바울은 양쪽의 입장은 모두 선한 동기에서 비롯되었음을 이야기합니다.

지구 6천년설을 믿는 사람들에게도 동일한 권고가 가능할 것입니다. 지구 나이가 46억 년이라고 주장하는 자들은 신앙을 버리고 성경을 버린 사람들이라고 정죄하기 쉽습니다. 아닙니다. 지구 6천년설을 믿거나 지구 연대가 46억 년이라고 믿거나 모두 하나님의 창조를 믿는 자들입니다. 과학을 수용하는 사람들을 창조를 믿지 않는다며 정죄하고 판단하지 말아야 합니다. 지구 연대에 대한 견해가 다르고 창조의 그림이 서로 다르더라도 그 그림들은 모두 하나님의 창조를 바르게 이해하고자 하는 동기에서 나온 것입니다.

다섯째, 공동체의 유익을 위한 바울의 권고를 어떻게 적용해야 할지 고민해야 합니다. 고기를 먹는 자와 채소만 먹는 자의 입장을 바울이 공평하게 인정한 듯합니다. 그러나 채소만 먹는 자를 믿음이 약한 자로 표현한 점을 보면, 또 모든 음식이 깨끗하다고 선언한 점을 보면 바울의 신학적 입장은 분명합니다. 그럼에도 그는 공동체의 유익을 위한 실천 사항을 내놓습니다. 21절을 보면 믿음이 약한 형제가 보고 실족하지 않게 하기 위해 일부러 고기를 삼가라고까지 충고합니다.

물론 이 충고는 고기를 먹는 일이 죄라고 인정하라는 뜻은 아닙니다. 고기를 안 먹는 듯 위선적으로 행동하라는 뜻도 아닙니다. 고기를 먹는 모습을 보고 누군가 시험에 들고 실족할 수도 있으니 조심스럽게 행동하라는 뜻입니다.

지구 6천년설에는 어떻게 적용할 수 있을까요? 우리는 지구의 연대가 46억 년 되었다거나 진화의 방법으로 지구를 창조하셨다는 견해를 조심스럽게 이야기해야 합니다. 과학 상식도 모르는 미개하고 반지성적인 사람들로 업신여길 것이 아니라, 그들의 연약한 신앙을 나름대로 존중하고 그들이 실족하지 않게 도와주는 입장에 서야 합니다. 물론 지구 6천년설이 맞다고 인정해 주라는 뜻이 아닙니다. 나도 지구 6천년설을 믿는다며 위선적으로 행동하라는 뜻도 아닙니다. 그들의 믿음이 무너지지 않게 오히려 그들의 창조 신앙이 더 커질 수 있도록 조심스럽게 도와야 합니다.

하나님은 우리의 믿음의 분량보다 더 크신 분입니다. 하나님의 창조는 우리가 이해하고 상상하는 것보다 더 위대합니다. 창조를 신학적으로 이해하는 일과 공동체의 유익을 위하는 일은 연관되어 있으면서도 매우 다른 과제일 수 있습니다. 우리가 창조에 대해 더 깊이 알려는 이유는 무엇입니까? 일반 은총의 영역에서 과학으로 밝혀진 사실들을 통해 하나님의 창조를 더 풍성하게 이해하려는 이유는 무엇입니까? 그것은 바로 나의 신앙이 성장하고 공동체의 믿음이 자라는 데 있습니다.

창조에 관한 나의 믿음이 강하다면, 그래서 하나님의 창조를 폭넓게 이해하고 천지를 다양한 방법으로 창조하실 수 있다는 큰 믿음이 있다면, 믿음이 약한 자들을 이해하고 도와야 합니다. 하나님이 6천년 전에 우주와 지구와 생명체들을 뚝딱 창조했다고 믿는 사람들을, 그리고 창조과학만이 기독교적이라고 믿는 사람들을 업신여길 것이 아니라 어떻게 하면 그들을 도울 수 있을지 고민하고 노력해야 합니다. 그들이 실족할 위험이 있다면 심지어 창조의 다양한 그림들을 아예 꺼내지 않은 채 창조라는 진리만 함께 누리는 단계에 머무르는 참을성과 이해심과 성숙함을 가져야 할지도 모릅니다.

Q37

증명되지 않는데 어떻게 믿을 수 있는가?

우종학

현대인은 과학으로 증명되지 않으면 믿을 수 없다고 생각하는 경향이 있습니다. 그래서 이렇게 묻기도 합니다. 과학으로 증명되지 않는데 어떻게 신을 믿을 수 있나요? 그리스도인 가운데도 신이 존재하고 우주를 창조했다는 진리를 증명해야 한다는 부담감을 갖는 사람들이 있습니다. 하지만 신을 과학으로 증명할 수는 없습니다. 증명과 믿음에 관한 질문들에 우리는 어떻게 답해야 할까요?

믿음1: 지적 동의 혹은 수용

'믿음'이라는 말에는 다양한 의미가 있습니다. 첫째, 과학이나 어떤 명제 혹은 주장에 동의한다 혹은 수용한다는 뜻으로 사용됩니다. 예를 들어, 아인슈타인의 상대성 이론을 믿는다면 그에 동의한다는 말입니다.

과학적 증거가 충분하고 입증되었기 때문에 상대성 이론을 수용한다는 뜻입니다. 재판에서 '살인죄 선고'를 받은 사람을 살인범이라고 믿는다면, 이는 무슨 의미일까요? 충분한 증거가 나왔고 범죄 사실관계가 입증되었으니 법원이 유죄 선고를 내렸을 것이라는, 다시 말해 법원의 판단을 수용한다는 뜻입니다. 이런 종류의 믿음은 하나의 명제나 주장에 관해 지적으로 동의한다는 뜻에 가깝습니다. 또한 그 명제나 주장의 내용을 인정하고 수용한다는 의미이기도 합니다. 물론 완벽하게 증명된 명제나 주장이라면 믿음이 필요하지 않습니다. 하지만 100퍼센트 완벽하게 증명되지는 않기 때문에 믿는다는 표현을 사용합니다. 여전히 틀릴 가능성이 존재하기 때문입니다. 과학적 사실도 가변적이고 법적 증거도 완벽할 수는 없습니다. 예를 들어, 살인 도구와 지문을 비롯한 증거들이 확보되었지만, 다른 알리바이가 있거나 살인 동기가 불충분한데도 유죄 판결이 나왔다면 어떨까요? 법적인 증거들이 살인을 입증하기에 충분하다는 주장은 어느 정도의 믿음이 작용한 결과입니다. 심지어 살인 장면을 목격한 증인이 증언을 했다 해도 합리적 의심을 할 수 있습니다. 이런 상황에서 누군가가 이 판결을 믿을 수 없다고 말한다면, 이는 살인을 입증할 증거가 충분하지 않기 때문에 법원의 판단에 동의할 수 없다는 뜻이 됩니다.

믿음2: 인격적 신뢰

반면에 전혀 다른 의미의 믿음이 있습니다. "그가 살인범이라고? 믿을 수 없어. 그는 살인을 저지를 만한 사람이 아니야." 법원 판결에 대해 살인범과 가까운 지인이 이렇게 말했다면, 여기서 말하는 믿음은 증거가 충분한지 혹은 법리적 판단이 합리적이고 동의할 만한지 따져 보고 동의하지 않는다는 뜻이 아닙니다. 그보다는 인격적 신뢰를 뜻합니다. 평소의 인품이나 성품을 고려할 때 그는 살인을 저지를 사람이 아니며 착한 사람으로 신뢰한다는 뜻입니다. 이런 종류의 믿음은 과학적 주장이나 명제적 진리에 관해 작동하기보다는 주로 인격적 관계에서 표출됩니다. 예를 들어, '나만 믿고 따라와' '이번 한 번만 믿어줘' 같은 말들은 과학적 증거나 명제적 증명보다는 사람에 대한 인격적 신뢰를 가리킵니다. 가족이 함께 재난을 당했거나 난관에 부딪혔을 때 자녀는 부모를 믿고 따릅니다. 부모가 이 어려움을 극복해 낼 능력이 있다고 증명되었기 때문이 아닙니다. 실패할 수도 있지만 그래도 신뢰하고 따르는 것입니다.

성경이 가르치는 믿음

지적 동의와 인격적 신뢰, 이 두 가지 종류의 믿음 중에서 기독교 신앙은 어느 쪽에 더 가까울까요? 흔히 우리는 신앙을 과학적 증명의 영역으로 오해합니다. 신의 존재를 증명하는 과학적 증거들이 충분하다면 믿음이 필요하지 않습니다. 상대성 이론에 동의하듯이 신이 존재한다는 명제에 동의하면 그만입니다. 복음이 진리라고 증명된다면, 입증된 과학 지식과 마찬가지로 동의하고 수용하면 됩니다.

하지만 기독교에서 가르치는 신앙은 이런 명제적 동의가 아닙니다. 믿음은 하나님에 대한 신뢰라고 성경은 일관되게 가르칩니다. 과학적 증명이나 증거를 따져서 신이 존재한다는 주장에 지적으로 동의하는 것이 믿음이라고 가르치지 않습니다. 예를 들어, 믿음의 조상 아브라함에게 하나님이 약속을 주셨을 때 그는 하나님을 믿었습니다. 이 믿음은 하나님이 그 약속을 지킬 만한 능력이 있는지 없는지, 신용등급 점수를 따져 가며 과학적 증거와 판단을 거쳐서 동의한다는 뜻이 아닙니다. 히브리서 11장은 구름같이 허다한 믿음의 선배들이 하나님이 주신 약속을 따라 갈 바를 알지 못하고 나갔다고 기록하고 있습니다. 도대체 하나님이 어떻게 이 약속을 성취하시겠다는 것인지, 지금 이 상황에서 그런 일이 가능하기나 한 것인지, 의구심이 들고 이해되지 않아 답답했을 것입니다. 약속이 성취되리라고 고개를 끄덕이거나 쉽게 동의하지 못했을 것입니다. 그럼에도 그들은 하나님을 신뢰했고 약속을 이루실 것으로 믿었습니다. 이 믿음은 과학적 증거나 증명에 바탕을 둔 것이 아니라 하나님에 대한 인격적 신뢰에 기초한 것입니다. 성경이 가르치는 믿음은 과학적 증거에 기초한 지적 동의가 아니라 하나님을 인격적으로 신뢰하고 따르는 일입니다.

'믿음'은 헌신을 요구한다

지적 동의와 인격적 신뢰, 이 두 가지 믿음은 삶에 미치는 영향이 매우 다릅니다. 어떤 명제를 믿는 믿음은 지적인 동의 수준으로 끝나겠지만, 인격적 신뢰는 삶의 헌신을 요구하기 때문입니다. 예를 들어, 상대성 이론을 믿거나 믿지 않는다고 해서 우리 일상이 크게 달라지지 않습니다. 과학 지식을 비롯한 어떤 명제에 지적으로 동의한다고 해서 큰 비용을 치르지는 않습니다. 물론 중력 법칙을 믿지 않는다면 절벽에서 뛰어내리는 불상사를 가져올 수 있습니다. 그래서 과학을 포함한 모든 명제에 대한 동의는 일정 수준의 헌신을 요구하기 마련입니다. 코로나 바이러스가 비말을 통해 감염된다고 믿으면, 곧 지적으로 동의하면 마스크를 쓰고 다니는 불편을 감수해야 합니다.

하지만 많은 경우, 지적인 동의에는 인생을 걸거나 삶의 방향을 바꿀 만큼의 커다란 헌신이 요구되지는 않습니다. 무신론을 믿는다면 신이 존재하지 않는다는 주장에 동의한다는 뜻입니다. 그 믿음이 과연 어떤 헌신을 요구할까요? 이런 지적 동의는 삶의 비용을 요구하지 않습니다. 반면에 하나님을 믿는다면, 단지 신이 존재한다는 주장에 동의한다는 뜻이 아닙니다. 성경이 가르치는 진리에 지적으로 동의하는 것이 신앙일 수는 없습니다. 심지어 신약 시대에는 귀신들도 예수가 신의 아들이라고 동의했습니다. 진리에 대한 동의는 신앙의 출발점일 수는 있겠지만 그 자체로 신앙은 아닙니다. 반면에 인격적 신뢰는 커다란 헌신이 요구되며 때로 위험이 따르기도 합니다. 빚을 내서 주식투자를 하는 배우자를 신뢰했다가 가정이 파탄 날 수도 있습니다. 평소 신뢰했던 직장 상사가 어느 날 성추행을 한다면 배신감으로 인한 충격과 상처는 더욱 깊고 클 수 있습니다. 세상에서 가장 신뢰하는 절친한 친구에게 사기를 당하거나 결정적인 배신을 경험하게 된다면 과연 무엇으로 회복할 수 있을까요. 누군가를 신뢰하는 일은 그만큼 위험하며 헌신이 요구됩니다. 따라서 이런 믿음은 명제적 동의보다 훨씬 어렵습니다. 사람을 신뢰하는 일은 바보 같은 짓인지도 모릅니다.

하지만 하나님을 신뢰하는 믿음은 부모나 친구 혹은 재력가나 정치인을 신뢰하는 것과는 차원이 다릅니다. 하나님은 모든 것을 창조하고 섭리하시는 분이기 때문이며 신의 지위를 버리고 자신을 낮추어 인간이 되어 구원의 길을 열어 주실 만큼 우리를 사랑하는 분이기 때문입니다. 하나님을 믿는다는 말은 하나님을 신뢰한다는 뜻입니다. 하나님을 신뢰한다면 그에 맞는 헌신이 요구됩니다. 그분의 약속과 가르침을 믿고 따라야 합니다. 그 과정에서 종종 손해를 봐야 하고 덜 누려야 하고 먼 길을 돌아가기도 합니다. 그분이 가르치신 대로 이웃을 내 몸같이 사랑하려면 많은 비용이 듭니다. 그럼에도 하나님을 신뢰하며 그분이 가리키는 방향으로 우리 삶을 던져야 합니다. 믿음은 공짜가 아닙니다. 믿음은 헌신을 요구합니다. 그렇게 하나님을 신뢰하고 헌신하는 것이 바로 신앙입니다.

신앙은 증명이나 증거의 차원이 아닌 신비의 영역

그런데 어떻게 하나님을 믿을 수 있습니까? 우리 중 누구도 하나님이 과학으로 증명되었거나 성경의 진리가 입증되었기 때문에 신앙을 갖게 된 사람은 없을 것입니다. 그렇다면 그분을 신뢰하는 일은 어떻게 가능할까요? 신앙은 증명이나 증거의 차원이 아니라 신비의 영역입니다. 이 질문은 '내가 누군가를 사랑하는 일이 어떻게 가능한가'와 비슷한 종류의 질문인지도 모릅니다. 심리 분석, 성격과 취향 비교 등 어느 정도 합리적인 설명이 가능하겠지만, 사실 누군가를 좋아하거나 사랑에 빠지거나 그를 위해 희생하는 일은 사실관계에 기초한 과학적 설명으로는 불충분한, 인격적이고 고귀하고 아름다운 일입니다.

다양한 인격적 관계들의 정점에 하나님에 대한 신뢰가 있습니다. 기독교 신앙은 과학으로 증명되거나 합리적으로 이해가 되어서 믿는 것이 아닙니다. 오히려 그 반대입니다. 하나님을 신뢰하고 헌신할 때 오히려 하나님을 더 깊이 경험하게 됩니다. 그때 비로소 이해되기 시작합니다. 그분이 어떤 분인지, 얼마나 신뢰할 수 있는 분인지 배우게 됩니다. 신뢰는 헌신을 요구하며, 헌신을 통해 이해에 이르게 됩니다. 이 과정에서 우리는 진리를 깨닫고 그 진리는 우리를 자유케 하며 더 깊은 신앙으로 인도합니다.

Q38

'과학과 신학의 대화'는 어떤 단체인가?

창조-진화 논쟁을 어떻게 극복해야 할까요? 과학이 무신론의 증거라는 주장에 어떻게 대응해야 할까요? 현대 과학의 결과를 어떻게 신앙의 눈으로 이해해야 할까요? '과학과 신학의 대화'(이하 과신대)는 이런 질문에서 출발했습니다. 한국 교회에 진화적 창조의 입장을 소개하고 창조론에 다양한 스펙트럼이 있음을 소개한 책인 『무신론 기자, 크리스천 과학자에게 따지다』(IVP)의 개정판이 2014년 말에 출판되면서 다양한 논의들이 새롭게 일어났습니다. 온라인을 통해 많은 논쟁과 질의응답들을 거치며 분명해진 사실은 두 가지 태도를 극복해야 하는 점이었고 많은 분들이 이에 동의하게 되었습니다. 하나는 문자주의적 접근입니다. 성경을 과학 교과서처럼 잘못 읽고 그 결과로 과학에 문을 닫고 귀를 막는 근본주의적 태도입니다. 다른 하나는 성경과 신앙을 무시하고 과학에만 모든 답이 있다는 도그마적인 태도를 보이는 과학주의 무신론의 태도입니다. 이 두 가지 태도를 넘어 새로운 방향을 모색하는 그리스도인들이 모여 '과학과 신학의 대화'라는 이름으로 페이스북 온라인 그룹을 시작했습니다. 과학자, 교사, 전문직 종사자, 목회자 등 다양한 분들이 회원으로 가입했고 과학에 대한 질문, 성경 해석에 대한 질문, 창조의 관점에 대한 많은 논의가 이어졌습니다.

과신대는 과학과 신학이 진리를 추구하는 두 개의 바퀴라는 입장을 갖습니다. 과학과 신학 혹은 신앙은 흔히 오해하듯이 갈등 관계에 있거나 양자택일을 해야 하지 않습니다. 과학과 신학은 창조 세계에 대해 서로 다른 측면의 질문을 던지고 답하는 과정입니다. 그래서 서로 관련 없이 분리되는 것이 아니라 상보적입니다. 서로 다른 영역의 경계를 없애고 하나로 합치려고 하면 괴물이 탄생하기 쉽습니다. 그래서 과학과 신앙의 통합이 아니라 과학과 신학의 대화를 추구합니다.

온라인 그룹이던 과신대는 2016년에는 과학사가인 로널드 넘버스(Ronald L. Numbers)의 책 『창조론자들』(*The Creationists*, 새물결플러스)을 번역하는 프로젝트를 진행했습니다. 과학과 성경 그리고 신학뿐만 아니라 창조-진화 논쟁이 어떻게 전개되어 왔는지 역사적 흐름도 배워야 한다는 취지로 시작한 프로젝트였습니다. 이 책의 번역 출판을 계기로 과신대는 2016년 5월에 첫 오프라인 행사를 가졌습니다. '우주 창조에 관한 과학자와 신학자의 대담'이라는 제목으로 열린 과신대 1회 포럼은 매우 짧은 시간에 300명 이상이 등록하고 참여하는 뜨거운 열기를 드러냈습니다. 과학과 신앙의 다리를 놓는 과신대의 사역이 한국 교회에 절실히 필요함을 드러내는 행사였습니다.

2017년부터 비영리단체로 등록한 과신대는 지난 6년의 시간 동안 다양한 사역들을 해 왔습니다. 가장 핵심이 되는 사역은 교육입니다. 교사나 학생, 목회자, 연구자, 주부 등 다양한 직업과 배경을 가진 교인들이 과학과 신앙에 관해 기본적이고 핵심적인 내용을 배울 수 있도록 교육 과정을 구성하여 기초 과정과 핵심 과정으로 제공하는 아카데미 사역을 하고 있습니다. 콜로퀴움이나 대중 강연 등을 기획하여 주기적으로 듣고 배울 수 있는 기회들을 만들고 있습니다. 또한 지역별로 모이는 북클럽과 직업이나 관심사별로 모이는 사역팀 등 커뮤니티 사역도 이루어지고 있습니다. 과신대에 가입하고 후원하는 회원을 중심으로 자발적으로 진행되는 모임들입니다. 회원들의 글을 중심으로 매달 '과신View' 웹진도 발행되고 있습니다. 연구소 사역도 있습니다. 과학과 신학, 철학 등 다양한 분야의 전문성을 가진 교수와 박사급 연구자들이 정기적으로 모임을 갖고 과학과 신학에 관해 함께 배우고 연구합니다. 과신대 연구소 사역도 차츰 자리를 잡고 있습니다.

한국 교회의 미래에 과학이 걸림돌이 되는 것이 아니라 오히려 과학을 통해 그리스도인들이 풍성한 창조의 관점을 누리고 창조 신앙이 깊어지는 일에 많은 교회가 힘을 기울여야 합니다. 과신대의 사역은 바로 이 점에 초점을 맞추고 있습니다. 과신대 사역에 함께하기를 원하시는 분은 가입과 후원을 통해 정회원이 될 수 있습니다. 과신대와 함께 혹은 지역 교회와 교단에서 신앙으로 과학을 품어 내는 이 중요한 사역에 함께 동참하기를 권합니다.

주

1부 성경 해석

Q01 창세기는 실제 역사인가?

1 https://biologos.org/common-questions/how-long-are-the-days-of-genesis-1.

Q02 다윈 이전, 창조에 대한 창세기의 해석은 어떠했는가?

1 Peter C. Bouteneff, *Beginnings: Ancient Christian Readings of the Biblical Creation Narratives* (Grand Rapids, MI: Baker, 2008).

2 Gillian Clark, *Augustine: The Confessions* (New York: Cambridge University Press, 1993).

3 Bishop of Hippo Saint Augustine, *The Literal Meaning of Genesis*, Ancient Christian Writers, no. 41 (New York: Newman Press, 1982).

4 아우구스티누스의 창조 이해에 관한 더 깊은 논의는 Francis Collins, *The Language of God: A Scientist Presents Evidence for Belief* (New York: Free Press, 2006) 6장을 보십시오. 『신의 언어』(김영사). 또한 Alister McGrath, *A Fine-Tuned Universe: The Quest for God in Science and Theology* (Louisville,

KY: Westminster John Knox Press, 2009) 8장과 15장을 보십시오. 『정교하게 조율된 우주』(IVP).

5 St. Thomas Aquinas, "Question 74: All the Seven Days in Common", in *The Summa Theologica of St. Thomas Aquinas*, 2nd ed., trans. Fathers of the English Dominican Province (London: Burns Oates and Washbourne, 1920).

6 John Wesley, *Wesley's Notes on the Bible* (Grand Rapids, MI: Francis Asbury Press, 1987), p. 22, Darrel Falk, *Coming to Peace with Science*, p. 35에서 다시 인용합니다. 또한 다음 온라인 사이트를 이용할 수 있습니다. John Wesley, "John Wesley's Notes on the Bible", Wesley Center Online (accessed Oct 21, 2011).

7 John Wesley, *A Survey of the Wisdom of God in the Creation: or, A Compendium of Natural Philosophy*, 3rd ed. (London: J. Fry, 1777), 2:463, Falk, *Coming to Peace with Science*, p. 35에서 다시 인용합니다.

8 Mark A. Noll and David N. Livingston, eds., *B. B. Warfield: Evolution, Science, and Scripture* (Grand Rapids: Baker, 2000), p. 14.

9 Augustine, *The Literal Meaning of Genesis*, p. 41.

Q03 어떻게 성경을 해석해야 하는가?

1 https://www.biblica.com/resources/bible-faqs/when-was-the-bible-written/.

2 https://www.biblica.com/resources/bible-faqs/how-were-the-books-of-the-bible-chosen/.

3 https://en.wikipedia.org/wiki/Biblical_canon.

4 https://www.britannica.com/topic/biblical-literature/New-Testament-literature#ref598078.

5 https://biologos.org/common-questions/is-genesis-real-history.

6 https://biologos.org/resources/understanding-genesis-with-john-walton.

7 https://biologos.org/articles/long-life-spans-in-genesis-literal-or-symbolic/.

8 Kenneth E. Bailey, *The Cross and the Prodigal: Luke 15 Through the Eyes of Middle Eastern Peasants*, (Illinois: InterVarsity Press, 2005), pp. 66-74. 『십자가와 탕자』(킹덤북스).

9 https://biologos.org/common-questions/how-long-are-the-days-of-genesis-1.

Q04 창세기 1장의 날들은 얼마 동안을 의미하는가?

1 https://biologos.org/common-questions/how-was-the-genesis-account-of-creation-interpreted-before-darwin.

2 https://biologos.org/articles/pre-modern-readings-of-genesis-1/.

3 https://biologos.org/common-questions/how-should-we-interpret-the-bible.

4 https://biologos.org/series/science-and-the-bible/articles/the-framework-view-history-and-beliefs.

5 http://www.antwoord.org.za/2013/04/the-days-of-genesis/.

6 https://biologos.org/series/evolution-and-biblical-faith-reflections-by-theologian-j-richard-middleton/articles/the-ancient-universe-and-the-cosmic-temple.

7 https://biologos.org/series/reflections-on-the-lost-world-of-genesis-1-by-john-walton/articles/creation-is-the-temple-where-god-rests.

8 https://biologos.org/articles/comparing-interpretations-of-genesis-1/.

9 https://biologos.org/articles/comparing-interpretations-of-genesis-1/.

10 https://biologos.org/articles/what-is-the-relationship-between-the-creation-accounts-in-genesis-1-and-2.

11 https://biologos.org/articles/genesis-1-and-a-babylonian-creation-story.

12 https://biologos.org/articles/the-second-creation-story-and-atrahasis/.

13 https://biologos.org/articles/the-firmament-of-genesis-1-is-solid-but-thats-not-the-point.

14 https://biologos.org/articles/the-ancient-science-in-the-bible.

15 https://biologos.org/articles/the-intersection-of-science-and-scripture.

16 https://biologos.org/articles/john-calvin-on-nicolaus-copernicus-and-heliocentrism.

17 https://biologos.org/articles/augustine-genesis-and-removing-the-mystical-veil.

18 https://www.christianitytoday.com/ct/2009/may/22.39.html.

Q05 어떻게 창세기의 홍수 사건을 해석해야 하는가?

1 https://biologos.org/resources/interpreting-genesis-1-11-with-tremper-longman/.

2 https://biologos.org/common-questions/is-genesis-real-history.

3 https://biologos.org/series/science-and-the-bible/articles/galileo-and-the-garden-of-eden-the-principle-of-accommodation-and-the-book-of-genesis.

Q06 진화적 창조는 성경 무오성과 양립하는가?

1 *The Catechism of the Catholic Church*, II. p. 107.

2 A. A. Hodge and B. B. Warfield, *Inspiration* (Grand Rapids: Baker, 1979), pp. 28-29.

3 https://en.wikipedia.org/wiki/Chicago_Statement_on_Biblical_Inerrancy.

4 https://library.dts.edu/Pages/TL/Special/ICBI_1.pdf.

5 *The Chicago Statement on Biblical Inerrancy*, 1978, Article VII, p. 3.

6 *Chicago Statement*, Article VIII, p. 3.

7 *Chicago Statement*, Exposition, pp. 6-7.

8 *Chicago Statement*, Article XII, p. 4.

9 Kevin Vanhoozer, "Augustinian Inerrancy: Literary Meaning, Literal Truth, and Literate Interpretation in the Economy of Biblical Discourse", *Five Views on Biblical Inerrancy* (Zondervan, 2013), p. 207. 『성경 무오성 논쟁』(새물결플러스).

10 https://biologos.org/articles/deep-space-and-the-dome-of-heaven.

11 https://biologos.org/articles/no-modern-science-is-not-catching-up-to-the-bible/.

12 Packer, J.I., *The Evangelical Anglican Identity Problem* (Oxford: Oxford-Latimer House, 1978), p. 5.

13 https://lausanne.org/content/covenant/lausanne-covenant.

14 https://www.fuller.edu/about/mission-and-values/statement-of-faith/.

2부 기독교와 과학

Q08 진화적 창조는 무엇인가?

1 https://biologos.org/common-questions/how-is-biologos-different-from-evolutionism-intelligent-design-and-creationism/.

2 '진화적 창조'라는 용어가 실제로 언제 처음 사용됐는지는 알려지지 않았습니다.

테리 그레이(Terry Gray)와 하워드 반 틸(Howard Van Till)은 1994년과 1995년에 각각 이 용어를 사용했는데, 이는 그레이 및 데니스 라무뤼(Denis Lamoureux)와의 개인적인 서신에 나옵니다. 그레이는 이전에 사용된 비슷한 용례를 소개하는데, 1899년에 아브라함 카이퍼(Abraham Kuyper)가 '진화'에 대한 강연에서 "진화론적 창조"(evolutionistic creation)라는 용어를 사용했다고 말합니다. https://network.asa3.org/forums/Posts.aspx?topic=460038. 또 1954년에 버나드 램(Bernard Ramm)은 『과학과 성경의 대화』(*Christian View of Science and Scripture*, IVP)에서 "유신적 진화적 창조"라는 용어를 사용했습니다.

3 역사학자 테드 데이비스(Ted Davis)는 '유신 진화'(Theistic Evolution)라는 용어가 적어도 1877년부터 사용되었다고 지적합니다. https://biologos.org/series/science-and-the-bible/articles/theistic-evolution-history-and-beliefs. 데이비스는 '유신 진화'라는 용어를 선호하지만 어떤 용어를 사용하든 이 용어를 정의하는 것은 꼭 필요함을 상기시켜 줍니다.

4 이 비유는 케플러가 1599년 4월에 바이에른의 수상이었던 Herwart von Hohenburg에게 쓴 편지에서 나옵니다. Carola Baumgardt, *Johannes Kepler: Life and Letters* (1951), p. 50. "그 (자연의) 법칙은 인간 정신의 손아귀 안에 있습니다. 하나님은 우리가 그분의 생각을 공유할 수 있도록 자신의 형상을 따라 우리를 창조하셨고, 그 사실을 알기 원하셨습니다."

5 https://biologos.org/about-us#our-history.

6 '진화적 창조'라는 말은 과학자이자 신학자인 데니스 라무뤼가 콜린스의 책 『신의 언어』가 나온 이후에 대중화시킨 용어입니다. https://www.amazon.com/gp/product/1556355815/ref=dbs_a_def_rwt_hsch_vapi_taft_p1_i1. 콜린스가 진화적 창조라는 말을 사용하지 않았던 이유는 그가 책을 쓸 당시에는 이런 용어가 없었기 때문입니다.

7 https://biologos.org/resources/the-language-of-god-a-scientist-presents-evidence-for-belief.

8 https://biologos.org/about-us/what-we-believe/.

9 https://biologos.org/common-questions/how-could-humans-have-evolved-and-still-be-in-the-image-of-god.

10 https://biologos.org/common-questions/were-adam-and-eve-historical-figures.

11 https://biologos.org/common-questions/is-evolutionary-creation-compatible-with-biblical-inerrancy.

12 https://biologos.org/common-questions/what-is-evolution.

13 https://biologos.org/articles/the-changing-face-of-evolutionary-theory.

14 https://biologos.org/series/evolution-basics/articles/at-the-frontiers-of-evolution-abiogenesis-and-christian-apologetics.

Q10 진화적 창조는 진화론, 지적 설계, 창조론과 어떻게 다른가?

1 https://biologos.org/common-questions/what-is-evolutionary-creation/.

Q11 그리스도인들은 다윈의 '종의 기원'에 어떻게 반응해 왔는가?

1 지구의 태고성에 대한 가장 통찰력 있는 두 권의 책은 다음과 같습니다. Paolo Rossi, *The Dark Abyss of Time: The History of the Earth and the History of Nations from Hooke to Vico* (Chicago: University of Chicago Press, 1984), Rhoda Rappaport, *When Geologists Were Historians, 1665-1750.* (Ithaca: Cornell University Press, 1997).

2 David N. Livingstone, *Darwin's Forgotten Defenders: The Encounter Between Evangelical Theology and Evolutionary Thought* (Grand Rapids, MI: W. B. Eerdmans, 1987), xi.

3 프랜시스 콜린스가 기독교로 회심한 이야기에 대해서는 그의 책을 보십시오. *The Language of God: A Scientist Presents Evidence for his Belief* (New York: Free Press, 2007).

4 Dupree, A. H. *Asa Gray: American Botanist, Friend of Darwin.* (Baltimore: Johns Hopkins University Press, 1988).

5 https://www.crcna.org/welcome/beliefs/creeds/nicene-creed.

6 Asa Gray, "Darwin on the Origin of Species", in *The Atlantic*, July 1860. https://www.theatlantic.com/magazine/archive/1860/07/darwin-on-the-origin-of-species/304152/.

7 Asa Gray, *Natural Science and Religion: Two Lectures Delivered to the Theological School of Yale College* (C. Scribner's Sons, 1880), https://archive.org/details/naturalsciencere01gray. Asa Gray, *Darwiniana; Essays and Reviews Pertaining to Darwinism* (D. Appleton 1884). https://archive.org/details/darwinianaessay00graygoog.

8 프린스턴 대학교의 제임스 맥코쉬(James McCosh, 1811-1894)는 이런 관점을 지지했습니다. Ronald L. Numbers, "Creationism History: Darwin Comes to

America" *Counterbalance Interactive Library*. https://www.counterbalance.net/history/history-print.html.

9 프린스턴 신학교의 찰스 핫지(Charles Hodge)는 이 입장을 고수했습니다. 진화론이 무신론을 낳았다는 견해에 대해서는 이 책 2부 Q10 '진화적 창조는 진화론, 지적 설계, 창조론과 어떻게 다른가?'를 참고하십시오. https://biologos.org/common-questions/how-is-biologos-different-from-evolutionism-intelligent-design-and-creationism.

10 Livingstone, *Darwin's Forgotten Defenders*. 공통 조상에 대한 정의와 자연선택 그리고 자연선택에 대한 오늘날의 증거에 대해서는 이 책 3부 '과학적 증거'를 참고하십시오.

11 Numbers, *Darwinism Comes to America* (Cambridge, MA: Harvard University Press, 1998), p. 2. 이에 대한 대답으로는 이 책 5부 Q33 '어떻게 인간이 진화하고도 여전히 "하나님의 형상"일 수 있는가?'를 참고하십시오.

12 B. B. Warfield, "Calvin's Doctrine of the Creation" *Princeton Theological Review 13* (1915), https://www.monergism.com/thethreshold/sdg/warfield/warfield_calvincreation.html#fn01. Warfield, *Lectures on Anthropology*, Speer Library: Princeton University, 1888, Warfield, "The Real Problem of Inspiration" in *The Inspiration and Authority of the Bible*, edited by S. G. Craig (Philadelphia: Presbyterian and Reformed Pub. Co., 1948).

13 Numbers, Ronald L. "Why is Creationism So Popular in the USA?" *The Faraday Institute of Science and Religion*, Course, September 15, 2007.

14 *The Fundamentals: A Testimony to the Truth…Compliments of Two Christian Laymen* (Chicago, IL: 1910). https://archive.org/details/fundamentalstest17chic.

15 Ronald L. Numbers, *The Creationists*, 1st ed. (New York: Knopf: Distributed by Random House, 1992). 넘버스의 다음 책에서 인용합니다. Numbers, *Darwinism Comes to America*, p. 4.

16 John C. Whitcomb and Henry M. Morris, *The Genesis Flood: The Biblical Record and Its Scientific Implications* (Philadelphia, PA: Presbyterian and Reformed Pub. Co., 1961). 『창세기 대홍수』(성광문화사).

Q12 과학과 기독교는 전쟁 중인가?

1 https://biologos.org/common-questions/are-science-and-christianity-at-war.

2 https://biologos.org/resources/science-vs-religion-what-scientists-really-think.

3 Galileo. *The Letter to the Grand Duchess Cristina*, 1615, translated by Stillman Drake. https://inters.org/Galilei-Madame-Christina-Lorraine.

4 https://biologos.org/series/science-and-the-bible/articles/galileo-and-the-garden-of-eden-the-principle-of-accommodation-and-the-book-of-genesis.

5 Karl Giberson, "Christian Faith and World World Class Science", *Biologos Forum*, August 17, 2009. 가이버슨은 이 책에서 과거와 현재, 최고의 과학자이자 그리스도교 신앙을 가진 이들을 소개합니다. 중세 유럽에서 근대 과학이 출현하는 동안 52명의 과학자 중 62퍼센트는 독실한 신자였고, 35퍼센트는 관습적인 종교인, 그리고 단 2명(4퍼센트)만이 회의론자로 분류됩니다. Rodney Stark, *For the Glory of God: How Monotheism Led to Reformations, Science, Witch-Hunts, and the End of Slavery* (Princeton, NJ: Princeton University Press, 2003), pp. 160-163.

6 과학과 종교의 관계를 설명하는 스티븐 굴드(Stephen J. Gould)는 이런 관점을 "겹치지 않는 교도권"(Non-Overlapping Magisteria) 혹은 NOMA라고 부릅니다. "[각] 주체들은 합법적인 교도권 혹은 교권 영역이 있으며 이들 교도권은 서로 중복되지 않는다. (나는 이 원칙을 NOMA 혹은 '겹치지 않는 교도권'이라 부르고 싶다.) 과학의 그물은 경험적 우주를 포함한다. 그것은 무엇으로 만들어졌는지(사실), 그리고 그것이 왜 이런 방식으로 작동하는지(이론)에 대한 것이다. 종교의 그물은 도덕적 의미와 가치의 질문 위에서 펼쳐진다. 이 두 교도권은 겹치지 않으며, 모든 탐구(예술이나 아름다움의 의미 같은 것을 포함)를 포괄하지도 않는다." Stephen J. Gould, "Nonoverlapping Magesteria", *Natural History Magazine* 106 (1997). 또한 다음을 보십시오. Stephen Jay Gould, *Rocks of Ages: Science and Christianity in the Fullness of Life*, 1st ed. (New York: Ballantine Books, 1999), p. 88. 종교를 도덕이나 가치로 환원함으로써 굴드는 사후세계나 신의 존재와 같은 신념을 포함해 종교의 정의에 대한 중요한 부분들을 간과해 버립니다.

7 John Polkinghorne. "Is Science Enough?" *Sewanee Theological Review* 39, no. 1 (1995): pp. 11-26.

8 Pope John Paul II. *Letter to Director of the Vatican Observatory*, 1. 6. 1988, in Papal Addresses, p. 300.

9 John Polkinghorne. "The Science and Christianity Debate-an Introduction."

Faraday Papers, The Faraday Institute, 2007.

10 예를 들면, Francis Collins, "Appendix: The Moral Practice of Science and Medicine: Bioethics" in *The Language of God: A Scientist Presents Evidence for Belief* (New York: Free Press, 2006), p. 235 이하.

3부 과학적 증거

Q14 진화의 증거는 무엇인가?

1 https://en.wikipedia.org/wiki/Ring_species.

Q15 열역학은 진화가 틀렸음을 입증하는가?

1 Ilya Prigogine & Isabelle Stengers, *Order Out of Chaos: Man's new dialogue with nature* (New York: Bantam Books, 1984), 『혼돈으로부터의 질서』(자유아카데미). Ilya Prigogine, *End of Certainty* (New York: The Free Press, 1997), 『확실성의 종말』(사이언스북스). Stuart Kaufman, *At Home in the Universe* (New York: Oxford University Press, Inc., 1995), 『혼돈의 가장자리』(사이언스북스). Christian De Duve, *Vital Dust: Life as Cosmic Imperative* (New York: Basic Books, 1995).

Q16 진화는 어떻게 오늘날 지구 생명체의 복잡성을 설명하는가?

1 https://link.springer.com/article/10.1007/s12052-008-0076-1.

Q17 캄브리아기 폭발은 진화에 대한 도전인가?

1 Derek Briggs, Douglas Erwin, and Frederick Collier, *The Fossils of the Burgess Shale* (Washington: Smithsonian Institution Press, 1994). 『버제스 셰일 화석군』(나남). Junyuan Chen and Guiqing Zhou, "Biology of the Chengjiang Fauna", in Junyuan Chen, Yen-nien Cheng, and H. V. Iten (eds.), *The Cambrian Explosion and the Fossil Record, Bulletin of the National Museum of Natural Science* no. 10 (Taichung, Taiwan, China, 1997), pp. 11-105.

2 David Campbell and Keith Miller, "The 'Cambrian Explosion': A Challenge to Evolutionary theory?" in Keith Miller (ed.), *Perspectives on an Evolving Creation* (Grand Rapids, MI: Wm. b. Eerdmans Pub. Co., 2003), pp. 182-204.

3 Darrel R. Falk, *Coming to Peace with Science: Bridging the Worlds between Faith and Biology* (Downers Grove, IL: InterVarsity Press, 2004), p. 95.

4 Graham Budd and Soren Jensen, "A Critical Reappraisal of the Fossil Record of the Bilaterian Phyla", *Biological Reviews* 75 (2000): pp. 253-295.

5 Darrel R. Falk, *Coming to Peace with Science: Bridging the Worlds between Faith and Biology* (Downers Grove, IL: InterVarsity Press, 2004), p. 94.

6 Simon Conway Morris, "The Cambrian Explosion", course, September 16, 2007. S. T. Brennan, T. K. Lowenstein, and J. Horita, 2004, "Seawater chemistry and the advent of biocalcification", *Geology* 32 (2004): pp. 473-476.

7 M. A. Fedonkin, "Vendian faunas and the early evolution of metazoa", In, J. H. Lipps and P. W. Signor (eds.), *Origin and Early Evolution of the Metazoa* (New York: Plenum Press, 1992), pp. 87-129. G. M. Narbbonne, M. Laflamme, C. Greentree, and P. Trusler, "Reconstructing a lost world: Ediacaran rangeomorphs from Spaniard's Bay, Newfoundland", *Journal of Paleontology* 83, no. 4 (2009): pp. 503-523.

8 David Campbell and Keith Miller, "The 'Cambrian Explosion': A Challenge to Evolutionary theory?"

9 기술적인 논의에 대해서는 다음 예를 참고하십시오. Douglas H. Erwin and Eric H. Davidson, "The Last Common Bilaterian Ancestor", *Development* 129 (2002): pp. 3021-3032. https://journals.biologists.com/dev/article/129/13/3021/41745/The-last-common-bilaterian-ancestor.

10 Kevin J. Peterson et al., "The Ediacaran Emergence of bilaterians: Congruence between the genetic and the geological fossil records", *Philosophical Transactions of the Royal Society* B 363 (2008), pp. 1435-1443. https://royalsocietypublishing.org/doi/10.1098/rstb.2007.2233

11 P. F. Hoffman and D. P. Schrag, "The snowball Earth hypothesis: testing the limits of global change", *Terra Nova* 14 (2002): pp. 129-155.

12 Simon Conway Morris, *The Cambrian Explosion*; and D. A. Fike, J. P. Grotzinger, L. M. Pratt, and R. E. Summons, "Oxidation of the Ediacaran ocean", *Nature* 444 (2006): pp. 744-747.

13 David Bottjer, James Hagadorn, and Stephen Dornbos, "The Cambrian Substrate Revolution", *GSA Today* 10, no. 9 (2000): pp. 1-7.

14 Shu, D-G., et al., "Primitive deuterstomes from the Chengjiang Lagerstatte (Lower Cambrian, China)", *Nature* 414 (2001): pp. 419-424.

Q18 생명은 어떻게 시작되었는가?

1 이 주제에 대해 연구하고 있는 두 연구 그룹으로는 스크립스 연구소(Scripps Research Institute)의 조이스 랩(Joyce Lab)과 하버드 대학교 생명의 기원 연구소(The Origins of Life initiative)의 잭 스코스타크(Jack Szostak)가 있습니다. https://origins.harvard.edu/. 이 주제에 대해 추천할 책은 다음과 같습니다. Robert M. Hazen, *Genesis: The Scientific Quest for Life's Origins* (Washington, D. C.: Joseph Henry Press, 2005), 『제너시스』(한승). Andrew H. Knoll *Life on a Young Planet: The First Three Billion Years of Evolution on Earth* (New Jersey: Princeton University Press, 2003). 『생명 최초의 30억 년』(뿌리와이파리).

2 https://biologos.org/common-questions/does-modern-science-make-miracles-impossible.

3 실리콘은 외피가 절반 정도 채워져 있고 네 개의 자유전자가 있는 탄소와 구조적으로 유사하기 때문에 탄소의 대안이 될 수 있다는 가설이 제기되어 왔습니다. 아직까지는 그것이 다른 분자에 반응하는 방법의 차이 때문에 실행 가능한 대안으로 보이지 않습니다. https://www.popsci.com/bacteria-have-bonded-carbon-and-silicon-for-first-time-what-can-they-teach-us/.

4 https://biologos.org/common-questions/how-are-the-ages-of-the-earth-and-universe-calculated.

5 Heinrich D. Holland, "Evidence for Life on Earth More Than 3850 Million Years Ago", *Science* 275, no. 3 (1997): pp. 38-39.

6 Carl Woese, "The Universal Ancestor", *Proceedings of the National Academy of Sciences* 95, no. 12 (1998): pp. 6854-6859. W. Ford Doolittle, "Uprooting the Tree of Life", *Scientific American* 282, no. 2 (2000): p. 90.

7 Francis Darwin, ed., *The Life and Letters of Charles Darwin, Including an Autobiographical Chapter* (London: John Murray, 1887), 3:18. 다음 온라인 자료를 활용할 수 있습니다. "The Complete Works of Charles Darwin Online", Darwin Online. http://darwin-online.org.uk/content/frameset?viewtype=text&itemID=F1452.3&pageseq=1.

8 Aleksandr I. Oparin, *The Origin of Life* (New York: Dover, 1952). 『생명의

기원』(한마당).
9 Stanley L. Miller, "A Production of Amino Acids under Possible Primitive Earth Conditions", *Science* 117 (1953): pp. 528-529.
10 Joan Oró, "Mechanism of synthesis of adenine from hydrogen cyanide under possible primitive Earth conditions", *Nature* 191 (1961): pp. 1193-1194.
11 Michael P. Robertson and Stanley L. Miller, "An Efficient Prebiotic Synthesis of Cytosine and Uracil", *Nature* 375 (1995): pp. 772-774.
12 Adam P. Johnson et al., "The Miller Volcanic Spark Discharge Experiment", *Science* 322, no. 5900 (2008): p. 404.
13 Douglas Fox, "Did Life Evolve in Ice?" *Discover Magazine* (2008), and M. Levy et al, "Prebiotic Synthesis of Adenine and Amino Acids under Europa-like Conditions", *Icarus* 145, no. 2 (2000): pp. 609-613.
14 W. Martin and M. J. Russell M. J, "On the Origins of Cells: A Hypothesis for the Evolutionary Transitions from Abiotic Geochemistry to Chemoautotrophic Prokaryotes, and from Prokaryotes to Nucleated Cells", *Philosophical Transactions of the Royal Society: Biological Sciences* 358 (2003): pp. 59-85, Jianghai Li and Timothy M. Kusky, "World's Largest Known Precambrian Fossil Black Smoker Chimneys and Associated Microbial Vent Communities, North China: Implications for Early Life", *Godwana Research* 12 (2007): pp. 84-100.
15 Adam, Zachary, "Actinides and Life's Origins", *Astrobiology* 7, no. 6 (2007): pp. 852-872.
16 Martin M. Hanczyc, Shelly M. Fujikawa and Jack W. Szostak, "Experimental Models of Primitive Cellular Compartments: Encapsulation, Growth, and Division", *Science* 302, no. 5654 (2003): pp. 618-622.
17 Francis Crick, *Life Itself: Its Origin and Nature* (New York: Simon and Schuster, 1981). 『생명 그 자체』(김영사).
18 Carl Zimmer, "On the Origin of Life on Earth", *Science* 323 (2009).
19 https://biologos.org/common-questions/what-is-evolution.

Q19 화석 기록은 무엇을 보여 주는가?

1 https://en.wikipedia.org/wiki/John_Ray.

2 https://en.wikipedia.org/wiki/William_Smith_(geologist).

3 https://www.forbes.com/sites/shaenamontanari/2015/08/13/the-six-most-incredible-fossils-preserved-in-amber/?sh=c26d75b76646.

4 https://en.wikipedia.org/wiki/Bog_body.

5 https://www.nationalgeographic.com/magazine/article/dinosaur-nodosaur-fossil-discovery.

6 https://paleobiodb.org/navigator/.

7 https://www.science.org/content/article/hints-oldest-fossil-life-found-greenland-rocks.

8 https://biologos.org/common-questions/how-are-the-ages-of-the-earth-and-universe-calculated.

9 https://biologos.org/articles/not-so-dry-bones-an-interview-with-mary-schweitzer/.

10 https://en.wikipedia.org/wiki/Taphonomy.

11 https://en.wikipedia.org/wiki/Law_of_superposition.

12 https://en.wikipedia.org/wiki/Principle_of_faunal_succession.

13 https://en.wikipedia.org/wiki/Extinction_event.

14 https://biologos.org/articles/flood-geology-and-the-grand-canyon-what-does-the-evidence-really-say.

15 https://www.youtube.com/watch?v=5rotasEbE5M.

16 https://biologos.org/common-questions/how-should-we-interpret-the-genesis-flood-account/.

17 https://biologos.org/common-questions/is-evolutionary-creation-compatible-with-biblical-inerrancy.

18 https://en.wikipedia.org/wiki/Cope%27s_rule.

19 https://biologos.org/articles/science-vs-flood-geology-not-just-a-difference-in-worldview.

20 https://en.wikipedia.org/wiki/Archaeopteryx.

21 https://en.wikipedia.org/wiki/List_of_transitional_fossils.

22 https://evolution.berkeley.edu/what-are-evograms/the-evolution-of-whales/.

23 https://www.nature.com/articles/34317.

24 https://www.amazon.com/Your-Inner-Fish-Journey-3-5-Billion-Year/

dp/0307277453/ref=sr_1_2?ie=UTF8&qid=1541987234&sr=8-2&keywords=neil+shubin.
25 https://en.wikipedia.org/wiki/Tiktaalik.
26 https://en.wikipedia.org/wiki/Mosasaur.
27 https://biologos.org/common-questions/did-death-occur-before-the-fall/.
28 https://www.youtube.com/watch?v=ZqgnJ1GR8ms.
29 https://biologos.org/common-questions/how-long-are-the-days-of-genesis-1.

Q20 진화는 새로운 정보를 만들 수 있는가?

1 https://www.youtube.com/watch?v=v_yONyGnpoA.
2 https://biologos.org/common-questions/how-did-life-begin.
3 http://philsci-archive.pitt.edu/10911/1/What_is_Shannon_Information.pdf.
4 https://en.wikipedia.org/wiki/Horizontal_gene_transfer.
5 https://www.nature.com/articles/35012500.
6 https://journals.sagepub.com/doi/full/10.1177/0300985813511131.
7 https://www.nytimes.com/2018/02/05/science/mutant-crayfish-clones-europe.html.
8 https://biologos.org/resources/if-creation-is-through-christ-evolution-is-what-you-would-expect/.

Q21 지구와 우주의 나이는 어떻게 계산되는가?

1 Davis A. Young, "How Old Is It? How Do We Know? A Review of Dating Methods-Part One: Relative Dating, Absolute Dating, and Non-radiometric Dating" *Perspectives on Science and Christian Faith*, Vol 58 No 4 (2006), p. 264. https://www.asa3.org/ASA/PSCF/2006/PSCF12-06Young.pdf.
2 https://www.nature.com/articles/nature02599.
3 Roger C. Weins, "Radiometric Dating: A Christian Perspective", *The American Scientific Affiliation*(2002). 다음 보고서도 참조하십시오. North Greenland Ice Core Project Members, "High-resolution Record of Northern Hemisphere Climate Extending into the Last Interglacial Period", *Nature* 431 (2004): pp. 147-151. 이 보고서는 12만 3천 년 전으로 거슬러 올라간다고 말합니다. https://www.asa3.org/ASA/resources/Wiens.html.

4 EPICA Community Members, "Eight Glacial Cycles from an Antarctic Ice Core", *Nature* 429 (2004): pp. 623-628. https://www.nature.com/articles/nature02599.

5 젊은 지구 창조론자들은 붕괴율이 일정하지 않다는 주장을 포함해, 방사선 측정 방법을 거부합니다. 이에 대한 비판적 논문은 다음과 같습니다. Randall Isaac "Assessing the RATE Project", *Perspectives on Science and Christian Faith*, vol 59, no 2, June 2007, pp. 143-146. https://www.asa3.org/ASA/PSCF/2007/PSCF6-07Isaac.pdf.

6 Wiens의 글과 그 안에 소개된 참고문헌을 보십시오. https://www.asa3.org/ASA/resources/Wiens.html.

7 Wilde et al. "Evidence from detrital zircons for the existence of continental crust and oceans on the earth 4.4 Gyr ago", *Nature* (2001) 409, pp. 175-178. https://www.nature.com/articles/35051550.

8 Davis A Young, "How Old Is It? How Do We Know? A Review of Dating Methods-Part Two: Radiometric Dating: Mineral, Isochron and Concordia Methods" *Perspectives on Science and Christian Faith*, Vol 59, No 1 (2007)과 그 안에 있는 참고문헌을 보십시오. https://www.asa3.org/ASA/PSCF/2007/PSCF3-07Young.pdf

9 Bjorn Feuerbacher, "Determining Distances to Astronomical Objects" *Talk Origins* (2003). 이 글은 거리 측정 방법에 대한 개요와 기본적인 문헌 정보를 제공합니다. 그는 또한 빛의 속도가 시간이 지남에 따라 변했다는 젊은 지구 창조론의 주장을 반박합니다. http://www.talkorigins.org/faqs/astronomy/distance.html.

10 플랑크 콜라보레이션(Planck Collaboration)은 우주 배경 복사 및 바이온 음향 진동의 데이터가 결합된 결과입니다. 다음 자료를 보십시오. "Planck 2018 results. I. Overview and the cosmological legacy of Planck", *Astronomy and Astrophysics*. https://arxiv.org/abs/1807.06205.

Q22 진화는 "위기에 처한 이론"인가?

1 적어도 매주 교회에 출석하는 미국 성인들(미국 성인 백인 복음주의자)은 일반적으로 과학자들이 시간이 지남에 따라 인간이 진화했다는 것을 받아들이지 않는다고 말합니다. Pew Research Center, "Strong Role of Religion in Views about Evolution and Perceptions of Scientific Consensus" (October 22, 2015).

2 AAAS(American Association of the Advancement of Science)에서 훈련을 받아 활발하게 활동하고 있는 박사들은 인류가 시간이 지남에 따라 진화했다고 믿습니다. (생물학이나 의학에 속한 과학자들에게 제한할 때도 그 비율은 그대로 유지됩니다.) Pew Research Center, "An Elaboration of AAAS Scientists' Views" (July 23, 2015).

3 https://www.nature.com/articles/514161a.

Q23 역사과학은 믿을 만한가?

1 https://www.biointeractive.org/classroom-resources/your-inner-fish.

4부 하나님과 창조의 관계

Q24 왜 그리스도인은 창조 세계를 돌봐야 하는가?

1 http://www.culturalcognition.net/blog/2014/4/23/what-you-believe-about-climate-change-doesnt-reflect-what-yo.html.

2 https://billygraham.org/story/billy-grahams-my-answer-global-warming-and-the-environment/.

3 https://www.westmont.edu/environmentalism-and-evangelical.

4 https://biologos.org/articles/entering-the-sixth-extinction-evolution-diversity-and-the-stewardship-of-life.

5 https://www.nae.org/loving-the-least-of-these/.

6 https://lausanne.org/content/ctc/ctcommitment#p1-7.

7 https://yecaction.org/.

8 https://www.youtube.com/watch?v=PslL9WC-2cQ.

9 https://www.ted.com/talks/katharine_hayhoe_the_most_important_thing_you_can_do_to_fight_climate_change_talk_about_it?language=en.

10 https://biologos.org/articles/behold-the-earth-day.

11 https://climatestewardsusa.org/climate-caretakers/.

12 https://www.scitheo.or.kr/home.

13 http://www.greenchrist.org/.

Q25 동물의 고통은 하나님의 선한 창조의 일부인가?

1 https://www.openbible.info/topics/animal_cruelty.

2 https://weather.com/storms/hurricane/news/hurricane-landfall-benefits-2016.

3 https://sciencing.com/do-earthquakes-positively-affect-environment-8761480.html.

Q26 현대 과학은 기적을 불가능한 것으로 만드는가?

1 David Hume, *Enquiry Concerning Human Understanding and Concerning the Principles of Morals* (1748). 『인간의 이해력에 관한 탐구』(지식을만드는지식).

2 R. Bultmann, *Kerygma and Myth: A Theological Debate*, ed. H. W. Bartsch, trans. R. H. Fuller (New York: Harper & Row, 1961), p. 5.

3 https://biologos.org/articles/natural-and-supernatural-are-modern-categories-not-biblical-ones.

4 Augustine, *Literal Commentary on Genesis*, c AD 410, 6.13.24. 인용한 부분에 대한 논의로는 다음을 보십시오. Denis Alexander, *Rebuilding the Matrix-Science and Faith in the 21st Century* (Lion, 2001), Ch. 13.

5 R. Hooykaas, *Religion and the Rise of Modern Science* (Eerdmans, Grand Rapids, 1972). 『종교개혁과 과학혁명』(솔로몬).

6 https://www.apuritansmind.com/westminster-standards/.

7 Simon Conway Morris, "Hulsean Sermon", Great St. Mary's, *Cambridge* 26 Feb (2006).

Q27 과학 지식의 틈이 하나님을 증명하는가?

1 Francis S. Collins, *The Language of God: A Scientist Presents Evidence for Belief* (New York: Free Press, 2006), p. 93.

2 Sir Isaac Newton, *Isaac Newton's Philosophiae Naturalis Principia Mathematica*, comp. and ed. Alexandre Koyre and I. Bernard Cohen, rev. ed. (London: Cambridge University Press, 1972).

3 Collins, *The Language of God: A Scientist Presents Evidence for Belief*, p. 25.

4 *Evolutionary Dynamics*, by Martin Nowak.

Q28 '미세조정'과 '다중우주'는 신에 대해 무엇을 말하는가?

1 https://biologos.org/common-questions/how-are-the-ages-of-the-earth-and-universe-calculated.

2 https://physics.nist.gov/cgi-bin/cuu/Value?mpsme.

3 Alister McGrath, *A Fine-Tuned Universe: The Quest for God in Science and Theology* (Westminster John Knox Press, 2009), p. 176. 환경에 있어 생물학적 미세조정에 대해서는 10장과 11장을 보십시오.

4 https://nideffer.net/proj/Hawking/early_proto/weinberg.html.

5 https://www.faraday.cam.ac.uk/resources/multimedia/the-anthropic-principle/.

6 John Leslie, *Universes* (Routledge, 1996), pp. 13-14.

7 http://calteches.library.caltech.edu/527/2/Hoyle.pdf.

8 Freeman Dyson, *Disturbing the Universe* (New York: Harper and Row, 1979). 『프리먼 다이슨, 20세기를 말하다』(사이언스북스).

9 https://en.wikipedia.org/wiki/Multiverse.

10 https://biologos.org/articles/universe-and-multiverse.

11 https://home.cern/science/accelerators/large-hadron-collider.

12 https://en.wikipedia.org/wiki/Cosmic_microwave_background.

13 https://www.asa3.org/ASA/PSCF/2014/PSCF3-14Mann.pdf.

14 https://biologos.org/articles/universe-and-multiverse.

Q29 기독교의 하나님이 창조주라고 말할 수 있는 근거는 무엇인가?

1 https://biologos.org/common-questions/what-do-fine-tuning-and-the-multiverse-say-about-god.

2 하나님의 전능하심에 대한 성경으로는 시편 139:1-18, 이사야 40:10-31, 욥기 40장을, 하나님의 사랑하심에 대한 성경으로는 요한일서 4:16, 시편 145:8-9을, 하나님의 완전하심에 대해서는 사무엘하 22:31을 보십시오. 기독교 하나님의 성품에 대한 목록은 성경 전체에 발견되고 많은 구절들이 이런 특징을 직접으로 언급하기 때문에 여기에서 열거한 구절들은 결코 포괄적인 것이 아닙니다.

3 https://biologos.org/common-questions/what-do-fine-tuning-and-the-multiverse-say-about-god.

4 https://biologos.org/common-questions/how-could-humans-have-evolved-and-still-be-in-the-image-of-god

5 Albert Einstein, "Physics and Reality", *Journal of the Franklin Institute* 221 (1936): p. 351. 다음에 인용됩니다. Alister E. McGrath, *A Fine-Tuned Universe: The Quest for God in Science and Theology* (Louisville, KY: Westminster

John Knox Press, 2009), p. 105.

6 McGrath, *A Fine-Tuned Universe*, p. 13.

Q30 무엇이 하나님을 창조하셨는가?

1 https://biologos.org/common-questions/what-do-fine-tuning-and-the-multiverse-say-about-god.

5부 인간의 기원

Q31 아담과 하와는 역사적 인물이었는가?

1 https://biologos.org/articles/interpreting-adam-an-interview-with-john-walton.

2 https://biologos.org/common-questions/what-is-the-genetic-evidence-for-human-evolution.

3 https://biologos.org/series/genetics-and-the-historical-adam-responses-to-popular-arguments.

4 https://biologos.org/series/genetics-and-the-historical-adam-responses-to-popular-arguments.

5 https://biologos.org/articles/why-i-think-adam-was-a-real-person-in-history.

6 https://biologos.org/articles/genetics-theology-and-adam-as-a-historical-person.

7 https://www.asa3.org/ASA/PSCF/2018/PSCF3-18Swamidass.pdf.

8 https://www.youtube.com/watch?v=yL5su0zmpKM.

9 https://biologos.org/articles/surprised-by-jack-c-s-lewis-on-mere-christianity-the-bible-and-evolutionary-science.

10 https://biologos.org/articles/interpreting-adam-an-interview-with-denis-lamoureux.

Q33 어떻게 인간이 진화하고도 여전히 "하나님의 형상"일 수 있는가?

1 https://biologos.org/articles/body-and-soul-mind-and-brain-pressing-questions.

2 https://biologos.org/resources/evolution-and-the-fall/.

3 https://biologos.org/common-questions/were-adam-and-eve-historical-figures.

4 Saint Augustine. *The literal meaning of Genesis*, Book 6, Chapter 12 (Google books, p. 193).

5 Thomas Aquinas. *Summa Theologica*, Part 1, Question 93. 『신학대전 I-1』(분도). https://www.newadvent.org/summa/1093.htm.

6 예를 들어, 고인류학에 대해서는 다음을 보십시오. Ian Tattersall, *Becoming Human: Evolution and Human Uniqueness* (Harcourt, 1998). 『인간되기』(해나무). 신경과학에 대해서는 다음을 보십시오. Terrence Deacon, *The Symbolic Species: the Co-evolution of Language and the Brain* (W. W. Norton & Company, 1997). 철학에 대해서는 다음을 보십시오. Raymond Tallis, *Aping Mankind: Neuromania, Darwinitis and the Misrepresentation of Humanity* (Routledge, 2016). 생물학에 대해서는 다음을 보십시오. David Sloan Wilson, *Evolution for Everyone: How Darwin's Theory Can Change the Way We Think about our Lives* (Bantam Dell, 2008). 『진화론의 유혹』(북스토리). 심리학에 대해서는 다음을 보십시오. Michael Tomasello, *A Natural History of Human Thinking* (Harvard University Press, 2014). 『생각의 기원』(이데아).

7 Kevin Laland, *Darwin's Unfinished Symphony: How Culture Made the Human Mind* (Princeton University Press, 2017), p. 14.

8 https://www.britannica.com/topic/hominin

9 Thomas Suddendorf, *The Gap: The Science of What Separates Us from Other Animals* (Basic Books, 2013).

10 https://biologos.org/articles/more-than-skin-deep-the-image-of-god-in-people-with-disabilities.

11 북아일랜드의 언약개신교개혁교회(The Covenant Protestant Reformed Church)에서는 하나님의 형상에 대한 개혁파 신앙 고백의 발췌문과 종교개혁 지도자들로부터 인용한 간편한 요약본을 제공합니다. https://cprc.co.uk/quotes/imageofgod/ https://cprc.co.uk/quotes/imageofgodconfessions/.

12 John Calvin, *Commentary on Colossians*. 『존 칼빈 성경주석』(성서교재간행회). 하나님의 형상에 대한 장 칼뱅의 글은 Siris, July 7, 2005에서 현대적인 번역으로 편리하게 번역되었습니다. https://www.ccel.org/ccel/calvin/calcom42.v.iv.iii.html.

13 John Calvin, *Commentary on Genesis*. https://www.ccel.org/ccel/calvin/

calcom01.vii.i.html.

14 더 자세한 내용은 다음을 보십시오. Malcolm Jeeves, "Neuroscience, Evolutionary Psychology, and the Image of God", *Perspectives on Science and Christian Faith* (2005) 57.3. https://www.asa3.org/ASA/PSCF/2005/PSCF9-05Jeeves.pdf.

15 https://biologos.org/articles/biblical-creation-in-its-ancient-near-eastern-context-an-introduction/.

16 https://biologos.org/articles/biblical-creation-in-its-ancient-near-eastern-context-an-introduction/.

17 https://biologos.org/about-us#our-mission

Q34 타락 이전에 죽음이 있었는가?

1 https://biologos.org/common-questions/what-does-the-fossil-record-show.

2 https://biologos.org/common-questions/.

3 https://biologos.org/resources?hierarchicalMenu%5Btopics.lvl0%5D=Bible%20%3E%20The%20Fall%20%26%20Original%20Sin&page=1.

4 Saint Thomas Aquinas, *Summa Theologica*, Part 1, Question 93, Article 1. https://www.newadvent.org/summa/1096.htm.

5 Daniel Harrell, "Death's Resurrection", *BioLogos Forum*, December 18, 2009.

6 https://biologos.org/series/southern-baptist-voices/articles/southern-baptist-voices-evolution-and-death.

7 John Calvin, *Commentaries on the First Book of Moses*, called Genesis, trans. by John King. ch3 v19 (p. 97).

8 George Murphy "Human Evolution in Theological Context" BioLogos scholarly essay which includes a discussion of human and animal death, p. 6.

9 Marcio Antonio Campos in "Did peace and love reign in the world before the original sin?" *BioLogos Forum*, March 7, 2011에서 인용합니다.

10 Deborah and Loren Haarsma, "Three interpretations of the Tree of Life", supplemental material to *Origins: Christian Perspectives on Creation, Evolution, and Intelligent Design* (Grand Rapids, MI: Faith Alive Christian Resources) 2011. 『오리진』(IVP). http://origins.faithaliveresources.org/pdfs/Origins_11-05.pdf.

11 스패너(D. C. Spanner)는 *Biblical Creation and the Theory of Evolution* (Paternoster, 1987)에서 창세기 1:28에 인간에게 주어진 위임을 다음과 같이 읽습니다. https://www.creationandevolution.co.uk/.

"생육하고 번성하여 땅에 충만하라, 땅을 정복하라…움직이는 모든 생물을 다스리라." 이 말씀은 인간이 땅을 '정복'해야 한다는 의미다. '정복하라'에 해당하는 히브리어는 카바스(*kabas*)인데, 이 단어는 성경의 다른 본문(약 열두 개)에서 모두 반대, 적, 악에 직면했을 때 강한 행동을 나타내는 용어로 사용된다. 그리하여 가나안 사람들에게는 철 병거가 있었지만(수 17:8; 18:1), 가나안 땅은 이스라엘 앞에서 "정복당하고", 전쟁 무기는 "밟힐[을] 것"이다(스 9:15; 미 7:19). 그들의 죄악도 마찬가지다. 이 단어는 결코 온화한 의미로 사용되지 않는다. 내 생각에 아담은 달콤하고 빛나는 세상에 보내졌을 것 같지 않다. 이런 세상에서 그는 무엇을 정복할 수 있을까? 동물들 중에는 포악하고 거친 동물도 있었을 것이고, 거기서 아담은 진정 문명화를 위한 역할과 그들 사이에서 조화를 이루어 가도록 요구받았을 것이다.

12 Fuz Rana, "Predators Essential for Life's Diversity" *Reasons to Believe*. March 2012.

13 이 단락과 이어지는 단락은 다음 글에서 가져왔습니다. Daniel Harrell "Death's Resurrection", *BioLogos Forum*, December 18, 2009.

감수자 소개

강상훈 | 미국 베일러 대학교 생물학과 교수
김근주 | 기독연구원 느헤미야 구약학 교수
김기현 | 로고스서원 대표, 목사
김영웅 | 미국 City of Hope 국립암센터 박사
김익환 | 고려대학교 생명과학부 교수
박영식 | 서울신학대학교 교양학부 교수
박일준 | 감리교신학대학교 기독교통합학문연구소 교수
박치욱 | 미국 퍼듀 대학교 약학대학 교수
박희주 | 명지대학교 방목기초교육대학교 교수
우종학 | 서울대학교 물리천문학부 교수, 과학과 신학의 대화 대표
장왕식 | 감리교신학대학교 종교철학과 교수
전성민 | 캐나다 밴쿠버기독교세계관대학원 원장, 구약학 교수
최승언 | 서울대학교 지구과학교육학과 명예교수

옮긴이 김영웅은 하나님 나라에 뿌리를 두고, 문학·철학·신학 분야에서 읽고 쓰고 묵상하고 나누고 배우기를 좋아하며, 분자생물학과 마우스유전학을 기반으로 혈액암을 연구하는 과학자다. 현재 미국 City of Hope 국립암센터에서 일하고 있다.

과학과 신학의 대화 Q&A

초판 발행_ 2022년 3월 4일
초판 2쇄_ 2023년 3월 10일

지은이_ 바이오로고스·우종학
옮긴이_ 김영웅
엮은이_ 과학과 신학의 대화
펴낸이_ 정모세

펴낸곳_ 한국기독학생회출판부
등록번호_ 제2001-000198호(1978.6.1)
주소_ 04031 서울시 마포구 동교로 156-10
대표 전화_ (02)337-2257 팩스_ (02)337-2258
영업 전화_ (02)338-2282 팩스_ 080-915-1515
홈페이지_ http://www.ivp.co.kr 이메일_ ivp@ivp.co.kr
ISBN 978-89-328-1918-1